中国非寿险市场发展研究报告（2016）

中国人民保险集团股份有限公司　编著

中国经济出版社
CHINA ECONOMIC PUBLISHING HOUSE
北京

图书在版编目（CIP）数据

中国非寿险市场发展研究报告.2016／中国人民保险集团股份有限公司编著.
北京：中国经济出版社，2017.11
ISBN 978－7－5136－4999－5

Ⅰ.①中… Ⅱ.①中… Ⅲ.①保险市场—研究报告—中国—2016 Ⅳ.①F842.6

中国版本图书馆 CIP 数据核字（2017）第 285308 号

责任编辑　严　莉
责任印制　马小宾
封面设计　任燕飞设计室

出版发行　中国经济出版社
印 刷 者　北京金明盛印刷有限公司
经 销 者　各地新华书店
开　　本　787mm×1092mm　1/16
印　　张　18
字　　数　293 千字
版　　次　2017 年 11 月第 1 版
印　　次　2017 年 11 月第 1 次
定　　价　150.00 元
广告经营许可证　京西工商广字第 8179 号

中国经济出版社　**网址** www.economyph.com　**社址** 北京市西城区百万庄北街 3 号　**邮编** 100037

本版图书如存在印装质量问题，请与本社发行中心联系调换（联系电话：010－68330607）

前言

2016年，全球经济在深度调整中缓慢复苏，各国经济走势分化。面对错综复杂的国内外经济环境，在以习近平同志为核心的党中央坚强领导下，全国上下统筹推进“五位一体”总体布局和协调推进“四个全面”战略布局，坚持稳中求进工作总基调，坚持创新、协调、绿色、开放、共享的发展理念，以推进供给侧结构性改革为主线，适度扩大总需求，实现了“十三五”良好开局。2016年，国内生产总值达到74.4万亿元人民币（约合11.2万亿美元），相当于全球GDP排名第三位至第六位的日、德、英、法四国之和。国民经济运行总体平稳，经济结构继续优化，经济增长质量和效益明显提高，为保险业的发展营造了有利的宏观经济环境。

2016年是“十三五”开局之年，保监会印发《中国保险业发展“十三五”规划纲要》（以下简称《纲要》），引领全行业未来五年发展。《纲要》紧紧围绕国家战略要求，以供给侧结构性改革为主线，以扩大有效保险供给、满足社会日益增长的多元化保险服务需求为出发点，从服务经济社会发展全局的角度阐述了保险业的发展举措，凸显保险业在经济社会发展体系中的大局定位。2016年我国保费规模快速增长，保费总收入从1980年的4.6亿元攀升至2016年的

3.1万亿元，增长了6730倍，保费规模跃居全球第二；保险业经济减震器和社会稳定器的功能作用日益增强，十八大以来，我国保险赔付达3.3万亿元，年均增长22%，保险赔付占灾害损失的比例已提升至10%。

2016年，非寿险行业围绕服务供给侧结构性改革、服务实体经济、服务脱贫攻坚战略等主题，积极发挥保险功能作用，服务经济社会发展大局成效显著，实现了“十三五”良好开局。转型发展方面，商业车险费率市场化改革试点全国铺开，车均保费较改革前下降8%，商业三责险平均责任限额提升20%。风险保障方面，财险业提供保险保障1282.9万亿元，同比增长36.2%；支付赔款5042.3亿元，同比增长13.4%。其中，农业保险累计为2.04亿户次农户提供风险保障2.16万亿元，向4575.51万户次农户支付赔款348.02亿元；责任保险提供风险保障118.2万亿元；小额贷款保证保险为8.9万家小微企业获得融资金额315.9亿元。与此同时，巨灾保险实践探索不断推进，2016年地震巨灾保险产品正式全面销售，在广东等10个地市开展巨灾指数保险探索，在黑龙江进行农业财政巨灾指数保险试点。保险扶贫方面，在国家政策支持下，保险扶贫工作打开新局面，行业内探索出河北阜平“金融扶贫、保险先行”等一批可复制的保险扶贫典型模式。助力实体经济方面，首台（套）保险和科技保险分别为我国装备制造企业和科研机构、科技型自主创新企业提供风险保障486.6亿元和1.0万亿元，同比大幅增长196.7%和631.3%；出口信用保险累计为8.2万家出口企业提供风险保障4167亿美元；截至2016年底，累计发起设立债权、股权和项目支持计划659项，合计备案注册规模1.7万亿元，为“一带一路”、长江经济带、京津冀协同发展等国家战略项目提供资金支持。防范风险方面，“偿二代”正式落地实施，监管机构坚持“保险业姓保”，引导行业专注主业，非寿险行业政策发展环境更加稳健，截至2016年底，所有财产保险公司偿付能力充足率均达标，守住了风险底线。

《中国非寿险市场发展研究报告（2016）》汇集行业发展实践，关注年度改革创新，积极拓展研究视角，将规范分析与实证研究相结合，坚持科学性、系统性、创新性、实践性和前瞻性原则，全面分析市场发展脉络，深入解读行业发展动态。按照“环境—结构—行为—绩效”的分析框架，立足于2016年国内外宏观经济和金融环境，在行业监管体系的框架下，围绕市场竞争动态和经营行为，分析市场主体业务发展与经营绩效，围绕保险业服务经济社会发展大局、服务国家宏观战略、助力实体经济发展、保障民生等角度，聚焦非寿险行业应对环境变化、积极创新产品和服务模式等方面的新实践。例如，人保财险积极响应中央“脱贫攻坚”号召，开展扶贫保险和支农融资业务试点，形成河北阜平“政融保”、宁夏“脱贫保”等一批各具特色、具有示范意义、可复制可推广的保险扶贫模式，“金融扶贫、保险先行”成效显著；平安产险积极利用技术创新，在行业内推行“互联网+车生活”的发展模式，以“平安好车主”APP为核心载体，以“用车助手、安全管家”的清晰定位和价值主张，打造以客户为导向的在线经营和开放式互联网车生活平台；太保产险在服务农业现代化方面，加大产品创新力度，全面推广“e农险”新技术，深化与安信农险的战略融合，探索农业保险协同发展的新模式。

“十三五”时期是我国全面建成小康社会的决胜时期，也是我国从保险大国迈向保险强国的关键时期，保险业正面临着前所未有的战略机遇，同时也承担着前所未有的历史重任，我们将以崇高的使命感和责任感，持之以恒地做好行业研究工作，为保险科学研究事业添砖加瓦，助力保险业更好地回归本源、更好地遵循金融业发展规律、更好地贯彻党中央国务院战略决策和金融政策，为保险业促进经济发展、维护金融安全、改善民生保障做出更大贡献。

中国人民保险集团股份有限公司

目录

第一章

2016 年中国非寿险市场发展环境

【内容提要】 2016 年，全球经济增长持续放缓，国际贸易依然低迷，英国脱欧等不确定因素引发国际金融市场一度出现较大幅度震荡，各国债务水平持续攀升，受世界经济持续复苏、石油输出国组织（OPEC）达成石油限产协议等多种因素影响，国际大宗商品价格有所回升。从国内经济金融环境来看，2016 年中国经济下行压力趋缓，经济运行总体平稳，供给侧结构性改革取得积极进展，国民经济结构继续优化，居民消费水平较快增长，社会投资缓中趋稳，贸易顺差收窄，农业生产延续历史高位，货物运输持续增长，经济增长质量和效益明显提高。

2016 年，我国人口出生率和增长率显著提高，老龄化程度进一步加深，城市化率进一步提升，人口规模的增长客观上促进风险总量增多和保险需求增长。从消费需求变化情况来看，城乡居民消费平稳增长，恩格尔系数继续下降，耐用消费品升级换代趋势明显，与个人发展和享受相关的支出增长迅猛，人们居住条件和环境不断改善，消费需求升级进一步加快，社会风险意识不断提高，人们对保险的潜在需求不断增长。从科技变革趋势来看，金融科技既推动了传统金融机构的转型，也加快了金融产品的迭代与创新，同时催生了许多新的金融业态，提高了金融机构运行效率和金融资源配置效率。

2016 年，保监会制定《中国保险业发展“十三五”规划纲要》，形成了全行业未来五年发展的行动纲领；“偿二代”正式落地实施，保障和推动了保险行业市场化改革；贯彻落实国家法制建设有关重要决定，全面推进保险法治建设；深化保险标准化工作改革；实施互联网保险风险专项整治，促进互联网保险行业健康可持续发展；出台多项监管措施，加强保险公司股权管理，在广西试点推出保险机构退市机制，非寿险行业政策发展环境更加稳健。

2016 年，国内自然灾害以洪涝、台风、风雹和地质灾害为主，旱灾、地震、低温冷冻、雪灾和森林火灾等灾害也均有不同程度发生。各类自然灾害共造成全国近 1.9 亿人次受灾，1432 人死亡，274 人失踪，1608 人住院治疗，910.1 万人次紧急转移安置，353.8 万人次需紧急生活救助；52.1 万间房屋倒塌，334 万间不同程度损坏；农作物受灾面积 2622 万公顷，其中绝收 290 万公顷；直接经济损失 5032.9 亿元。2016 年灾情与“十二五”时期均值相比基本持平，与 2015 年相比明显偏重。

第一节 经济发展环境

一、国际经济环境

2016年全球经济增长持续放缓，国际贸易依然低迷，英国脱欧等不确定因素引发国际金融市场一度出现较大幅度震荡，各国债务水平持续攀升，受世界经济持续复苏、石油输出国组织（OPEC）达成石油限产协议等多种因素影响，国际大宗商品价格有所回升。

（一）全球经济增长持续放缓

据瑞再Sigma报告显示，2016年全球经济增速为2.5%，不仅较2015年2.7%的增速有所下滑，而且低于2006—2015年2.6%的十年平均值，包括政局动荡在内的诸多不稳定因素导致全球经济长期处于低迷态势。其中，发达经济体经济增速为1.7%，新兴经济体经济增速为3.8%，均低于十年平均值。经济基本面一再低于市场预期，全球需求低迷不振，企业盈利下滑，债务比例和不良债务率攀升。与此同时，全球主要经济体货币政策分化：一方面，美国经济持续增长，核心通胀率持续超过2%，失业率不断下降，美联储继2015年底首次升息之后不断释放加息、推动货币政策正常化的信号；另一方面，欧洲和日本经济持续低迷，欧洲央行进一步下调负利率水平，日本央行首度跟随实施负利率并调整量化和质化宽松的货币政策。

从全球经济总量来看，2016年全球名义GDP总量达到75.5万亿美元，增速有所下滑，仅为2.5%。从主要经济体来看，美国依然是世界第一大经济体，GDP总量达到18.6万亿美元，在全球GDP总量中占比24.3%，增速为1.6%；中国作为全球第二大经济体，GDP总量为11.2万亿美元，在全球

GDP总量中占比14.8%，增速6.7%，对世界经济增长的贡献率为33.2%，仍是世界经济增长的主要动力。排名第三的日本GDP总量为4.9万亿美元，增速1.0%，在全球GDP总量中占比5.9%；欧盟28国名义GDP折合16.4万亿美元，增速0.5%；欧元区19国名义GDP折合11.9万亿美元，增速2.4%；印度GDP达到2.3万亿美元，增速7.1%（见表1-1、图1-1）。

表1-1 全球前十大经济体GDP总量及增速

排名	国家	2016年GDP（万亿美元）	2016年GDP增速	2016年GDP在全球占比
1	美国	18.57	1.6%	24.32%
2	中国	11.20	6.7%	14.84%
3	日本	4.94	1.0%	5.91%
4	德国	3.47	1.9%	4.54%
5	英国	2.62	1.8%	3.85%
6	法国	2.47	1.2%	3.26%
7	印度	2.26	7.1%	2.83%
8	意大利	1.85	0.9%	2.46%
9	巴西	1.80	-3.6%	2.39%
10	加拿大	1.53	1.5%	2.09%
	全球	**75.5**	**2.5%**	—

数据来源：世界银行。

分地区来看，2016年主要发达国家呈现出温和复苏的态势，部分新兴市场国家经济增长仍面临挑战。美国经济在宽松货币政策、住房销售和零售稳步增长等因素推动下继续温和复苏，在经历上半年的低迷之后，第三季度GDP增速达到3.2%，超出市场预期，第四季度制造业采购经理人指数（PMI）持续处于相对高位，表明经济还在较快扩张。同时，消费者价格指数（CPI）呈平缓回升态势，其中核心CPI在10月同比增速一度升至1.8%，接近美联储设定的2%的目标通胀率；失业率总体不断下降，并在11月降至4.6%，为2007年8月以来的最低值。在这种形势下，美联储于12月加息25个基点。在欧央行加大宽松货币政策力度等因素推动下，欧元区经济持续缓慢复苏，前三季度增速低于2015年同期水平，但12月制造业PMI上升至2011年4月以来的最高值，且经济信心指数升至五年来新高。由于经济复苏动能较弱，欧元区失业率仍处于较高水平，11 月高达 9.8%。在宽松货币政策和财政政策扩张等因素推动下，日本经济延续扩张态势，在前三季度持续缓慢增长基础上，12 月制造业 PMI 创 11 个月以来新高，核心 CPI 也在第四季度出现小幅回升，但仍与 2%的目标通胀率有较大差距。主要新兴市场国家经济增速有升有降。印度经济较快增长，但增速有所下滑，前三季度同比增速分别为 7.9%、7.1%和 7.3%，特别是受“废钞”导致的现金不足等因素拖累，制造业 PMI 在第四季度出现回落，12 月降至荣枯临界点（50）下方，表明经济活动放缓。南非经济在第一季度经历收缩之后，随着消费支出和工业生产的增长，第二季度开始止跌回升，第二和第三季度均实现了 0.7%的同比经济增长，第四季度 PMI 保持在荣枯临界点上方，表明经济在持续扩张。由于消费和固定资产投资降幅趋缓，俄罗斯经济萎缩幅度收窄，制造业 PMI 自 8 月以来在荣枯临界点上方持续回升，12 月升至 53.7，表明经济形势有所好转。受投资、消费持续收缩影响，巴西经济深陷衰退，第四季度制造业 PMI 在荣枯临界点下方持续降至 45.2，表明经济仍在萎缩。

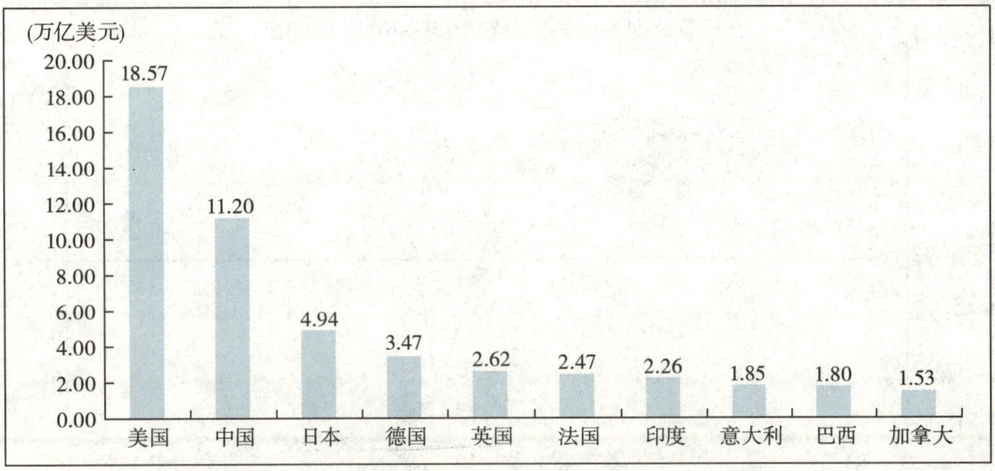

图 1-1　2016 年世界前十大经济体 GDP 总量

（二）国际贸易持续低迷

1.2016 年国际贸易持续低迷

据世界贸易组织数据显示，2016 年世界商品贸易出口总额为 15.96 万亿美元，同比下降 3.2%；进口总额为 16.23 万亿美元，同比下降 3.1%；交易规模同比增长 1.3%，比 2015 年下降 1.3 个百分点。据 OECD 统计，2016 年前三季度，二十国集团经过季节调整后的货物出口环比增速分别为-1.9%、1.6%和-0.1%，进口增速分别为-2.7%、1.9%和 0.6%，四季度主要经济体货物进出口形势未见明显改善。根据美国商务部和中国海关总署发布的数据，2016 年 10—11 月，美国货物和服务进口分别环比增长 1.1%和 1.3%，出口分别环比增长-0.2%和-1.8%；10—12 月，中国货物进口同比增长-1.4%、6.7%、3.1%，出口增速分别为-7.3%、0.1%、-6.1%。世界贸易组织（WTO）在 9 月将本年度全球货物贸易增速预测值由 4 月的 2.8%下调至 1.7%，这也是 2010 年以来的最低增速。

国际贸易的持续低迷，进一步增大了去全球化和贸易保护的风险，对全球经济发展造成不利影响，商品贸易量增长率与 GDP 增长率之比下降至 0.6（见图 1-2）。发达国家贸易状况好于发展中国家，从进口来看，发达国家的进口增长了 2%，发展中国家进口增速停滞在 0.2%；从出口来看，发达国家和发展中国家均实现了 1.4%和 1.3%的适度增长。

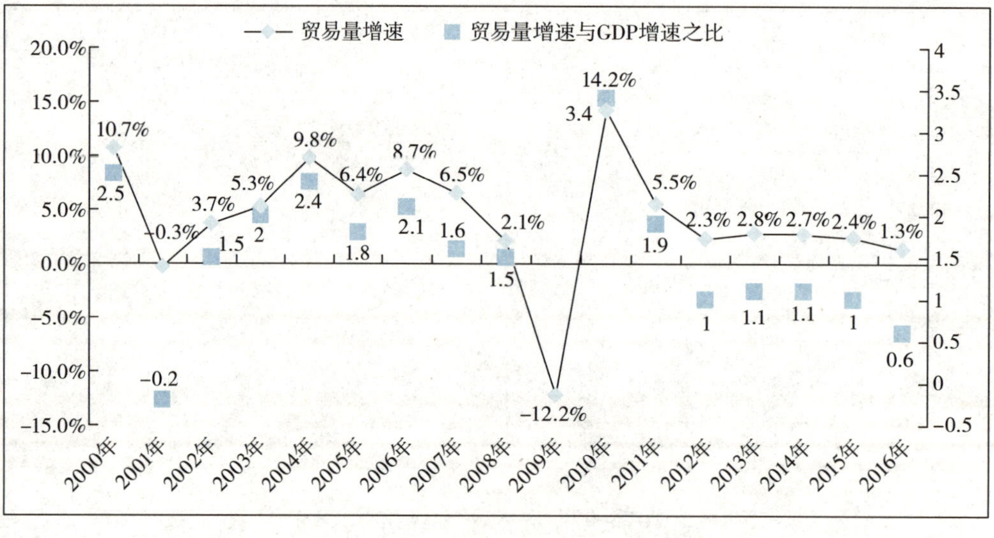

图 1-2 2000—2016 年全球贸易量增速及其与 GDP 增速之比

加入世界贸易组织以来，我国进出口贸易规模不断上升，2009 年我国成为全球第一大出口国之后，2013 年又首次超越美国，跃居世界第一大货物贸易国。世界贸易组织数据显示，2016 年，美国出口额同比减少 3.2%，进口额同比减少 2.7%，进出口总额为 3.71 万亿美元；中国出口额同比减少 7.7%，进口额同比减少 5.5%，进出口总额为 3.69 万亿美元；中美进出口规模之比从 2015 年的 1.04 降至 2016 年的 0.99（见图 1-3）。

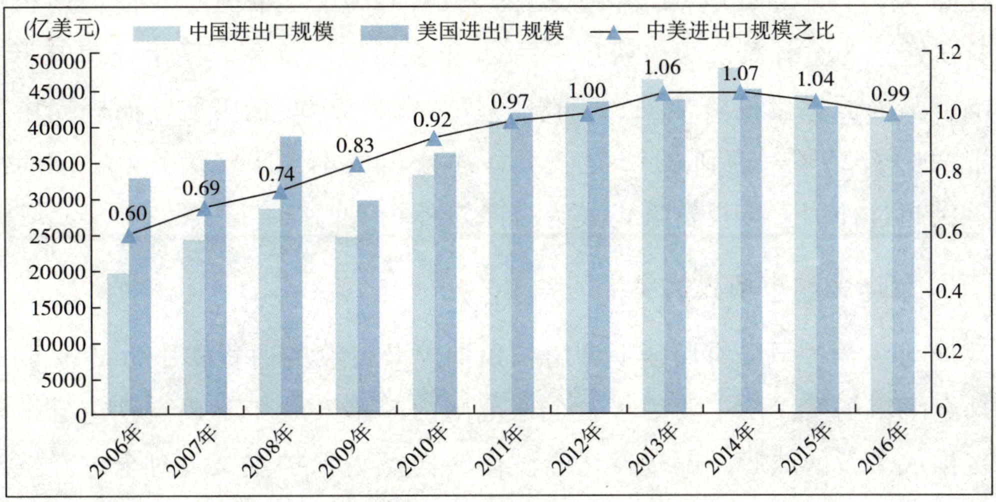

图 1-3　2006—2016 年中美进出口规模及其比值

2. 受全球经济增长疲软以及世界贸易增长乏力等因素影响，2016 年全球对外投资明显下滑

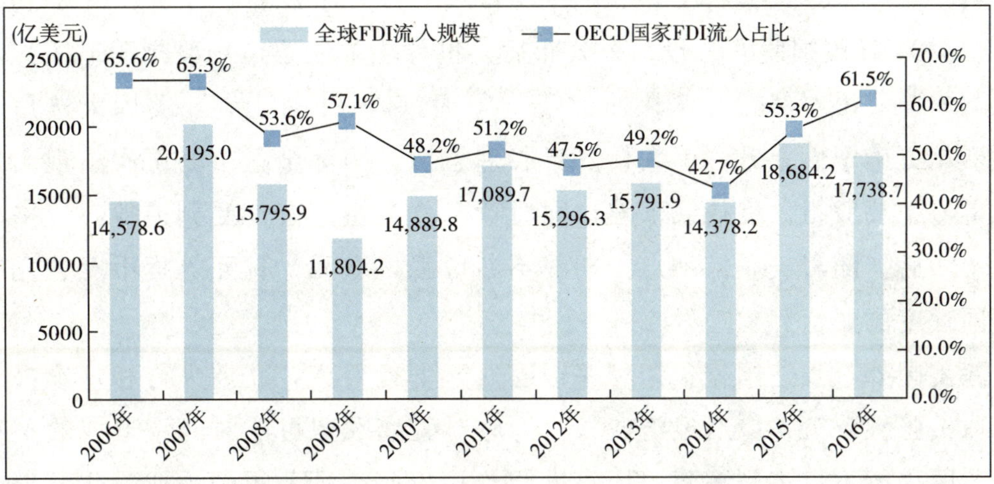

图 1-4　2006—2016 年全球外国直接投资（FDI）流入规模及 OECD 国家占比

OECD 数据显示，2016 年全球对外直接投资（FDI）规模为 1.61 万亿美元，同比下降 7%。从流向上看，全球 FDI 向发达国家集中的特点比较明显，

G20国家外国直接投资额同比增长21%，达到1.19万亿美元，占全球投资总额的74%；OECD国家外国直接投资额达1.09万亿美元，占全球投资总额的比重提高6.2个百分点至61.5%（见图1-4）。2016年中国对外投资创历史新高，首次跃升为全球第二大投资国。2016年在股市动荡和人民币贬值等不利因素影响下，外国直接投资额同比下降29.7%，为1706亿美元，而同期中国海外投资增长了25%，达到2172亿美元，净输出资本466亿美元，中国对外投资额首次超过外国直接投资额，成为“净对外投资国”。

（三）全球金融市场喜忧参半

政局动荡、各国政府反复下调增长预期以及持续的通货膨胀，是主导2016年全球金融市场发展的主要因素。全球范围内政治及政策不确定性上升，对金融稳定构成了新的威胁。部分发达经济体转向贸易保护主义，对全球经济和贸易增长、资本流动以及市场情绪都造成了不利影响。长期的低利率状态对全球保险业发展构成巨大挑战，相比之下，全球股市表现强劲，成为保险公司投资收益增长的有利因素。

1.2016年全球金融市场一度出现较大幅度震荡，英国脱欧、特朗普当选、意大利修宪公投等，都对全球金融市场造成了巨大冲击

6月24日英国脱欧公投结果公布后，世界主要股票市场股指明显下挫，欧元、英镑等货币对美元汇率快速下跌。10月底至11月上旬，美国大选角逐日益激烈，不确定性上升，引发投资者心理恐慌，国际金融市场再次出现大幅震荡，世界主要股指一度持续下挫，同时黄金作为避险资产受到追捧，价格一度上扬。随后，随着美联储加息预期的不断增强，欧元、日元等货币对美元出现了不同程度的贬值。

除美国外，发达国家长期利率普遍处于下行通道，欧洲央行和日本央行继续采取扩张性政策来应对经济疲软，为应对脱离欧盟可能对经济造成的不利影响，英国央行不仅将利率降至历史最低点0.25%，而且重新采取量化宽松的货币政策。与此同时，欧洲央行则决定将其量化宽松政策维持到2017年底。

2.相比之下，全球股市表现强劲

特朗普当选美国总统、英国脱欧导致英镑贬值等政治因素，成为推动全球资本市场增长的主要因素，2016年上半年发达经济体货币政策缓慢正常化，以

及下半年对全球经济增长预期的普遍提高，都带动了资本市场的稳健增长。从发达经济体来看，2016年美国股市遭遇不利开局，但随着美国经济数据逐步改善，美股走势逐渐平稳。特朗普赢得大选之后，受投资者期待新一届美国政府可能出台财政刺激政策并可能调低企业税等预期的影响，美股在第四季度出现大涨。2016年美国标准普尔500种股票指数涨幅达9.5%，以蓝筹股为主的道琼斯工业平均指数涨幅高达13.4%，纳斯达克综合指数涨幅为7.5%，反映中小企业股价表现的罗素2000指数涨幅更是高达19.5%。欧洲股市方面，英国脱欧的短期刺激效应相当明显，英镑贬值、英国央行加大量化宽松力度推动伦敦股市大涨，金融时报100种股票平均价格指数上涨14.2%；德国法兰克福股市DAX指数涨幅为6.9%；法国巴黎股市CAC40指数涨幅为4.9%。受日本央行的负利率政策以及特朗普当选之后日元汇率大跌等因素的影响，日本东京股市日经225种股票平均价格指数2016年全年上涨0.4%，连续第5年上涨，并且以19114.37点的收盘点位创下20年来全年最后一个交易日的最高纪录。从新兴市场来看，2016年随着大宗商品价格上涨以及美元整体温和上升，MSCI新兴市场股票指数上涨8.6%，经济陷于衰退的俄罗斯和巴西股市表现最为抢眼。油价反弹、美国当选总统特朗普对俄罗斯总统普京“示好”吸引全球资金开始涌入俄罗斯等有利因素，推动2016年俄罗斯股市RTS指数涨幅超过51%；巴西圣保罗股市主要股指博维斯帕指数2016年涨幅近39%，巴西货币雷亚尔兑美元升值了17.8%；中国股市则因年初熔断的较大影响，2016年上证综指累计下跌约12.3%。

（四）国际大宗商品价格低位回升

受世界经济继续稳步复苏、OPEC达成8年来的首次限产协议等因素推动，2016年国际大宗商品价格有所回升，特别是在第四季度升幅尤为明显。根据国际货币基金组织发布的数据显示，2016年10—12月，国际大宗商品价格指数环比涨幅分别为5.72%、-1.22%和7.51%，能源类大宗商品价格指数环比涨幅分别为10.06%、-5.44%和13.00%，非能源类大宗商品价格指数环比涨幅分别为0.84%、3.94%和1.39%。各类大宗商品价格在10月和12月普遍出现较大幅度上涨，推动国际大宗商品价格在2016年呈现从低位不断回升的态势。2016年大宗商品价格指数（BPI）以862点收官，较年初的668点上涨了194

点，涨幅为 29%。BPI 显示 2016 年大宗商品价格水平整体提升近 30%。从 BPI 走势看，2016 年，BPI 年内最高点为 12 月 19 日的 866 点，最低点为 2 月 3 日的 660 点，均值为 725 点。截至年末，大宗商品价格与 2014 年 10 月水平基本相当。其中，下半年涨幅为 BPI 有记录以来的最大单波涨幅（详见图 1-5）。

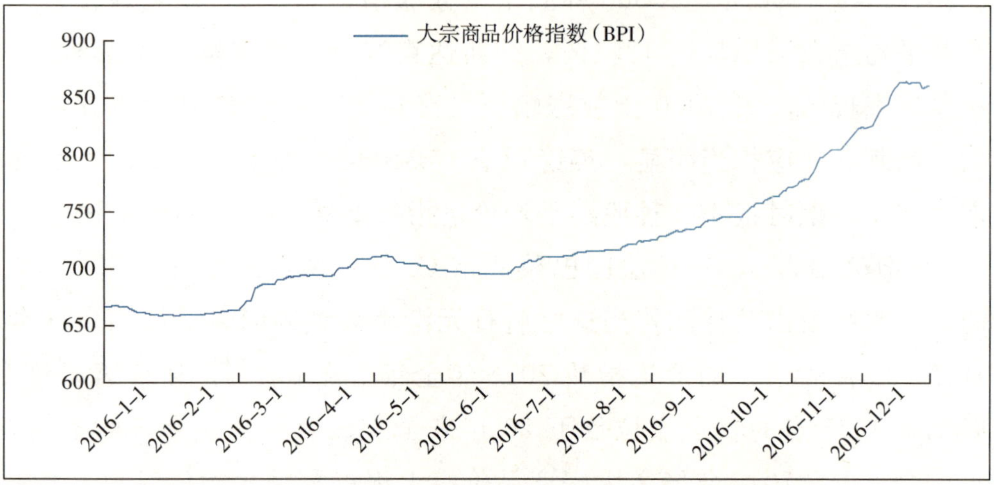

图 1-5 2016 年大宗商品价格指数（BPI）走势图

二、国内经济与金融环境

2016 年，中国经济下行压力趋缓，经济运行总体平稳，供给侧结构性改革取得积极进展，国民经济结构继续优化，居民消费水平较快增长，社会投资缓中趋稳，贸易顺差收窄，农业生产延续历史高位，货物运输持续增长，经济增长质量和效益明显提高。金融市场总体健康平稳运行，居民储蓄稳定增长，央行基准利率维持在较低水平；货币市场交易活跃，市场利率有所上行；债券发行规模较快增长，债券收益率曲线有所上移；股票市场成交量同比下降，筹资额上升。

（一）国内生产总值稳定增长

2016 年，我国国内生产总值达到 744127 亿元，同比增长 6.7%，增速较 2015 年回落 0.2 个百分点，我国经济增长速度在全球主要经济体中仍然保持第一位，较全球经济增速高出 3.6 个百分点（见图 1-6、图 1-7）。其中，第一产业增加值 63671 亿元，同比增长 3.3%；第二产业增加值 296236 亿元，同比增长6.1%；第三产业增加值384221亿元，同比增长7.8%。据国际货币基金组织统计，2016年，我国为全球经济增长贡献了1.2个百分点，自2010年以来，中国经济增长对世界经济增长的年均贡献率达到30.5%。GDP的快速增长，成为国内非寿险市场发展的有力支撑。

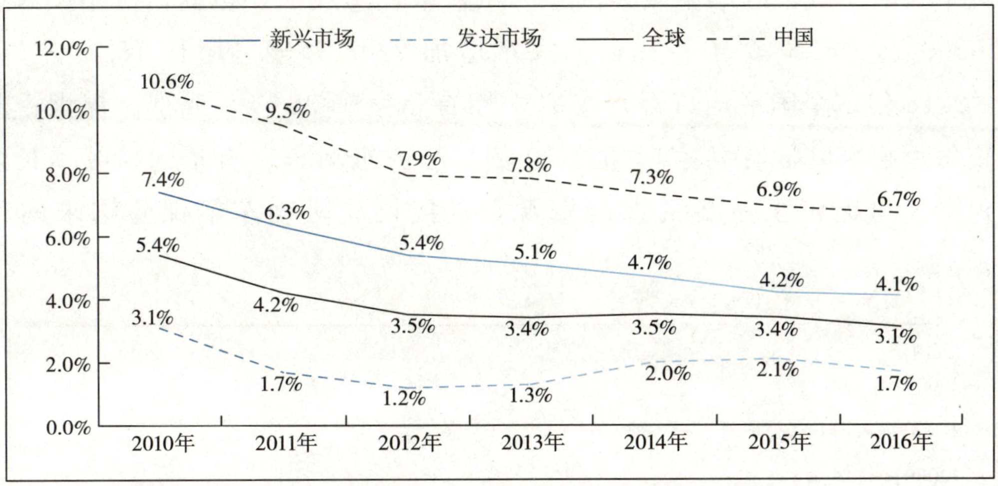

图1-6 2010—2016年全球经济增长速度

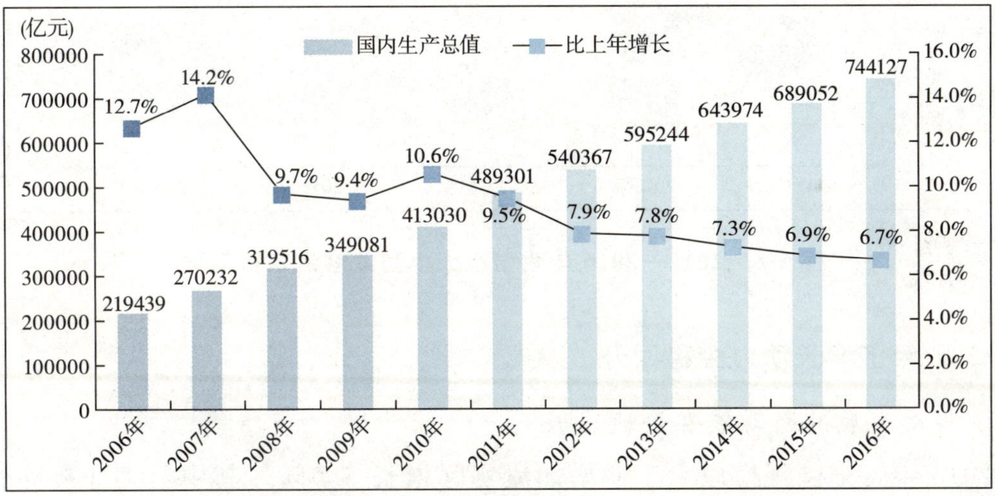

图1-7 2006—2016年我国国内生产总值及增速

（二）机动车保有量快速增长

截至2016年底，全国机动车保有量达2.9亿辆，全国民用汽车保有量19440万辆（包括三轮汽车和低速货车881万辆），比上年末增长12.8%，其中私人汽车保有量16559万辆，增长15.0%。民用轿车保有量10876万辆，增长14.4%，其中私人轿车10152万辆，增长15.5%。2016年新注册登记的汽车达2752万辆，保有量净增2212万辆，均为历史最高水平。近五年来民用汽车占机动车的比率持续提高，2016年已达到66.0%。小型载客汽车达1.6亿辆，其中，以个人名义登记的小型载客汽车（私家车）达到1.5亿辆，占小型载客汽车的92.6%，与2015年相比，私家车增加2208万辆，增长15.1%（见图1-8）。2016年，全国平均每百户家庭中拥有私家车36辆，成都、深圳、苏州等城市每百户家庭拥有私家车超过70辆。国内机动车保有量的持续增长，为财产保险公司提供了重要的保险资源，直接拉动机动车辆保险需求的稳定增长。

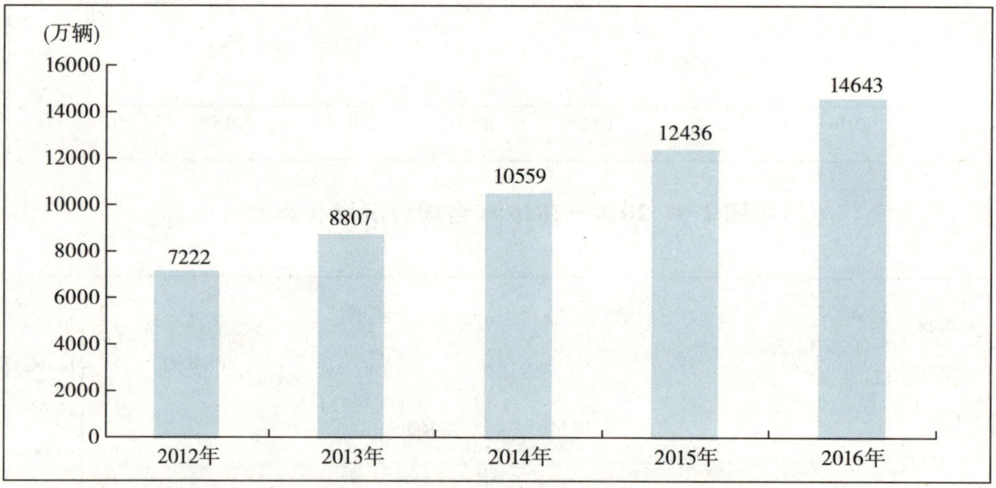

图1-8 2012—2016年我国私人小型载客汽车保有量

（三）经济增长动力企稳回升

1. 经济发展的新动能在快速成长

2016年，全国规模以上工业增加值实际增长6.0%。其中，工业战略性新兴产业增加值增长10.5%，增速比规模以上工业增加值高4.5个百分点。高技术制造业增加值增长10.8%，占规模以上工业增加值的比重为12.4%。装备制造业增加值增长9.5%，占规模以上工业增加值的比重为32.9%。全国新登记企业553万户，比2015年增长24.5%。新产业新业态蓬勃涌现，经济发展新动能正在发展壮大。2016年，我国网上零售额近5.2万亿元，增长26.2%。人工智能领域全年融资规模约26亿美元，居全球第二，涌现出科大讯飞、旷视科技、地平线机器人等领军企业。消费级虚拟现实（VR）产品成为拉动市场规模增长的主力，预计全年销量将达到400万台，市场规模突破60亿元，较2015年增长290%。分享经济市场规模近2万亿元，预计未来5年年均增速可达40%。互联网与实体经济加速融合，催生大批新商业模式。新产业新业态的涌现，加快了新旧动力转换，新的增长动能不断集聚成长。

2. 需求结构继续改善，出口稳步回升

2016年，我国社会消费品零售总额名义增长10.4%（扣除价格因素实际增长9.6%），最终消费支出占国内生产总值的比重为53.6%，比2015年提高1.8个百分点，比2012年提高3.5个百分点；最终消费支出对经济增长的贡献率为64.6%，比2015年提高4.9个百分点，比2012年提高9.7个百分点。2016年我国进出口总额同比下降0.9%，降幅比2015年收窄6.1个百分点，其中进口由负转正，实现了0.6%的增长。

3. 固定资产投资保持稳定增长

2016年固定资产投资名义增长8.1%（扣除价格因素实际增长8.8%）。全国房地产开发投资102581亿元，同比名义增长6.9%（扣除价格因素实际增长7.5%）。其中，住宅投资68704亿元，同比增长6.4%，增速提高0.4个百分点，住宅投资占房地产开发投资的比重为67.0%。商品房销售面积157349万平方米，同比增长22.5%。其中，住宅销售面积增长22.4%，办公楼销售面积增长31.4%，商业营业用房销售面积增长16.8%。全年全国城镇棚户区住房改造开工606万套，棚户区改造和公租房基本建成658万套。全年全国农村地区建档立卡贫困户危房改造158万户。固定资产投资的增长，不仅增加了全社会的固定资产积累，也为工程保险、企业财产保险、家庭财产保险等相关险种提供了稳定的保源支撑。

（四）"走出去"步伐明显加快

2016年，我国与"一带一路"沿线国家经贸合作的步伐不断加快，对巴基斯坦、俄罗斯、波兰、孟加拉国和印度出口分别增长11.0%、14.1%、11.8%、9.0%和6.5%。在全年货物进出口总额同比下降0.9%的情况下，对"一带一路"沿线国家进出口总额增长0.5%，达到62517亿元，其中出口

38319亿元、增长0.5%，进口24198亿元、增长0.4%；"一带一路"沿线国家对华直接投资新设立企业2905家，增长34.1%，对华直接投资金额458亿元（折71亿美元）。全年对外直接投资额（不含银行、证券、保险）11299亿元，按美元计价为1701亿美元，同比增长44.1%。其中，对"一带一路"沿线国家直接投资额145亿美元。全年对外承包工程业务完成营业额10589亿元，按美元计价为1594亿美元，比2015年增长3.5%。其中，对"一带一路"沿线国家完成营业额760亿美元，增长9.7%，占对外承包工程业务完成营业额比重为47.7%。在国家对外开放政策吸引越来越多企业走出去的同时，也为出口信用保险等业务提供了广阔的市场空间。

（五）人口总量与结构

截至2016年底，我国大陆地区总人口数为13.8亿人，人口自然增长率为5.86‰，比2015年提高0.9个千分点。庞大的人群为意外健康险提供了广阔的细分市场空间，主要体现为：一是游客数量持续快速增长，全年国内游客44亿人次，比2015年增长11.2%，入境游客13844万人次，增长3.5%；国内居民出境13513万人次，增长5.7%。二是教育人口数量不断上升，2016年各类在校生总数量接近3亿人，全年在学研究生198.1万人，普通本专科在校生2695.8万人，中等职业教育在校生1599.1万人，普通高中在校生2366.6万人，初中在校生4329.4万人，普通小学在校生9913.0万人，特殊教育在校生49.2万人，学前教育在园幼儿4413.9万人。三是全国农民工总量28171万人，比上年增长1.5%。其中，外出农民工16934万人，增长0.3%；本地农民工11237万人，增长3.4%。这些群体出于减小自身风险暴露以及风险防范的需要，对意外健康保险具有较为直接的需求（详见表1-2）。

表1-2　2016年年末我国人口分布情况

	2015年（万人）	2016年（万人）	人口净增量（万人）	2016年人口占比（%）
全国总人口	137462	138271	809	100
性别：男	70414	70815	401	51.2
女	67048	67456	408	48.8

续表

	2015年（万人）	2016年（万人）	人口净增量（万人）	2016年人口占比（%）
年龄：16～60	91096	90747	-349	65.6
＞60	22200	23086	886	16.7
＞65	14386	15003	617	10.9
地域：城镇	77116	79298	2182	57.3
农村	60346	58973	-1373	42.7

数据来源：国家统计局。

（六）保险购买能力不断提高

1.2016年居民人均收入增速继续跑赢人均GDP增速

全年全国居民人均可支配收入23821元，比2015年增长8.4%，扣除价格因素，实际增长6.3%。按常住地分，城镇居民人均可支配收入33616元，比2015年增长7.8%，扣除价格因素，实际增长5.6%；农村居民人均可支配收入12363元，比2015年增长8.2%，扣除价格因素，实际增长6.2%。贫困地区农村居民人均可支配收入8452元，比2015年增长10.4%，扣除价格因素，实际增长8.4%。全国农民工人均月收入3275元，比2015年增长6.6%。据统计，2011—2016年全国居民人均可支配收入名义增长11301元，扣除物价水平，累计实际增长62.6%。与此同时，全国居民人均消费支出不断增长，消费结构不断升级，2016年全国居民人均消费支出17111元，比2015年增长8.9%，扣除价格因素，实际增长6.8%。按常住地分，城镇居民人均消费支出23079元，增长7.9%，扣除价格因素，实际增长5.7%；农村居民人均消费支出10130元，增长9.8%，扣除价格因素，实际增长7.8%。2016年恩格尔系数为30.1%，比2015年下降0.5个百分点。从消费结构来看，与个人发展和享受相关的支出增长迅猛，居民体育健身活动支出增长13.7%，购买化妆品等个人用品的支出增长16.8%，购买汽车等交通工具支出增长19.8%。居民人均用于家政服务和旅馆住宿的支出分别增长24.7%和11.7%。我国居民收入的快速增长以及消费意识的不断升级，有利于提高整个社会对保险的实际购买能力。

2.企业利润持续好转

自2016年初开始，规模以上工业企业利润实现同比增长8.5%，扭转了

2015年全年同比下降2.3%的局面，且增长速度不断提升，1月至11月同比增速达到9.4%。企业景气调查结果显示，四季度煤炭行业的企业景气指数比一季度上升39.7点，钢铁行业上升11.4点，汽车行业上升12.1点，IT行业上升8.2点，均高于全部工业平均水平（上升7.4点）。全年规模以上工业企业实现利润68803亿元，比2015年增长8.5%。分经济类型看，国有控股企业实现利润11751亿元，比2015年增长6.7%；集体企业477亿元，下降4.2%，股份制企业47197亿元，增长8.3%，外商及港澳台商投资企业17352亿元，增长12.1%；私营企业24325亿元，增长4.8%。分门类看，采矿业实现利润1825亿元，比2015年下降27.5%；制造业62398亿元，增长12.3%；电力、热力、燃气及水生产和供应业4580亿元，同比下降14.3%。2016年，在41个工业大类行业中，29个行业利润总额比上年增加，1个持平，11个减少。主要行业利润情况如下：煤炭开采和洗选业利润总额比2015年增长2.2倍，农副食品加工业增长5.5%，纺织业增长3.5%，石油加工、炼焦和核燃料加工业增长1.6倍，化学原料和化学制品制造业增长10.7%，非金属矿物制品业增长11.2%，黑色金属冶炼和压延加工业增长2.3倍，有色金属冶炼和压延加工业增长42.9%，通用设备制造业增长0.2%，专用设备制造业增长2.1%，汽车制造业增长10.8%，电气机械和器材制造业增长12.6%，计算机、通信和其他电子设备制造业增长12.8%，电力、热力生产和供应业下降17.5%，石油和天然气开采业由同期盈利转为亏损。企业利润的持续稳步增长，潜在促进了企业购买保险的意愿和支付能力。

3. 财政收入和支出持续增长

2016年全国财政收入159552亿元，较2015年增长4.5%。财政支出187841亿元，较2015年增长6.4%。其中，中央一般公共预算本级支出27404亿元，同比增长7.3%；地方财政用地方本级收入、中央税收返还和转移支付资金等安排的支出160437亿元，同比增长6.2%。财政收入的持续增长，为政府支持保险业务开展、建立完善保险服务体系提供了有力支撑。2016年经济创新发展以及民生领域的财政支出呈现快速增长态势，全年用于教育、医疗卫生、科学技术、社会保障和就业、住房保障、文化等方面的支出合计79173亿元，较2015年增长31.5%，政府通过保费补贴等方式支持保障民生和社会经济发展的空间更加宽裕。

（七）国内金融市场运行平稳

2016年，金融市场总体健康平稳运行，居民储蓄稳定增长，央行基准利率维持在较低水平；货币市场交易活跃，市场利率有所上行；债券发行规模较快增长，债券收益率曲线有所上移；股票市场成交量同比下降，筹资额上升。

1. 居民储蓄稳定增长，金融业资产规模持续上升

2016年，我国国民总收入达到742352亿元，同比增长6.9%，较同期GDP增速高0.2个百分点。在日常生活消费和条件持续改善与提高的情况下，国内居民投资理财意识不断增强，储蓄存款作为最安全、最稳健的理财方式依然是居民最主要的投资渠道之一。截至2016年12月，国内居民存款总额达到606522亿元，同比增长9.9%，为近三年来最快增速，但仍远低于2012年增长速度。其中，活期存款达到236657亿元，同比增长14.8%，在居民存款总额中占比达到39.0%；定期及其他存款达到369866亿元，同比增长7.0%，在居民存款总额中占比达到61.0%（见图1-9）。随着我国多层次资本市场体系的不断完善，沪港通、深港通顺利启程，基金、期货、信托、私募等投资形式不断丰富，对居民储蓄起到了一定的分流作用。此外，持续的低利率环境也促使居民选择其他收益回报更高的理财方式。

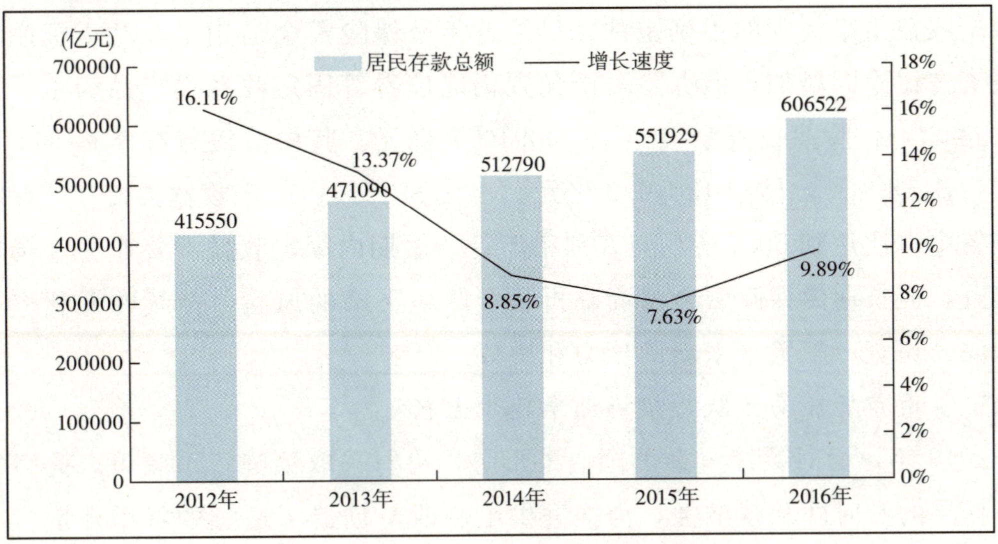

图1-9　2012—2016年我国居民存款总额

2016年，我国银行业、保险业、证券业、信托业四大金融行业总资产规模

合计 273.4 万亿元，同比增长 16.6%。其中，银行业资产总额 232.3 万亿元，同比增长 15.8%；保险业资产总额 15.1 万亿元，同比增长 22.31%；证券业资产总额 5.8 万亿元，同比下降 9.8%；信托业资产总额 20.2 万亿，同比增长 24.01%（见图 1-10）。

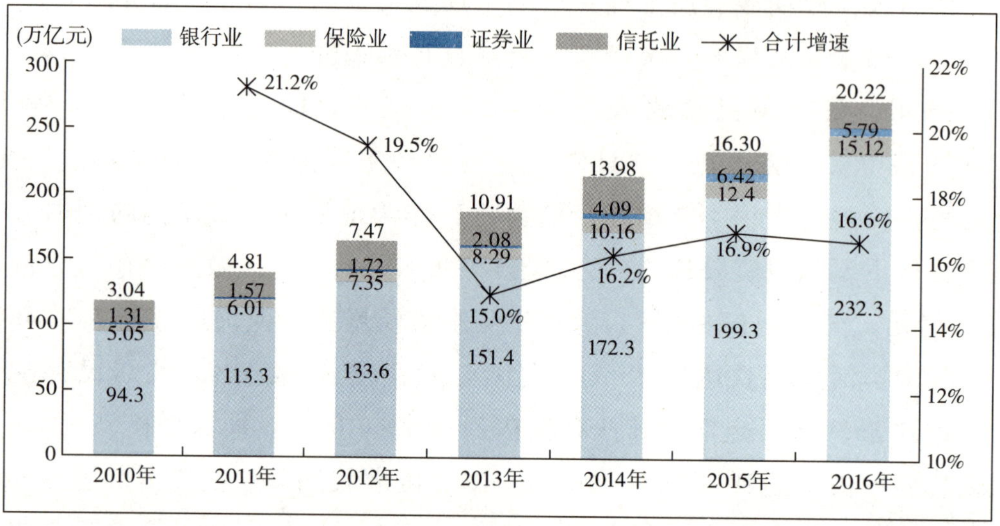

图 1-10 2010—2016 年我国银行、保险、证券、信托四大金融行业资产总额

在持续的低利率环境下，债务信用风险、资产负债错配等风险因素将给保险投资收益带来更大的不确定性。尽管近年来保险资金运用中权益类资产和另类投资占比不断增加，但保险资产配置仍以债券等固定收益类产品为主。截至 2016 年末，保险业投资余额达到 133910.7 亿元。其中，银行存款 24844.2 亿元，占比 18.6%；债券 43050.3 亿元，占比 32.2%；固定收益类资产在保险资金配置中占比达到 50.7%。随着利率下行，短期内固定收益类资产的市场价值会上升，但长期内保险资金将面临再投资收益下降的风险，持续的低利率环境对保险公司资产配置带来新的压力和挑战。

2. 货币市场交易活跃，市场利率稳步上扬

2016 年，面对错综复杂的国内外形势，央行采取稳健货币政策，提高货币政策传导的及时性和精准性，为推进供给侧改革创造了适宜的货币环境。截至 2016 年末，广义货币供应量 M2 余额为 155.0 万亿元，同比增长 11.3%，增速比 2015 年末低 2.0 个百分点；狭义货币供应量 M1 余额为 48.7 万亿元，同比增长 21.4%，增速比 2015 年末高 6.2 个百分点；流通中货币 M0 余额为 6.8

万亿元，同比增长 8.1%，增速比 2015 年末高 3.2 个百分点。全年现金净投放 5087 亿元，同比多投放 2130 亿元。

表 1-3　金融机构回购、同业拆借资金净融出、净融入情况　单位：亿元

	回购市场		同业拆借	
	2016 年	2015 年	2016 年	2015 年
中资大型银行	−1953274	−1885635	−237311	−183955
中资中小型银行	356213	619911	19786	−23790
证券业机构	490116	364808	175790	106682
保险业机构	−31443	79014	97	58
外资银行	70702	104578	−270	29785
其他金融机构	1067686	717324	41909	71221

数据来源：中国外汇交易中心。

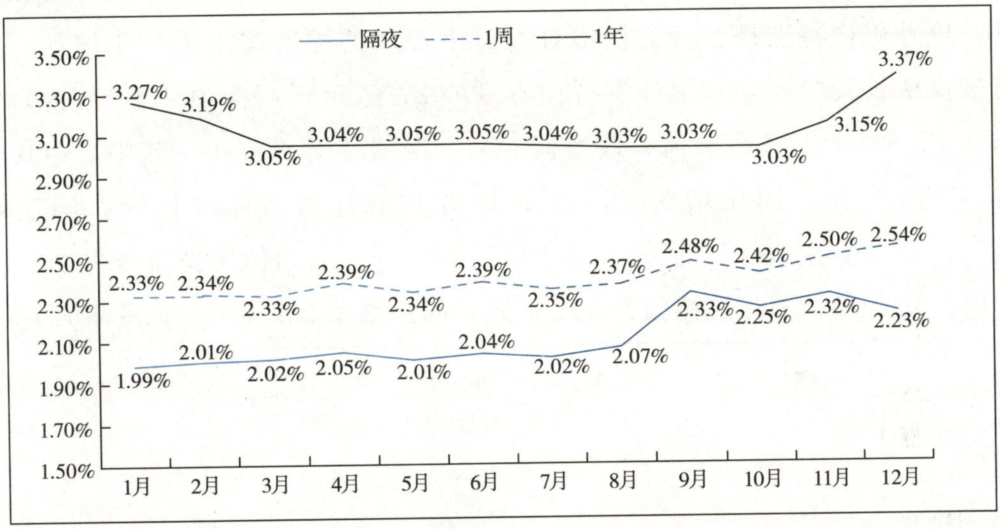

图 1-11　2016 年 Shibor 变化情况

人民币货币市场业务继续保持快速增长，市场交易量增加明显，参与主体更加多元、市场深度和广度进一步提高，但波动性也较上年有所增强。2016 年，银行间市场信用拆借、回购交易成交总量 697.2 万亿元，同比增长 33.6%。其中，同业拆借累计成交 95.9 万亿元，同比增长 49.4%；质押式回购累计成交 568.3 万亿元，同比增长 31.4%；买断式回购累计成交 33 万亿元，同比增长 30.3%。中资大型银行仍然是货币市场主要资金融出方，证券业机构

和其他金融机构及产品净融入资金较快增长，中资中小型银行、外资银行和保险业机构资金需求大幅下降（见表 1-3）。

2016 年，受美联储加息、外汇占款下降等多种因素影响，我国银行体系流动性供求波动有所加大，银行体系流动性基本稳定，货币市场利率总体平稳运行。2016 年 1—8 月货币市场利率水平总体平稳，9 月以来有所上升。12 月同业拆借月加权平均利率为 2.4%，比 9 月高 19 个基点；质押式回购月加权平均利率为 2.56%，比 9 月高 28 个基点。Shibor 总体有所上行，截至 2016 年末，隔夜和 1 周 Shibor 分别为 2.2%和 2.5%，分别较 2015 年末上升 24 个和 19 个基点；3 个月和 1 年期 Shibor 分别为 3.27%和 3.37%，分别较 2015 年末上升 19 个和 2 个基点（见图 1-11）。

3. 债券发行规模快速增长，国债利率小幅波动

2016 年，人民币正式加入 SDR，我国债券市场纳入国际主要债券指数取得进展，境外机构特别是央行类机构对人民币资产的配置需求进一步增加。债券发行规模增长较快，全年累计发行债券 356027 亿元（不含中央银行票据），同比增长 55.6%，主要在于地方政府债券和金融债券增长较快。其中，中央政府债券 30658 亿元，同比增长 45.6%；地方政府债券 60428 亿元，同比增长 57.6%；金融债券 182152 亿元，同比增长 78.4%；公司信用类债券 82377 亿元，同比增长 22.6%；国际机构债券 412 亿元，同比增长 258.3%（见图 1-12）。

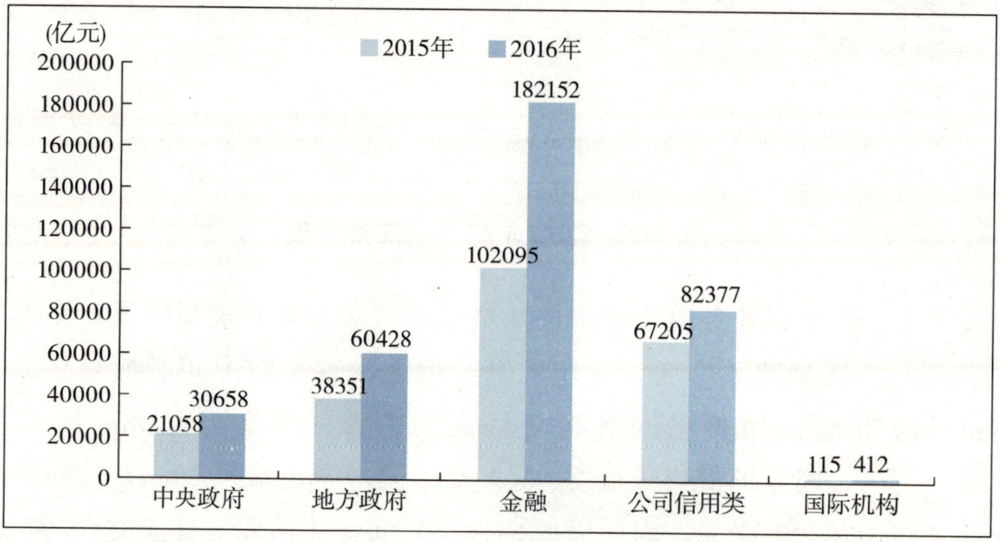

图 1-12 2015 年、2016 年我国债券发行状况

2016 年，银行间市场信用拆借、回购交易成交总量 697.2 万亿元，同比增长 33.6%。其中，同业拆借累计成交 95.9 万亿元，同比增长 49.4%；质押式回购累计成交 568.3 万亿元，同比增长 31.4%；买断式回购累计成交 33 万亿元，同比增长 30.3%（见图 1-13）。

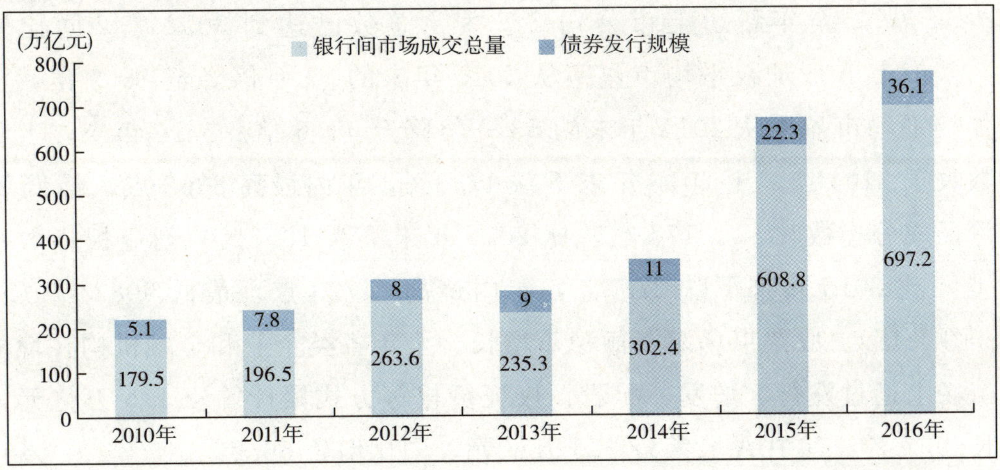

图 1-13　2010—2016 年我国银行间市场成交总量与债券发行规模

2016 年，国债收益率小幅波动，1—5 月国债收益率逐步上升，6—9 月国债收益率不断下滑，年末有所回升，截至 2016 年 12 月，十年期国债收益率为 3.01%，较年初增长 0.17 个百分点；主体评级 AAA 的企业发行的一年期短期融资券（债券评级 A—1）平均利率为 4.27%，比 2015 年同期高 49 个基点；5 年期中期票据平均发行利率为 4.53%，比 2015 年同期高 5 个基点（见图 1-14）。

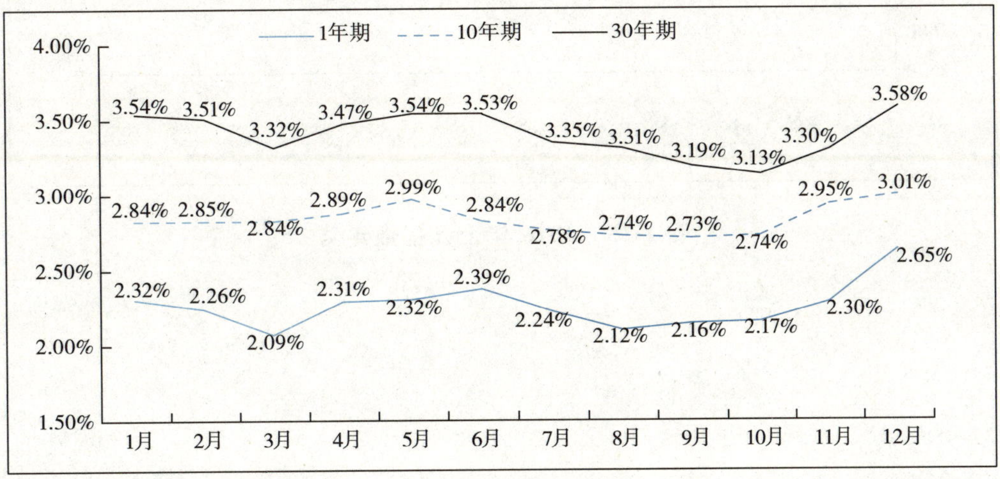

图 1-14　2016 年发行国债收益情况

4. 股市成交额同比下降，筹资额稳步增长

2016年，股票市场主要指数整体下跌，成交量明显下降，股市累计筹资额14510亿元，成交量94691亿股，成交金额1273845亿元，日均成交5221亿元，同比下降50.1%。截至2016年12月，国内股市总市值507686亿元，同比减少4.5%；全年新增上市公司225家、总数已达到3052家，同比增长7.96%。沪市A股加权平均市盈率从2015年末的17.6倍降至15.9倍，深市A股加权平均市盈率从2015年末的53.3倍降至41.6倍。2016年末，上证综合指数收于3104点，比2015年末下跌12.3%，年内最高3362点，最低2656点；深证成分指数收于10177点，比2015年末下跌19.6%；创业板指数收于1962点，比2015年末下跌27.7%，年内最高11725点，最低9083点（见图1-15、图1-16）。股票市场筹资额稳步增长。全年各类企业和金融机构在境内外股票市场上通过发行、增发、配股、权证行权等方式累计筹资1.5万亿元，同比增长28.2%，其中A股筹资1.3万亿元，同比增长56.2%。

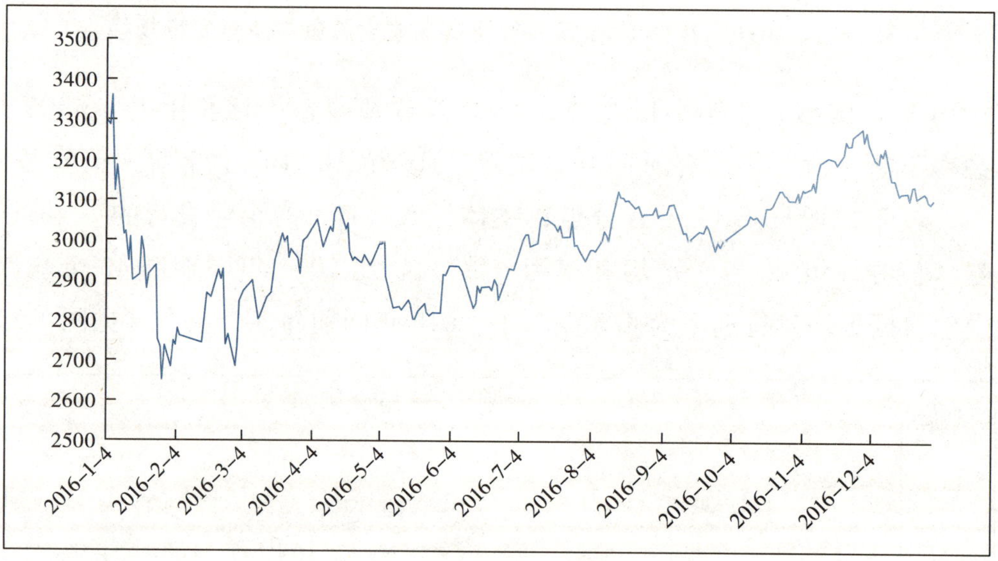

图1-15　2016年上证指数走势

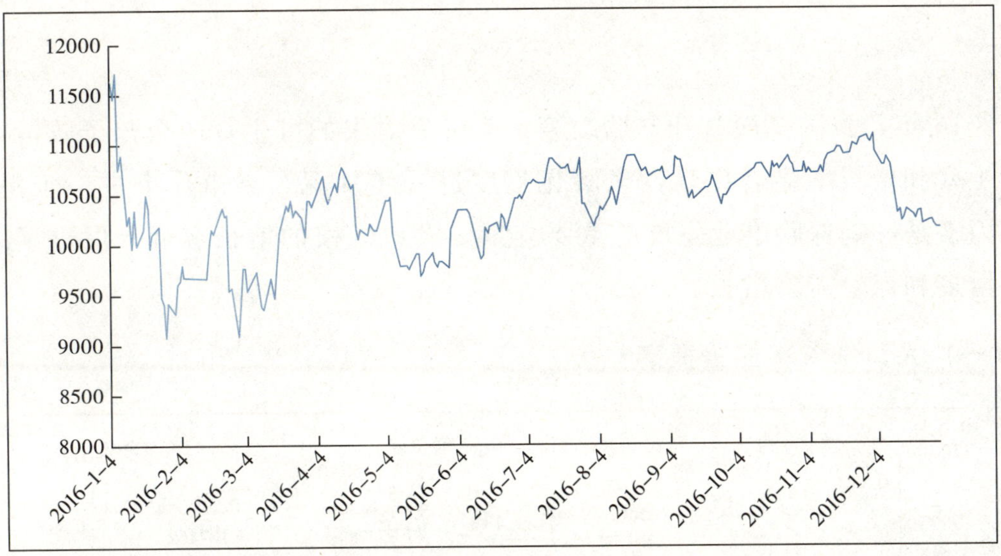

图 1-16 2016 年深证指数走势

第二节 社会发展环境

2016 年，我国人口出生率和增长率显著提高，老龄化程度进一步加深，城市化率进一步提升，人口规模的增长客观上促进了风险总量增多和保险需求增长。从消费需求变化情况来看，城乡居民消费平稳增长，恩格尔系数继续下降，耐用消费品升级换代趋势明显，与个人发展和享受相关的支出增长迅猛，人们居住条件和环境不断改善，消费需求升级进一步加快，社会风险意识不断提高，人们对保险的潜在需求不断增长。从科技变革趋势来看，金融科技既推动了传统金融机构的转型，也加快了金融产品的迭代与创新，同时催生了许多新的金融业态，提高了金融机构运行效率和金融资源配置效率。

一、人口结构变化

2016 年，我国全面放开二胎政策，实施一对夫妇可生育两个孩子政策，人口出生率和增长率显著提高，老龄化程度进一步加深，城市化率进一步提升。人口因素是影响保险事业发展的重要变量，人口规模的增长客观上促进了风险总量增多和保险需求增长。

（一）人口增长率显著提高

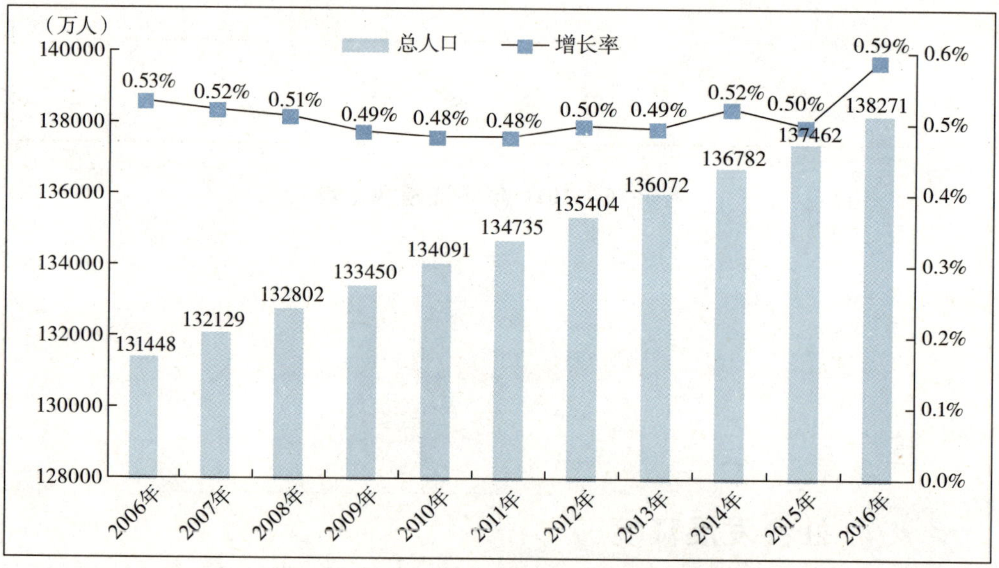

图 1-17　2006—2016 年我国总人口规模及增长率

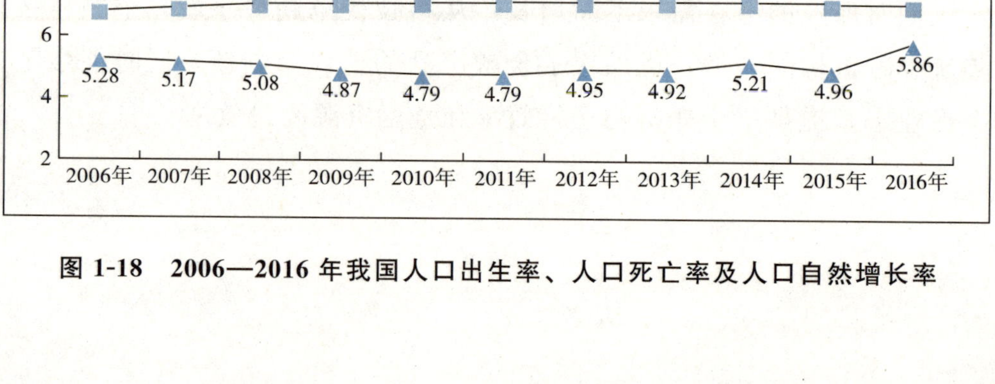

图 1-18　2006—2016 年我国人口出生率、人口死亡率及人口自然增长率

2016 年末中国大陆总人口（包括 31 个省、自治区、直辖市和中国人民解放军现役军人，不包括香港、澳门特别行政区和台湾省以及海外华侨人数）138271 万人，比 2015 年末增加 809 万人，同比增长 0.59%（见图 1-17）。

2016 年，我国全年出生人口 1786 万人，比上年增加 131 万人，人口出生率为 12.95‰；死亡人口 977 万人，人口死亡率为 7.09‰；人口自然增长率为 5.86‰，比上年提高 0.9 个千分点（见图 1-18）。

（二）劳动年龄人口规模下降

从年龄构成看，2016 年我国 15～64 周岁劳动年龄人口 100246 万人，同比减少 0.04%，这是劳动年龄人口规模自 2013 年达到峰值后连续第三年下降，意味着人口红利的逐渐消失，经济转型升级压力增大（见图 1-19）。经济转型在微观上意味着企业资本有机构成的提升，这将为企业财产险、首台（套）重大技术装备保险、科技保险等险种的发展带来更为广阔的空间。

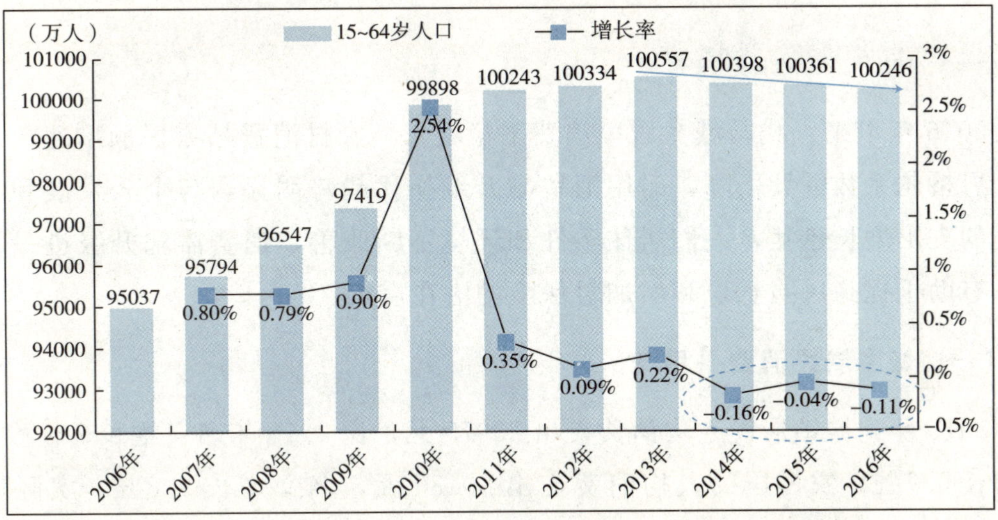

图 1-19　2006—2016 年我国 65 岁以上人口规模及老年抚养比

（三）城镇人口比重持续提高

从城乡人口结构看，2016 年中国城镇常住人口 79298 万人，比 2015 年末增加 2182 万人，乡村常住人口 58973 万人，较 2015 年末减少 1373 万人，城镇人口占总人口比重（城镇化率）为 57.4%（见图 1-20）。城镇化率的提升有助于经济结构的转型升级，提高第二、第三产业比重，加快第一产业规模化进程，从而推动农机保险等险种的发展。

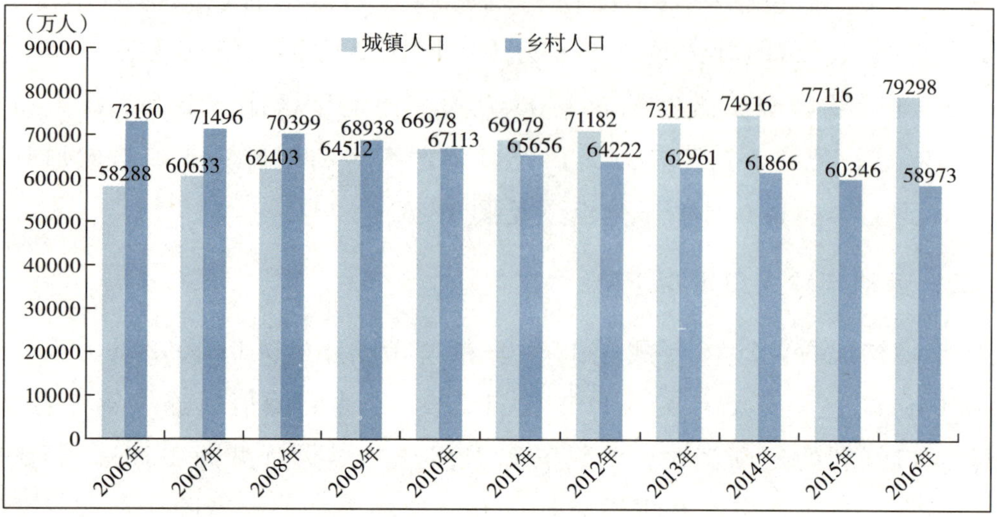

图 1-20　2006—2016 年我国城镇人口与乡村人口结构

二、消费需求变化

2016 年以来，我国城乡居民消费平稳增长，农村消费品零售额增速快于城镇，恩格尔系数继续下降，耐用消费品升级换代趋势明显，与个人发展和享受相关的支出增长迅猛，人们居住条件和环境不断改善，消费需求升级进一步加快，有助于提高风险意识和增加对保险的潜在需求。

（一）城乡居民消费平稳增长

2016 年，城镇居民人均消费支出 23079 元，比 2015 年名义增长 7.9%，实际增长 5.7%；农村居民人均消费支出 10130 元，名义增长 9.8%，实际增长 7.8%，农村居民人均消费名义增速和实际增速分别高于城镇居民 1.9 和 2.1 个百分点（见图 1-21）。

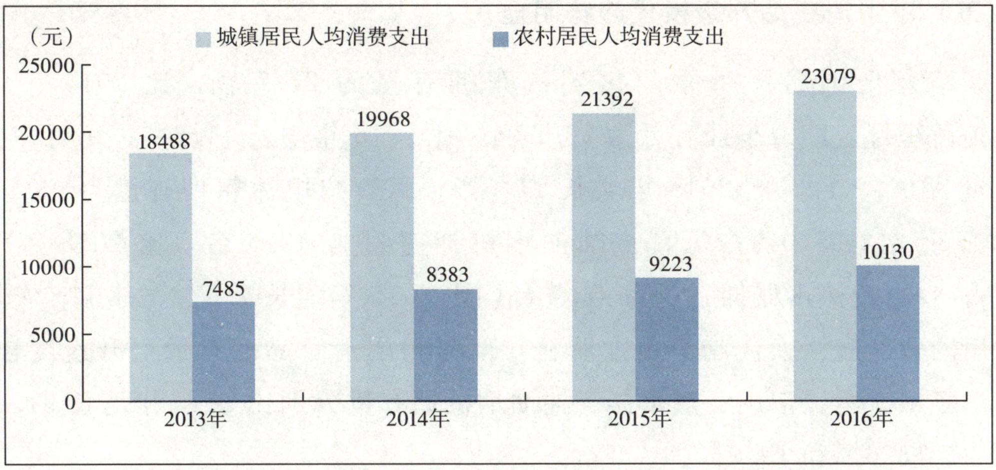

图 1-21　2013—2016 年我国城镇与农村居民人均消费支出

（二）农村消费品零售额增速快于城镇

自 2013 年以来，乡村消费增长持续快于城镇，2016 年乡村消费品零售额达到 4.7 万亿元，同比增长 10.9%，高于城镇增速 0.5 个百分点。随着国家对农村地区政策倾斜力度的加大，“万村千乡”工程推动农村消费基础设施逐步完善，特别是在收入增长和农村消费环境不断改善的共同作用下，消费水平逐步提高，农村消费将呈现快速增长态势。

（三）食品消费支出比重（恩格尔系数）继续下降

2016 年，全国居民人均食品烟酒消费支出增长 7.0%，占消费支出的比重为 30.1%，比 2015 年回落 0.5 个百分点。其中，城镇居民和农村居民的食品烟酒消费支出比重分别为 29.3%和 32.2%，分别比 2015 年下降 0.4 和 0.8 个百分点。全国居民人均衣着支出增长 3.3%，在消费支出中的比重为 7.0%，比 2015 年下降 0.4 个百分点。

（四）与个人发展和享受相关的支出增长迅猛

2016 年居民人均居住、用品及服务、医疗保健、交通通信支出分别增长 9.6%、9.7%、12.3%和 12.0%，增速比 2015 年提高 2.8、2.8、0.8 和 0.4 个百分点，人均文化教育支出也保持了 11.2%的较快增速，购买汽车等交通工具支出增长 19.8%。

（五）耐用消费品升级换代趋势明显

2016 年全国居民每百户家用汽车拥有量为 27.7 辆，比 2015 年增长 21.9%；每百户助力车拥有量为 53.2 辆，比 2015 年增长 11.6%；每百户空调拥有量为 90.9 台，比 2015 年增长 11.5%；每百户电冰箱拥有量为 93.5 台，比 2015 年增长 5.0%；每百户抽油烟机拥有量为 48.6 台，比 2015 年增长 6.3%；每百户热水器拥有量为 76.2 台，比 2015 年增长 7.0%。其中，农村居民耐用消费品升级换代趋势更加明显，部分耐用消费品拥有量上升速度较快，每百户家用汽车、空调、热水器、抽油烟机拥有量分别比 2015 年增长 31.3%、22.7%、13.6%和 19.9%。

（六）居住条件和环境不断改善

2016 年城镇居民人均居住面积 36.6 平方米，比 2015 年增长 2.2%；农村居民人均居住面积 45.8 平方米，比 2015 年增长 4.2%。2016 年全国居民中有管道供水入户的户比重为 87.1%，比 2015 年提高 2.6 个百分点；有安全饮用水的户比重为 90.3%，比 2015 年提高 1.5 个百分点；有卫生厕所的户比重为 70.7%，比 2015 年提高 2.5 个百分点；有洗澡设施的户比重为 78.9%，比 2015 年提高 3.7 个百分点；获取饮用水无困难的户比重为 94.3%，比 2015 年提高 0.9 个百分点；居住竹草土坯房的户比重为 1.2%，比 2015 年下降 0.3 个百分点。

三、金融科技发展与变革

金融科技既推动了传统金融机构的转型，也加快了金融产品的迭代与创新，同时催生了许多新的金融业态，提高了金融机构运行效率和金融资源配置效率。金融科技的发展与应用是金融生产力水平的重要体现。

（一）金融科技

金融科技（FinTech）是基于大数据、云计算、人工智能、区块链等一系列技术创新，全面应用于支付清算、借贷融资、财富管理、零售银行、保险、交易结算等六大金融领域的金融业未来主流趋势。金融稳定理事会（Financial Stability Board）于 2016 年 3 月首次发布了关于金融科技的专题报告，对“金融科技”进行了初步定义，即金融科技是指技术带来的金融创新，它能创造新的业务模式、应用、流程或产品，从而对金融市场、金融机构或金融服务的提供方式造成重大影响。与“互联网金融”相比，金融科技范围更大。

（二）金融科技的迭代演进

在 FinTech1.0 阶段，金融科技主要表现为互联网和移动互联网在金融领域的运用，是金融科技的初始阶段和初始形态。利用互联网和移动设备为客户提供线上服务，简化业务流程，优化产品界面，极大地改善了用户体验。该阶段的大数据分析通常依靠人工建模分析，由于传统数据分析模型对于多维度、多形态的数据存在不适用的情况，因此该类技术应用仅仅是大数据分析的初级阶段。对于这一阶段的保险，金融科技的应用主要体现为“互联网+保险”和“保险+互联网”，如实施传统网点的数字化改造、构建统一电子商务门户、应用移动销售支持工具，以及打造车联网、互联网社区银行等新业态，布局车主生态圈、三农生态圈等客户生态圈建设。

在 FinTech 2.0 阶段，金融科技主要表现为智能数据分析（大数据、云计算和智能硬件）、人工智能、区块链技术手段的运用。通过大数据技术的应用，可以实现多维度、多层次的大数据分析，促进个人征信、授信、风控以及保险定价等金融领域的发展。大数据、云计算以及智能硬件的发展作为基础技术支撑了人工智能技术的发展，智能数据分析与决策主要是人工智能发展的产物。智能数据分析在金融领域涵盖了投资、借贷、保险和征信行业，相关技术的运用成为业务开展的基础，同时也支持了金融产品的创新，包括新型的保险及投资产品。智能化是 FinTech 重要发展方向。人工智能尚在发展初期，代替人脑来进行决策尚早，但可以做到大规模的量化及替代部分人力分析。人工智能在金融领域的应用主要有以下三类：一是金融搜索引擎，一般用于解决信息获取和信息碎片问题，而将复杂的查询和逻辑判断交给用户来完成；二是智能投顾，通过借助计算机和量化交易技术，为经过问卷评估的客户提供量身定制的资产投资组合建议，提供的服务包括股票配置、债券配置、股票期权操作、房地产资产配置等；三是区块链，它是一种分布式共享数据库（数据分布式储存和记录），利用去中心化方式集体维护一本数据簿的可靠性的技术方案，区块链技术可广泛运用于金融领域，如用于传统的中心化场景中，替代原本由中介或中心机构处理的交易流程，用于数据追踪和防伪以及智能合约等。2016 年，

FinTech 已基本完成了从 1.0 阶段至 2.0 阶段的过渡。

（三）保险科技发展现状

保险科技（InsurTech）是金融科技新技术在保险领域的应用，在促进保险业的转型升级方面将发挥巨大的促进作用。如通过大数据、云计算等新技术的运用，实现精准定价、精准营销，大幅降低保险运营成本，提升保险服务效率和服务水平；再如通过发挥区块链分布式账本中的历史索偿和资产来源记录功能，提高二手车交易信息透明度，解决二手车“柠檬市场”问题等。从 FinTech 1.0 来看，在互联网金融迅猛发展的带动下，国内互联网保险也发展迅速。保监会公布数据显示，2016 年，国内共有 117 家保险机构开展互联网保险业务，实现签单保费 2347.97 亿元。其中，财产险公司 56 家，实现签单保费 403.02 亿元；人身险公司 61 家，实现签单保费 1944.95 亿元。2016 年新增互联网保险保单 61.65 亿件，占全部新增保单件数的 64.59%。在电子保单应用方面，全行业有 104 家机构签发了 3.61 亿张电子保单，其中财产险公司 46 家，电子保单数量 1.98 亿张；人身险公司 58 家，电子保单数量 1.63 亿张。从 FinTech 2.0 来看，云计算、区块链等新技术在保险业的应用正在深入。如在云计算应用方面，全行业已有 50 余家机构与第三方社会化云平台合作，有效降低运营成本、促进产品创新。

第三节 政策法律环境

2016 年是保险业深化改革的落地执行阶段。宏观层面上看，以风险为导向的中国版第二代偿付能力监管体系（以下简称“偿二代”）正式运营，将带领中国保险业从规模监管升级为风险监管，与欧盟偿付能力监管标准Ⅱ接轨。监管体系更新换代之后，酝酿多年的保险公司退市制度也进一步破冰。从细分险种领域来看，经历了多年准备、试运行一年之后，商业车险费率市场化改革正式推向全国，新的条款费率之下，车险价格整体呈下降趋势，赔付率亦普遍下降。从保险资金运用来看，监管层在鼓励创新保险资金运用方式的同时，亦不断加强对保险资金运用的风险管控。

一、中国保险业发展“十三五”规划

“十三五”时期是我国全面建成小康社会决胜阶段，也是我国从保险大国迈向保险强国的关键时期。根据《中华人民共和国国民经济和社会发展第十三个五年规划纲要》和《国务院关于加快发展现代保险服务业的若干意见》，保监会编制了《中国保险业发展“十三五”规划纲要》（以下简称《纲要》）。《纲要》明确了今后五年保险业发展的目标、任务和举措，是全行业的行动纲领。

（一）“十三五”时期我国保险业发展的主要目标

“十三五”时期我国保险业发展的主要目标是：到2020年，基本建成保障全面、功能完善、安全稳健、诚信规范，具有较强服务能力、创新能力和国际竞争力，与我国经济社会发展需求相适应的现代保险服务业，努力由保险大国向保险强国转变，使保险成为政府、企业、居民风险管理和财富管理的基本手段，成为提高保障水平和保障质量的重要渠道，成为政府改进公共服务、加强社会治理和推进金融扶贫的有效工具。我国保险业在世界保险市场地位进一步提升。具体目标包括：到2020年，全国保险保费收入争取达到4.5万亿元左右，保险深度达到5%，保险密度达到3500元/人，保险业总资产争取达到25万亿元左右，保险业实现中高速增长；多层次、个性化保险需求得到基本满足，保险服务品质大幅改善，产品和服务供给更优；现代保险服务业成为促进经济提质增效升级的高效引擎、创新社会治理的有效机制、改善民生保障的有力支撑、完善金融体系的支柱力量，行业影响力显著增强；理赔难、销售误导等突出问题得到有效化解，消费者投诉率大幅下降，消费者满意度普遍提高；修订《保险法》，加快重点领域立法，构建多层次的保险法律制度体系，法治化水平显著提高；第二代偿付能力监管制度有效施行，保险业资本补充机制不断完善，监管现代化不断深入。

（二）深化改革，增强行业可持续发展动力

进一步解放思想，主动作为，聚焦重点领域和关键环节，提高改革效应，

放大制度优势，促进行业发展方式转变和结构调整，为行业健康发展提供持续动力。一是要深化准入机制改革，推动市场主体层次、业务结构和区域布局优化升级，统筹培育与实体经济发展和金融改革创新相适应的现代保险市场体系。二是加快建立现代保险企业制度，支持符合条件的国有资本、民营资本和境外资本投资保险公司，鼓励资本多元化和股权多元化，推进保险公司混合所有制改革。三是健全再保险市场体系，适度增加再保险市场主体，发展区域再保险中心，提升我国在全球再保险市场的定价权、话语权。四是建立多层次、多成分、多形式的保险中介服务体系，培育具有专业特色和国际竞争力的龙头型中介机构，发展小微型、社区化和门店化经营的区域性专业代理机构，鼓励保险销售多元化发展，探索独立个人代理人制度。五是全面推开商业车险条款费率管理制度改革，建立以行业纯风险保费为基准、公司自主确定附加费用率和部分费率调整系数的定价机制。

（三）开拓创新，提高服务经济社会发展能力

围绕服务经济社会发展的重点方向，在经济转型、社会治理、灾害救助、三农服务等领域，创新保险服务机制和手段，提升服务水平。要加快发展科技保险，推进专利保险试点，加快发展绿色保险，鼓励围绕互联网开展商业模式、销售渠道、产品服务等领域的创新，积极发展文化产业保险、物流保险，探索演艺、会展责任险等新兴保险业务，稳步发展住房、汽车、教育、旅游等领域保险服务；要推动出台《地震巨灾保险条例》，落实《建立城乡居民住宅地震巨灾保险制度实施方案》和《农业保险条例》；要充分运用物联网、大数据等科技手段，完善现有财产险险种的风险保障功能；要不断丰富商业车险示范产品体系，完善商业车险创新型产品形成机制，提高服务精准化、精细化水平。

（四）服务民生，构筑保险民生保障网

建立与国家脱贫攻坚战相适应的保险服务体制机制。积极参与社会保障体系建设，把商业保险建成社会保障体系的重要支柱，使保险逐步成为个人和家庭商业保障计划的主要承担者、企事业单位发起的养老健康保障计划的重要提供者、社会保险市场化运作的主要参与者。一是保险助推扶贫攻坚，精准对接脱贫攻坚多元化的保险需求，建立与国家脱贫攻坚战相适应的保险服务体制机制；二是拓展多层次养老保险服务，创新发展多种形式的商业养老保险产品，积极参与社会保障体系建设，把商业保险建成社会保障体系的重要支柱；三是完善商业健康保险顶层设计，发展多元化健康保险；四是提升大病保险的统筹层级，促进大病保险稳健运行。

（五）提效升级，发挥保险资金支持经济建设作用

发挥保险资金期限长、规模大、供给稳的独特优势，扩大保险投资领域，创新资金运用方式，优化保险资金配置，提高保险资金服务实体经济效率。一是拓宽保险资金服务领域，积极支持保险资金服务实体经济发展和经济转型升级；二是创新保险资金运用方式，不断深化保险资金运用市场化改革，发挥市场主体的自主决策机制，把更多投资选择权和风险责任赋予市场主体；三是加强保险资金运用风险管控，进一步健全和完善保险资金运用政策法规和监管制度，积极构建现代化多层次的保险资金运用监管体系。

（六）开放发展，提升保险业国际竞争力

积极落实国家建设开放型经济新体制的战略部署，主动对接“一带一路”、自由贸易区建设等国家重大战略，推动保险企业和保险监管“走出去”，开创高水平双向开放新格局。一是建立保险业服务“一带一路”战略的工作机制，扩大中长期出口信用保险覆盖面，稳步放开短期出口信用保险市场，鼓励政策性保险公司加大海外投资保险的发展力度；二是参与自由贸易区建设，积极推动自贸区与香港、澳门和台湾地区的保险产品互认、资金互通、市场互联、人才互动，推动国际航运保险中心建设，推动出台离岸保险税收及支持政策，鼓励保险机构开展外汇长期寿险、跨境人民币再保险等业务创新，推动自贸区内保险资金跨境双向投融资试点；三是提升保险业对外开放水平，鼓励中资保险机构走出去，扩大保险服务出口，支持通过新设、参股及兼并收购境外保险机构的方式，完善全球经营网络布局，加强中外、内地与港澳台地区深度合作，稳步推进保险资源配置的全球化；四是深度参与国际规则制定，加快与香港、澳门地区保险监管体系的等效互认以及与欧盟偿付能力II的等效评估工作，建立与发达国家和地区保险监管机构的双边、多边监管合作机制，强化对国内保险公司境外机构的监管，防范金融风险跨境传递。

（七）加强监管，筑牢风险防范底线

坚持机构监管与功能监管相统一，宏观审慎监管与微观审慎监管相统一，风险防范与消费者权益保护并重，完善公司治理、偿付能力和市场行为“三支柱”监管制度，建立全面风险管理体系，牢牢守住不发生系统性区域性风险底线，健全现代保险监管体系，完善保险“三支柱”监管制度，构建防范化解风险长效机制，加强保险消费者权益保护。

（八）夯实基础，持续改善保险业发展环境

坚持依法合规，秉持诚信立业，凝聚智力支持，完善基础设施，提升保险意识，为保险业健康发展提供坚实基础，营造良好的社会环境。一是出台全面推进保险法治建设的指导性文件，提高行业法治化水平。推动《保险法》修订，加快保险监管制度的“废改立”工作，完善保险法律体系。二是加快保险业信用信息系统建设，扩大信用记录覆盖面，建立涵盖保险企业信用、保险从业人员信用和保险消费者信用在内的保险业信用信息数据库。三是加快编制车险纯保费表和第三套经验生命表，完善科学定价基础。鼓励发展第三方费率测算机构。加强行业信息标准化建设，加快行业风险数据库、数据灾备中心、信息共享平台、保单登记管理信息平台等基础设施建设。四是提高全行业理论和政策研究层次，推动保险理论创新，加强对前瞻性、基础性和战略性问题研究，引领保险实践向大格局、宽领域发展。五是发挥新闻媒体的正面宣传和引导作用，鼓励新闻媒体利用广播、电视、平面及互联网等开办专门的保险频道或节目栏目，在全社会形成学保险、懂保险、用保险的氛围。

（九）人才为本，建设高素质人才队伍

全面实施人才兴业战略，坚持以人为本，提升人才素质，优化人才结构，建立适应行业发展的管理人才、技术人才、营销人才和监管人才队伍，夯实保险业科学发展的人才基础。一是加大对产品研发、核保核赔、资产管理、风险管理、国际业务、精算、财务、法律、互联网等专业人才的培养力度，造就一批具有国际视野、富有改革创新精神的高素质人才队伍。二是增加教育培训投入，建立健全监管干部人才、保险经营管理人才、专业技术人才教育培训体系。三是建立符合国情和行业实际的激励体系，坚持物质激励和精神激励相结合，注重增强优秀人才的成就感和荣誉感，健全从业人员收入正常合理的增长机制。

二、“偿二代”正式落地实施

2016年，中国版第二代偿付能力监管体系（下称“偿二代”）正式运营，这套保监会酝酿近三年、试运行一年全新逻辑的监管体系，将带领中国保险业从规模监管升级为风险监管，与欧盟偿付能力监管标准Ⅱ接轨。

我国保险业第一代偿付能力监管标准（即“偿一代”）始于2003年，随着近年来保险行业的高速发展，2012年3月，保监会发布《中国第二代偿付能力监管制度体系建设规划》，启动“偿二代”建设。2015年2月开始进入“双轨并行”试运行过渡期，2016年“偿二代”开始正式实施。与“偿一代”粗放式监管不同的是，“偿二代”对保险公司的监管更为全面、细化并且有针对性，不仅关注保险公司一定保费规模下的最终偿付能力充足率，还关注保费结构、保险资金的投资结构等，细化到每方面都有相应的资本金要求，对不同风险综合评级的公司在市场准入、产品管理、资金运用、现场检查等方面实施差异化监管政策。与规模导向的“偿一代”相比，“偿二代”则进一步注入风险因素，保证更加全面反映保险公司的产品、投资、再保险等风险，助推保险公司在发展业务的同时，统筹考虑风险和资本。数据显示，在“偿二代”试运行初期，全行业偿付能力不达标的公司有13家，高于“偿一代”下的2家。从“偿二代”正式实施一年来看，保险公司的产品结构、业务品质、资产质量不断优化，资本内生能力显著增强，行业偿付能力保持了充足稳定，不达标公司持续减少。2016年末季度偿付能力数据和风险综合评级结果显示，162家保险公司中，风险较高的C类公司和D类公司分别为1家和2家，合计占比仅为2%。截至2016年底，仅有2家寿险公司综合偿付能力充足率未达到100%监管要求。

“偿二代”整体上较好保障了保险业近两年市场化改革的顺利推进，但随着市场的快速发展，也不断涌现出一些新情况、新问题。如，对保险资产管理公司、养老险公司、相互保险公司、自保公司等新型组织形式的风险识别和分类监管评级，目前尚属空白；少数保险公司用于增加偿付能力的资本存在不实，即利用保险公司自身的资金，通过复杂的金融产品和资产管理计划等途径进行自我注资、虚假增资等问题。预计“偿二代”二期工程将弥补监管空白，对资产端进行地毯式梳理，明确标准、细化规则，对于数据造假、恶意监管套利等违规、违法行为，实施严厉打击；对“偿二代”数据真实性开展大检查，针对市场反映较多的投资和经营激进、增资频繁且金额较大的公司，采取重点检查。

三、全面推进保险法治建设

为深入贯彻落实《中共中央关于全面推进依法治国若干重大问题的决定》《法治政府建设实施纲要（2015—2020年）》和《国务院关于加快发展现代保险服务业的若干意见》，促进保险法治建设迈上新台阶，2016年初，保监会发布了《保监会关于全面推进保险法治建设的指导意见》（以下简称《指导意见》），明确提出要深入贯彻落实党的十八大和十八届三中、四中、五中全会精神，坚定不移走中国特色社会主义法治道路，坚持深化改革和法治建设共同推进，努力实现科学立法、严格执法、行业守法，为保险业深化改革、加快发展提供有力法治保障。一方面，要构建多层次的保险法律制度体系。形成以保险法为保险法律制度体系的核心，以保险行政法规为保险法律制度体系的主干，以规章、规范性文件为保险法律制度体系的重要组成部分的多层次保险法律制度体系。另一方面，要加快重点领域立法。抓紧健全市场主体经营活动规则，着眼于各类保险市场主体的全流程监管，逐步完善对保险集团、相互保险组织、自保公司等组织业态的监管规则，加强在保险公司准入退出、公司治理、偿付能力、风险处置等方面的制度建设。坚持鼓励创新发展与有效管控风险相结合，加强在保险产品创新、互联网保险业务、保险资金运用、保险基础设施等方面的制度建设。着眼于保险服务国家治理现代化，加强在巨灾保险、农业保险、责任保险、信用保证保险、大病保险、养老保险、健康保险等方面的制度建设。依法保护保险消费者合法权益，努力构建权利义务明确、救济渠道畅通的保险消费者权益保护制度。

2016年保监会出台和印发多项部门规章和规范性文件，如旨在加强对保险资金间接投资基础设施项目的管理，防范和控制管理运营风险，确保保险资金安全，维护保险人、被保险人和各方当事人的合法权益，促进保险业稳定健康发展的《保险资金间接投资基础设施项目管理办法》；旨在落实《保险公司信息披露管理办法》《保险公司股权管理办法》的有关要求，进一步强化社会监督和提高审核工作透明度，规范保险公司筹建及股权变更行为的《保监会关于进一步加强保险公司股权信息披露有关事项的通知》；旨在进一步规范保险公司关联交易行为，增强信息公开透明度，防范保险经营风险的《关于进一步加强保险公司关联交易信息披露工作有关问题的通知》等。

四、深化保险标准化工作改革

2016 年，保监会出台了《深化保险标准化工作改革方案》，印发了《保监会关于印发〈深化保险标准化工作改革方案〉的通知》，旨在贯彻落实国务院《深化标准化工作改革方案》（国发〔2015〕13 号）和《国务院关于加快发展现代保险服务业的若干意见》（国发〔2014〕29 号）文件精神，切实发挥标准对建设现代保险服务业的基础支撑和引领示范作用。《深化保险标准化工作改革方案》是落实国家标准化战略和推进行业标准化改革发展的重要指导性文件，是保险标准化工作的顶层设计和重要抓手。全文重点针对目前行业标准化工作存在的标准总量不足，标准体系还不完善、结构有待优化调整，标准宣贯力度不够、标准推广实施需要加强，标准化人才培养及储备明显不足等问题，提出了六个方面的具体改革措施：一是统筹推进标准化改革，明确政府主导制定的标准侧重于保基本，市场自主制定的标准侧重于提高竞争力，加强对保险业国家标准、行业标准与团体标准、企业标准的统一协调；二是优化完善保险标准体系，保证标准基本供给，加强对新“国十条”提出的重点保险领域的标准支撑，加强对新技术在保险业应用的标准支撑，加强对保单登记等行业重大项目的标准支撑；三是培育发展保险团体标准，满足市场需要；四是搞活保险企业标准，提升市场竞争力；五是加大标准化人才队伍建设，确保可持续发展；六是提高保险标准国际化水平，占领标准制高点。

2016 年，保险标准化工作以“新国十条”和国家标准化改革精神为指引，以深化保险标准化改革为重点，充分发挥标准化服务对保险业转型升级和助力保险监管的基础性作用，取得积极成效。《中国保险业标准化“十三五”规划》在金融业率先制定出台，明确了“十三五”期间我国保险标准化的三项重点任务：一是推进新型保险业标准化体系建设，加强保标委的统一领导，发展团体标准，搞活企业标准；二是完善标准化工作机制，重点要在标准制定程序、标准实施推进和监督机制、国际交流合作等方面取得突破；三是优化标准体系，扩大标准供给。2016 年保监会颁布了 7 项行业标准，其中，《银行保险业务财产保险数据交换规范》《银行保险业务人寿保险数据交换规范》统一了银行保险业务的数据交换标准，有助于进一步规范银保市场，促进银保业务健康发展；《保险公司参与社会医疗保险服务数据交换规范》规范了保险业与医疗保险、大病保险等业务的数据信息交换口径，提高了保险业跨行业数据共享效率；《寿险单证》规范了寿险公司单证要素，让消费者更容易阅读和理解，有助于提升行业服务水平和保护消费者权益；《再保险数据交换规范》为再保险业务处理提供统一的交易类别、数据交换格式和数据字典，为全国再保险领域的数据交换提供遵循；《企业财产保险标的分类》统一了企业财产保险的标的分类标准，是科学厘定费率、有效加强风险管控的重要依据；《机动车保险数据交换规范》为商业车险费率市场化改革提供数据标准和技术支持；《农业保险服务通则》对保险机构农险服务的多个方面进行明确规定，具有较强的操作性，为提升农业保险产品管理水平和服务能力奠定了基础。

五、互联网保险风险专项整治

为促进互联网金融健康有序发展，经国务院批准，人民银行、银监会、证监会、保监会等十七个部门联合开展互联网金融风险专项整治。保监会根据《关于促进互联网金融健康发展的指导意见》和《互联网金融风险专项整治工作实施方案》，制定《互联网保险风险专项整治工作实施方案》（以下简称《方案》）。《方案》提出互联网高现金价值业务、保险机构依托互联网跨界开展业务、非法经营互联网保险业务三大整治重点。在互联网高现金价值业务方面，重点查处和纠正保险公司通过互联网销售保险产品，进行不实描述、片面或夸大宣传过往业绩、违规承诺收益或者承担损失等误导性描述。在保险机构依托互联网跨界开展业务方面，重点查处和纠正以下问题：一是保险公司与不具备经营资质的第三方网络平台合作开展互联网保险业务的行为；二是保险公司与存在提供增信服务、设立资金池、非法集资等行为的互联网信贷平台合作，引发风险向保险领域传递的问题；三是保险公司在经营互联网信贷平台融资性保证保险业务过程中，存在风控手段不完善、内控管理不到位等情况。在非法经营互联网保险业务方面：一是清理互联网保险经营资质，重点查处非持牌机构违规开展互联网保险业务，互联网企业未取得业务资质依托互联网开展保险业务等问题；二是查处不法机构和不法人员通过互联网，利用保险公司名义或假借保险公司信用进行非法集资。另外，要求保险机构不得与未取得相应业务资质的互联网金融从业机构开展合作，保险机构与互联网企业合作开展业务不得违反相关法律法规规定，不得通过互联网跨界开展金融活动实现监管套利。

互联网保险风险专项整治工作促进了互联网金融保险行业健康可持续发展，有助于妥善处理监管和创新的关系。一方面，坚持鼓励创新，支持保险机构利用互联网开展渠道、产品、服务和管理创新，推动“互联网+”为行业转型升级拓展更广阔空间。另一方面，坚持规范治理，加强风险排查，深入开展消费者宣传教育和风险提示，有效防范风险。

六、严格股权监管

近年来，随着保险市场快速发展，保险投资主体日益多元化，保险公司筹建及股权变更日趋频繁。各类投资人的参与激发了保险业的活力，但少数社会资本通过股权代持等隐蔽手段投资入股保险公司，可能带来一定的风险隐患。保监会高度重视保险公司股权监管，推动建立科学有效的公司治理结构，不断提升监管的科学性和有效性。一是完善监管制度，陆续出台《保险公司股权管理办法》《保险公司控股股东管理办法》等多项规定，对股东资格、持股比例、控股股东义务等方面予以明确规范。二是提升监管效能，加强对保险公司股东的准入审查，对控股股东、主要股东和一般股东，根据“权责利”匹配原则，有针对性地实施监管。三是强化透明度建设，制定《保险公司信息披露管理办法》，明确保险公司的信息披露责任，建立完善信息披露制度。

2016 年 5 月，为进一步规范保险公司大额未上市股权和大额不动产投资行为，切实防范投资风险，保监会印发了《保险公司资金运用信息披露准则第 4 号：大额未上市股权和大额不动产投资》（以下简称《4 号准则》）。《4 号准则》共十六条，重点规范保险机构大额未上市股权和大额不动产投资的信息披露事宜，主要内容包括：一是明确信息披露范围和标准。保险资金直接投资境内外单一未上市企业股权和不动产金额达到规定大额标准的，均需按要求进行披露。二是分时段披露和持续披露。保险机构应按照签署投资协议和资金出资两个阶段进行披露，以提高信息披露的及时性和准确性。披露要素发生变动的，保险机构还应持续披露变动情况。三是加强与上市公司有关政策的衔接。上市保险公司已披露的信息可免于重复披露，后续需定期披露的，按照上市公司有关规定执行。投资标的涉及上市公司需披露的，由相关上市公司依规办理。四是加强对一致行动人的信息披露管理。保险公司与关联企业或一致行动人共同投资，达到规定标准的，应当披露相关信息。

2016 年 7 月，保监会发布《关于进一步加强保险公司股权信息披露有关事项的通知》（以下简称《通知》）。《通知》按照“公开透明、关口前移”的基本思路，充分利用信息预披露机制，督促保险公司规范股权变更行为，要求保险公司变更注册资本和股东的，应当对资金来源、关联关系、股权结构等信息进行预披露；新设保险公司筹建申请的有关情况，由保监会在官方网站或指定统一信息平台进行公开披露。《通知》主要内容包括：一是信息披露的义务人为保险公司股东，股东应当确保提交披露内容的真实完整；二是信息披露的内容有：决策程序、增资方案或股东变更的具体情况、资金来源声明、股东之间关联关系说明等；三是信息披露的平台主要是公司官方网站和中国保险行业协会网站；四是信息披露的时间是股东大会或董事会通过相关决议后的 10 个工作日。

2016 年 12 月，保监会发布《保险公司股权管理办法（征求意见稿）》（以下简称《办法（征求意见稿）》），以加强股权监管、规范股东行为，进一步强化了对相关风险隐患的查处手段和问责力度，做实“保险业姓保”。《办法（征求意见稿）》的内容主要集中在股东资质、股权获得、入股资金、股东行为、股权监管、责任追究等多个领域，规范较为全面、细致和明确，紧跟市场新变化、新问题。在股东资质方面，进一步严格股东准入标准。《办法（征求意见稿）》本着“让真正想做保险的人进入保险业”的原则，针对财务类、战略类、控制类股东，分别设立严格的约束标准，设定市场准入负面清单，进一步提高准入门槛，规范投资入股行为，确保保险业姓保。在股权获得方面，《办法（征求意见稿）》规定，单一股东持股比例不超过保险公司总股本的三分之一；单一有限合伙企业持股比例不超过保险公司总股本的百分之五，合计持股不超过百分之十五；保险公司因为业务创新、专业化或集团化经营需要投资设立保险公司的，其持股比例上限不受限制。在入股资金方面，《办法（征求意见稿）》规定投资人不得直接或间接通过以下四种类型资金取得保险公司股权：与保险公司有关的借款；以保险公司存款或其他资产为质押获取的资金；以保险公司投资信托计划、私募基金、股权投资等获取的有关资金；不当利用保险公司的财务影响力，或者与保险公司有不正当关联关系取得的资金。另外，《办法（征求意见稿）》规定信托公司、基金公司、财务公司等机构可以以信托资金或受托管理资金投资保险公司，只能成为保险公司的财务类股东，并应当逐级披露信托计划或受托管理资金的持有人及其与保险公司、保险公司其他投资人之间的关联关系。在股东行为方面，《办法（征求意见稿）》明确禁售期，要求自保险公司成立之日起，控制类股东三年内不得转让所持有的股权，战略类股东两年内不得转让所持有的股权，财务类股东一年内不得转让所持有的股权。在股权事务方面，《办法（征求意见稿）》规定保险公司变更持有股权百分之五以上的股东，应当经中国保监会批准；除上市保险公司外，保险公司变更持有不足百分之五股权的股东，应当报中国保监会备案；投资人购买上市保险公司股票，其所持股权比例达到保险公司股权的百分之五、百分之十和百分之二十的，应当自交易之日起十五个工作日内向保险公司报告，保险公司应当在收到报告后十个工作日内报中国保监会批准。

七、保险机构退出机制破冰

2016 年 7 月，保监会下发《广西辖区保险公司分支机构市场退出管理指引》（以下简称《指引》），以广西为试点地区，开展区域性市场退出实践，加强对保险分支机构市场退出行为的引导，提升基层保险机构的持续发展能力和服务水平，意味着保险业退出机制破冰。

《指引》从退出方式选择、监测预警机制和后续处置工作等方面对分支机构市场退出行为进行指导。一是明确退出路径，分为主动退出、劝导退出和强制退出三种方式，并对上述三种方式的具体触发条件做了说明。《指引》对劝导退出做出详细规定，如分支机构连续六个月以上无规范的营业场所或两年内发生两次以上损害保险消费者合法权益引发的 50 人以上的群访群诉事件都会被劝导退出。而当保险公司分支机构因违反法律法规和监管规定被撤销行政许可或被吊销许可证后，就会被强制退出保险市场。二是建立了监测预警机制，根据经营条件、服务能力等指标，将各保险分支机构划分为正常类机构、关注类机构和不良类机构，省级分公司对下辖的分支机构进行日常监测和专项排查，并推进不良机构整改。三是做好机构退出的善后工作，规定分支机构退出市场的具体程序及客户、业务、工作人员等的处置安排。

近年来，保监会按照“放开前端、管住后端”的总体思路，坚定不移推进关键领域保险改革，在保险分支机构市场准入方面建立了较为完善的监管制度。随着保险业深化改革的推进，退出机制尤为重要。当前，在广西开展分支机构退出试点，进一步探索区域退出的监管经验，引导那些经营困难、举步维艰的保险经营主体有序退出市场，有利于形成扶优限劣的政策导向，增强保险企业的风险忧患意识，维护保险市场的健康发展，也有利于提高监管效能，形成倒逼机制，督促各公司加大对分支机构的管控和扶持，从而提升保险行业的整体形象和服务水平，营造良好的市场经营环境。《指引》自颁发以来，截至目前尚无保险公司分支机构退市。

表 1-4　2016 年度保险行业关键政策一览

发布时间	政策名称	主要内容	政策意义及影响
2016 年 1 月	《关于正式实施中国风险导向的偿付能力体系有关事项的通知》	保监会决定正式实施偿二代，自 2016 年 1 月 1 日起施行《保险公司偿付能力监管规则（第 1 号—第 17 号）》	一年试运行之后，与欧盟偿付能力监管标准Ⅱ接轨的新监管体系将在中国保险业正式运行。保险行业整体资本充足，整体偿付能力充足率超过 200%，但偿二代也给各保险公司带来差异化影响
2016 年 8 月	《中国保险业发展“十三五”规划》	继续深化保险公司改革，加快发展再保险市场，稳步推进保险中介市场发展，全面推进保险费率市场化，发展多元化健康保险，拓展多层次养老保险服务；完善保险“三支柱”监管制度；服务“一带一路”战略；创新保险资金运用方式，加强保险资金运用风险管控	我国保险业将继续保持中高速增长，市场主体更加多元化，中小型保险公司实现差异化、特色化发展。保险产品多层次、个性化，险资投资渠道将更加多元化，运用监管也将趋严
2016 年 8 月	《关于保险公司在全国中小企业股份转让系统挂牌有关事项的通知》	保险公司在全国中小企业股份转让系统（新三板）挂牌，应当符合中国保监会有关审慎监管指标，最近三年内无重大违法违规行为。在新三板公开发行股票的，需在发行前取得保监会的监管意见，投资人受让挂牌保险公司股份达到 5%以上应报保监会批准	监管层鼓励挂牌保险公司采取做市方式或竞价方式在新三板进行挂牌股份转让，健全公司价值发现机制，拓宽市场化资本补充渠道，进一步完善公司治理。目前已有 11 家保险领域企业挂牌新三板，除两家保险公司外，其余九家为保险中介、保险公估和保险销售公司。目前仅有 2 家公司有 2000 多万成交量

续表

发布时间	政策名称	主要内容	政策意义及影响
2016年7月	《广西辖区保险公司分支机构市场退出管理指引》	保险公司分支机构市场退出试点在广西启动，保险公司根据经营战略和运营实际，可以主动申请撤销分支机构，分支机构不具备基本经营条件、服务能力严重欠缺或违反法律法规和监管规定等情形时，广西保监局将劝导或强制其退出保险市场	保险业退出机制破冰，以广西为试点开展区域性市场退出实践，加强对分支机构市场退出行为的引导，将提升基层保险机构服务水平和持续发展能力。目前尚无保险分支机构退出市场
2016年3月	《关于规范中短存续期人身保险产品有关事项的通知》	重新定义中短期存续产品，实际存续期间由不满3年扩大至不满5年；将万能保险责任准备金评估利率上限下调0.5个百分点至3%，万能险要求建立单独核算制度，单独管理账户；要求自2019年开始中短存续期业务占比不得超过50%，2020年和2021年进一步降至40%和30%	监管层对万能险进行史无前例的从严监管，承保端从销售占比到产品设计进行双向趋严；投资端则要求单独核算，预期万能险定价率和负债成本将逐步回落，产品激进定价和高结算利率行为将受到显著遏制，业务结构将逐步优化。新规出台后，行业万能险整体持续降温，大部分公司万能险保费增速放缓，激进险企万能险占比也相应下调。11月万能险平均结算利率跌破5%，多家公司已停售万能险
2016年5月 2016年7月	《保险公司资金运用信息披露准则第4号：大额未上市股权和大额不动产投资》《关于进一步加强保险公司关联交易信息披露工作有关问题的通知》《保险公司股权管理办法》《保险资金间接投资基础设施项目管理办法》	保险资金直接投资境内外单一未上市企业股权和不动产金额达到规定大额标准的，均需按要求进行披露。保险公司需在规定时限内，对关联交易进行信息披露，对重大关联交易的认定范围进一步扩大，险资间接投资基础设施项目拓展至一切基础设施项目，项目级别不再限于国家级重点项目，明确险资可投资PPP项目。将保险公司股东划分为3个类型，并将单一股东持股比例上限由51%降至1/3，有效发挥制衡作用，以负面清单的方式明确了不得入股的资金类型	通知发布后，保险公司已在行业协会网站及时进行了信息披露，目前已有中国太平、中国再保险等险企参与PPP项目

续表

发布时间	政策名称	主要内容	政策意义及影响
2016年7月	《关于商业车险条款费率管理制度改革试点全国推广有关问题的通知》	7月1日前，各财产保险公司应停止使用原保监局所辖地区原商业车险条款、费率，并及时启用经保监会批准的新商业车险条款、费率	商业车险改革正式推向全国。新条款费率下，车险价格呈下降趋势，保险公司赔付率普遍下降，市场出现两极分化，大型保险公司因规模效应而降低了综合成本率，中小险企则因手续费增加而导致综合成本率上升
2016年7月	《关于延长老年人住房反向抵押养老保险试点期间并扩大试点范围的通知》	老年人住房反向抵押养老保险试点期间延长至2018年6月30日，试点范围扩大至各直辖市、省会城市、计划单列市，以及江苏、浙江、山东和广东的部分地级市	两年来，反向抵押保险试点总体运行平稳，成为首个形成一定规模的“以房养老”金融产品。从试点情况看，此项业务平均每单提供9000元/月的养老金，有效提高了老年人可支配收入
2016年5月	《建立城乡居民住宅地震巨灾保险制度实施方案》	以地震巨灾保险为突破口，开发城乡居民住宅地震巨灾保险产品，45家财产保险公司成立中国城乡居民住宅地震巨灾保险共同体，按城乡有别确定保险金额，城镇居民住宅基本保额每户5万元，农村居民住宅基本保额每户2万元	为城乡居民住宅地震巨灾保险共同体提供承保理赔交易结算等一站式综合服务的城乡居民住宅地震巨灾保险运营平台正式上线运行，将支持更多普惠保险产品上线
2016年1月 2016年12月	《关于加强互联网平台保证保险业务管理的通知》《中国保监会关于进一步加强互联网平台保证保险业务管理的通知（征求意见稿）》	开展互联网平台保证保险业务，单户累计最高承保金额不得超过500万元；自然人单户累计最高承保金额不得超过100万元，应制定止损机制，控制最大可能损失，逐步接入中国人民银行征信系统，并将有关信息及时上传征信系统，累计承保责任余额不得超过保险公司净资产的3倍	平安产险、永安财险、众安财险、天安财险、中国太保、大地保险、安邦保险等纷纷为互金平台提供保证保险增信措施；大地财险、浙商财险已因互金平台发生违约而启动赔付

第四节 灾害事故

2016年，国内自然灾害以洪涝、台风、风雹和地质灾害为主，旱灾、地震、低温冷冻、雪灾和森林火灾等灾害均有不同程度发生。各类自然灾害共造成全国近1.9亿人次受灾，1432人因灾死亡，274人失踪，1608人因灾住院治疗，910.1万人次紧急转移安置，353.8万人次需紧急生活救助，52.1万间房屋倒塌，334万间不同程度损坏，农作物受灾面积2622万公顷，其中绝收290万公顷，直接经济损失达5032.9亿元。

一、国内自然灾害总体情况

2016年灾情与“十二五”时期均值相比基本持平，虽然受灾人口、倒塌房屋数量分别减少39%、24%，但是因灾死亡失踪人口、直接经济损失分别增加11%、31%，与2015年相比明显偏重。全国31个省（自治区、直辖市）的近90%全国县级行政区不同程度受到自然灾害影响。2016年，全国自然灾害以洪涝、台风、风雹和地质灾害为主，旱灾、地震、低温冷冻、雪灾和森林火灾等灾害也均有不同程度发生。

从灾情特点来看，呈现出时空分布不均、暴雨洪涝灾害南北齐发、极端强对流天气频发、台风登陆强度强影响大、地震活动水平总体较弱、干旱低温冷冻和雪灾影响有限等六大特点。从灾种上看，干旱、地震灾害损失明显轻于“十二五”时期均值，台风、低温冷冻和雪灾损失基本持平或略偏轻，但风雹、洪涝和地质灾害损失明显偏重。从区域上看，各地区灾情差异较大，西南和西北地区灾情与“十二五”均值相比明显偏轻，其中西南地区大部分灾情指标偏轻50%以上；华北、华中和华东地区灾情与“十二五”时期均值相比明显偏重，因灾死亡失踪人口和直接经济损失均为最高值。从政策层面来看，2016年

12月相继出台的《中共中央国务院关于推进防灾减灾救灾体制机制改革的意见》和《国家综合防灾减灾规划（2016—2020年）》两个纲领性文件，是党中央、国务院对防灾减灾救灾工作作出的重大决策部署。

表1-5　我国2016年十大自然灾害事件

序号	自然灾害时间	发生时间	受灾地区
1	西南至长江中下游地区暴雨洪涝灾害	7月上旬	江苏、浙江、安徽、福建、江西、湖北、湖南、重庆、四川、贵州、云南
2	华北地区暴雨洪涝灾害	7月中下旬	北京、天津、河北、山西、山东、河南
3	江苏盐城龙卷风冰雹特别重大灾害	6月23—26日	江苏省盐城市阜宁、射阳地区
4	南方洪涝风雹灾害	6月中下旬	安徽、湖北、重庆、四川
5	第14号台风“莫兰蒂”	9月12—16日	台湾、福建、广东、浙江、南海北部
6	第1号台风“尼伯特”	7月8—11日	台湾、福建、江西
7	第17号台风“鲇鱼”	9月28—29日	台湾、广东、福建、江西
8	西南地区东部至黄淮洪涝风雹灾害	6月上中旬	浙江、安徽、福建、江西、山东、河南、湖北、湖南、广东、广西、重庆、贵州、云南
9	新疆洪涝风雹灾害	6月中旬	新疆
10	福建泰宁县重大泥石流灾害	5月9日	福建

（一）因灾死亡人数和经济损失同比小幅上升

2016年，各类自然灾害共造成全国近1.9亿人次受灾，1432人因灾死亡，274人失踪，直接经济损失5032.9亿元。2016年因灾死亡失踪人口同比上升11%，直接经济损失同比增加31%，较2015年明显偏重。从相对经济损失水平来看，2016年全国自然灾害直接经济损失占当年国内生产总值的比重为0.68%，较2015年提高0.28个百分点（见图1-22）。

洪涝和地质灾害、风雹、台风是三类影响最大的自然灾害，三类灾害合计受灾人次和直接经济损失分别达到1.4亿和4364.7亿元，占比高达74%和86.7%。其中，洪涝和地质灾害影响最大，受灾人次达9954.9万，直接经济损失3134.4亿元（见图1-23）。

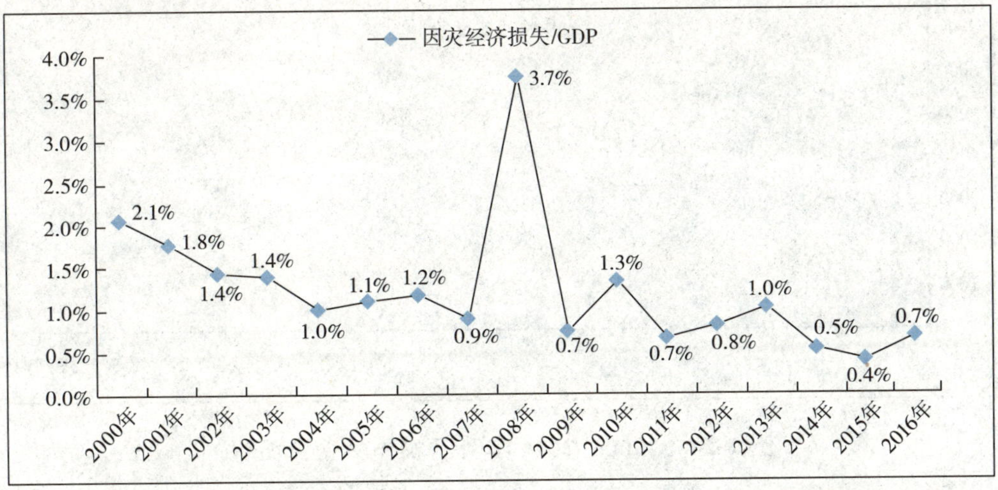

图 1-22 2000—2016 年我国因灾经济损失占 GDP 的比重

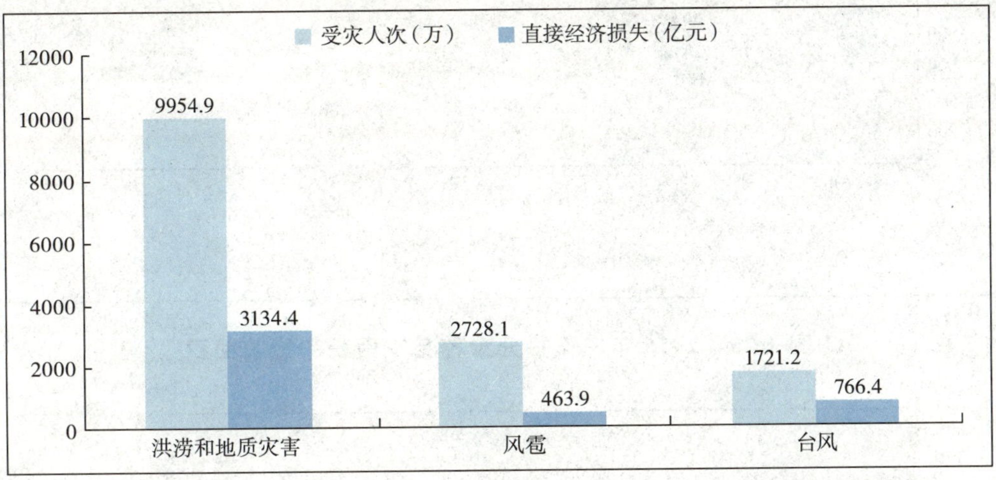

图 1-23 2016 年影响最大的三类自然灾害受灾人次和直接经济损失

(二) 农作物受灾面积和因灾倒塌房屋数量增多

2016 年，全国农作物受灾面积 2622 万公顷，同比上升 20.4%，其中绝收 290 万公顷（图 1-24）。从时间序列数据来看，过去 17 年全国农作物受灾情况大致可以分为三个阶段：第一阶段 2000—2003 年，平均受灾面积达到 5348.5 万公顷；第二阶段 2004—2010 年，平均受灾面积达到 4083 万公顷；第三阶段 2011—2016 年，平均受灾面积达到 2694.4 万公顷。其中，干旱、洪涝和地质灾害对农作物影响较大，导致的受灾面积分别达到 987.3 万公顷和 853.1 万公

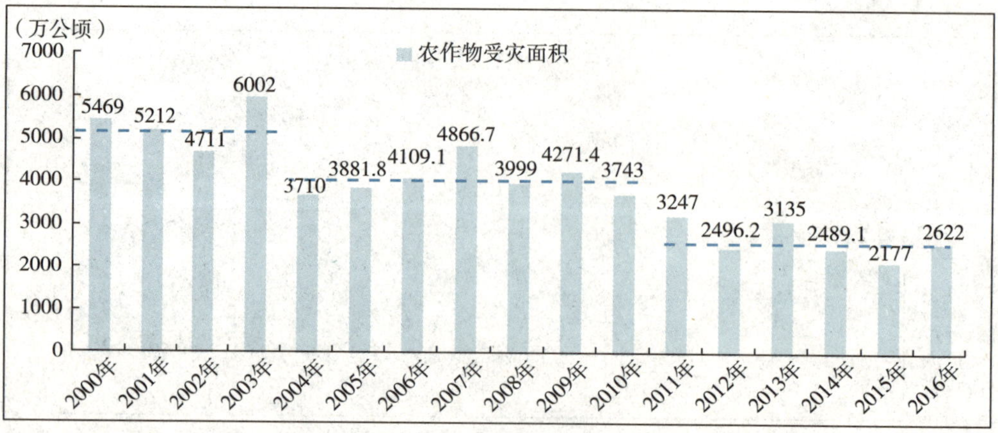

图 1-24 2000—2016 年我国农作物受灾面积

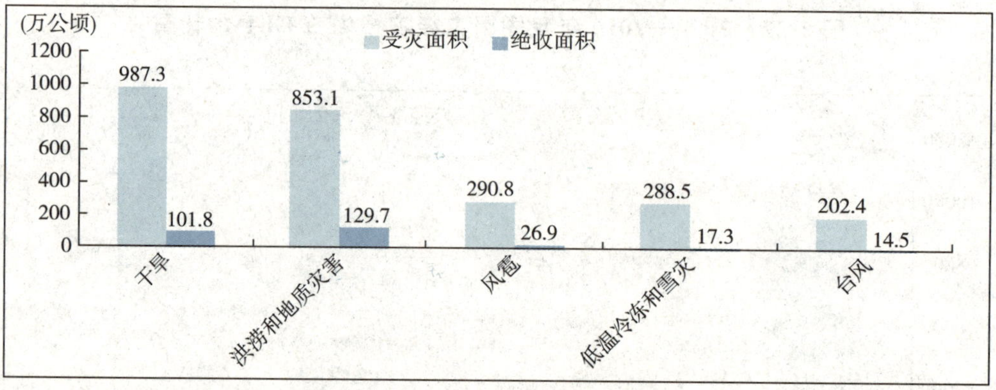

图 1-25 2016 年农作物分灾种受灾面积和绝收面积

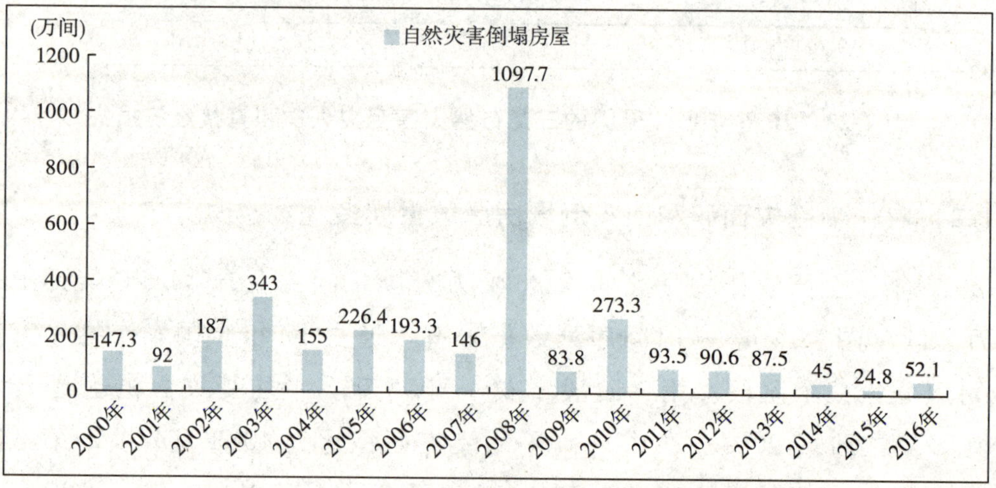

图 1-26 2000—2016 年我国因灾倒塌房屋数量

顷，绝收面积分别达到101.8万公顷和129.7万公顷（见图1-25）。总体来看，旱灾灾情与“十二五”时期均值相比明显偏轻，农作物受灾面积和绝收面积均为次低值，其中，黑龙江、内蒙古、吉林、甘肃4省（自治区）受灾相对较重，农作物受灾面积合计超过全国干旱面积的八成以上。

2016年，全国因灾倒塌房屋数量为52.1万间，334万间不同程度损坏（见图1-26）。其中，洪涝和地质灾害导致的房屋倒塌数量高达44.1万间，不同程度损坏的房屋高达215.5万间，分别占比84.6%和64.5%。

（三）暴雨洪涝灾害南北齐发

2016年，全国共出现51次强降雨天气过程，平均降雨量为1951年以来最多（略高于1998年），长江中下游地区梅雨期间降雨量较常年同期偏多70%以上，长江流域发生1998年以来最大洪水，太湖发生流域性特大洪水；海河流域出现1996年以来范围最广、强度最大的流域性暴雨过程，部分河流发生超历史洪水。其中，南方6月30日—7月4日、北方7月18—21日分别出现南北两地最强降雨过程，武汉、南京、合肥、新乡、安阳、石家庄、邯郸、太原等多个城市发生严重内涝，给人民群众生命财产安全和灾区经济社会发展造成严重影响。据统计，洪涝和地质灾害造成全国9954.9万人次受灾，直接经济损失3134.4亿元。总体来看，洪涝和地质灾害灾情与“十二五”时期均值相比明显偏重，紧急转移安置人口和直接经济损失均为最高值，河北、湖北、安徽、江西等省灾情尤为突出。

（四）地震活动水平总体较弱

2016年，中国大陆地区共发生5级以上地震18次，发生次数低于“十二五”时期均值水平，且主要集中在西部地区。其中，1月21日青海门源6.4级地震、5月11日西藏丁青5.5级地震、10月17日青海杂多6.2级地震和12月8日新疆呼图壁6.2级地震影响相对较大，灾区交通、电力等基础设施受损，给群众生产生活带来不利影响。总体来看，地震灾害灾情与“十二五”时期均值相比明显偏轻，因灾死亡失踪人口、倒塌房屋间数和直接经济损失均为最低值。

（五）干旱、低温冷冻和雪灾影响有限

2016年，全国出现两次较大范围高温天气过程，均发生在盛夏时段。内蒙

古、西北、东北等地相继出现阶段性干旱，灾情明显轻于上年，但局部地区受灾较重。尤其8月全国平均气温为1961年以来历史同期最高，平均降水量较常年同期偏少11%，东北地区西部及内蒙古东部等地发生较为严重的夏伏旱。总体来看，旱灾灾情与“十二五”时期均值相比明显偏轻，农作物受灾面积和绝收面积均为次低值，其中，黑龙江、内蒙古、吉林、甘肃4省（自治区）受灾相对较重，农作物受灾面积合计超过全国干旱面积的八成以上。此外，年初中国遭遇多次大范围寒潮和雨雪冰冻天气过程，南方多地出现低温冻雨，广州、南宁等南方城市出现多年以来首次降雪天气；5月中旬，西北大部骤时降温导致农作物损失突出。总体来看，低温冷冻和雪灾灾情与“十二五”时期均值相比基本持平。

（六）极端强对流天气频发

2016年，全国共发生59次大范围强对流天气过程，短时强降水、雷暴大风、冰雹、龙卷风等突发性强对流性天气为2010年以来最多。据统计，风雹灾害造成全国2728.1万人次受灾，251人因灾死亡，6人失踪，26.3万人次紧急转移安置，32.5万人次需紧急生活救助；农作物受灾面积2908千公顷，其中绝收268.8千公顷；倒塌房屋3.5万间，67.8万间不同程度损坏；直接经济损失463.9亿元。总体来看，风雹灾害灾情与“十二五”时期均值相比明显偏重，直接经济损失为最高值，倒损房屋数量为次高值。其中，江苏、山西、新疆重大灾害过程灾情突出，特别是6月23日江苏盐城龙卷风冰雹特大灾害造成重大人员伤亡。

（七）台风登陆强度强、影响大

2016年，中国大陆地区共有8个台风登陆，较常年（7个）多1个，6个登陆强度达到台风级别以上，强度偏强。其中，第1号台风“尼伯特”是1949年以来登陆中国的最强首个台风，闽江支流梅溪闽清站发生超历史洪水，造成85人因灾死亡、20人失踪；第14号台风“莫兰蒂”为2016年登陆中国大陆地区的最强台风，也是1949年以来登陆闽南的最强台风，造成38人因灾死亡、6人失踪；第21号台风“莎莉嘉”是1971年以来10月登陆海南岛的最强台风；第22号台风“海马”是1949年以来登陆广东最晚的台风，也是1949年以来

10 月登陆粤东的最强台风。总体来看，台风灾害灾情与“十二五”时期均值相比略偏轻，其中福建省灾情相对突出。

二、国内安全事故总体情况

2016 年，国内安全形势总体好转，安全生产事故总量和死亡人数双双下降，重特大安全事故较 2015 年有所减少，大部分行业和地区安全形势平稳。

（一）安全生产形势持续好转

2016 年，我国安全生产出现了安全生产事故总量和死亡人数的“双下降”（见表 1-6）。一是国内安全事故总量继续保持下降趋势，全国发生各类生产安全事故 6 万起，同比下降 5.8%；其中，较大事故和重特大事故分别发生 750 起和 32 起，同比分别下降 7.3% 和 15.8%。二是安全事故死亡人数再创新低，全年各类生产安全事故共死亡 43062[①] 人，同比下降 4.1%；其中，较大事故和重特大事故死亡人数分别为 2877 人和 571 人，同比分别下降 9.1% 和 25.7%。三是除道路交通事故外，其他主要安全事故死亡率指标均有所下降。亿元国内生产总值生产安全事故死亡人数 0.058 人，按可比口径比上年下降 10.8%；工矿商贸企业就业人员 10 万人生产安全事故死亡人数 1.702 人，按可比口径比上年下降 2.3%；道路交通事故万车死亡人数 2.1 人，与上年持平；煤矿百万吨死亡人数 0.156 人，比上年下降 3.7%。四是煤矿安全生产形势好转。全年共发生煤矿事故 249 起、死亡 538 人，同比减少 103 起、60 人，分别下降 29.3%、10%；较大事故 22 起、死亡 95 人，分别下降 37.1%、39.5%；百万吨死亡率 0.156，同比下降 3.7%。

表 1-6　我国 2006—2016 年安全（生产）事故总量及死亡人数

年份	事故总量（万起）	事故总量同比变化	死亡人数（人）	死亡人数同比变化
2016[②]	6.0	-5.8%	43062	-4.1%
2015	26.7	-7.9%	66182	-2.8%
2014	29.0	-6.2%	68061	-2.0%
2013	30.9	-8.2%	69464	-3.5%

① 数据源自《中华人民共和国 2016 年国民经济和社会发展统计公报》。

② 2016 年起，安监总局对生产安全事故统计制度进行改革，由于排除了非生产经营领域的事故，事故统计口径发生变化，数据同比按照可比口径计算。

续表

年份	事故总量（万起）	事故总量同比变化	死亡人数（人）	死亡人数同比变化
2012	33.7	-3.1%	71983	-4.7%
2011	34.8	-4.3%	75572	-5.0%
2010	36.3	-4.2%	79552	-4.4%
2009	37.9	-8.3%	83196	-8.7%
2008	41.4	-18.3%	91172	-10.2%
2007	50.6	-19.3%	101480	-10.1%
2006	62.7	-12.6%	112822	-11.2%

（二）重特大安全事故情况

2016 年，全国共发生 27 起重特大安全事故，同比减少 11 起，死亡、失踪人数 510 人，同比减少 258 人。其中，交通事故领域重特大安全事故最为突出，事故起数达到 10 起，占比 37.0%，死亡 155 人，占比 30.4%；其次是 6 起煤矿事故，死亡人数 130 人，占比 25.5%（见表 1-7）。

表 1-7 2016 年我国发生的重特大安全事故类型及数量

事故类型	事故起数		死亡、失踪人数	
	数量（起）	占比	数量（人）	占比
交通事故	10	37.0%	155	30.4%
煤矿事故	6	22.2%	130	25.5%
沉船事故	4	14.8%	56	11.0%
爆炸事故	3	11.1%	54	10.6%
坍塌事故	2	7.4%	92	18.0%
火灾事故	1	3.7%	12	2.4%
坠落收购	1	3.7%	11	2.2%
合计	**27**	**100.0%**	**510**	**100.0%**

分行业来看，2016 年大部分行业领域安全形势平稳，一些行业领域重特大安全事故数量上升。煤矿、烟花爆竹、道路运输、铁路运输等行业领域实现事故起数和死亡人数“双下降”；化工、工贸、铁路运输、航空运输未发生重特大事故；农业机械未发生较大以上事故，民航保持了 6 年安全飞行纪录；以往安全形势平稳的电力行业发生 2 起重特大事故，煤矿重特大事故同比增加 1 倍

多；渔业船舶、工贸、建筑业事故总量上升。

分区域来看，2016 年大部分地区安全形势平稳。全国 32 个省级单位中，28 个没有发生特别重大事故，福建、湖南、河北三省下降幅度均在 50%以上；北京、河北、江苏、安徽、福建、山东、广西、甘肃、青海、新疆生产建设兵团 10 个省级统计单位没有发生较大事故；事故总量居前三位的是广东、江苏、浙江三个东部沿海省份，较大以上事故最多的是云南、四川两个西部省份，4 起特别重大事故均发生在中西部地区。

2016 年，全国发生 4 起特别重大安全事故（见表 1-8），共造成 174 人死亡、失踪，同比减少 115 人。这 4 起特别重大安全事故分别是湖南郴州宜凤高速“6・26”特别重大道路交通事故、重庆市永川区金山沟煤矿“10・31”瓦斯爆炸事故、江西丰城电厂“11・24”特别重大坍塌事故、赤峰宝马矿业“12・3”特别重大瓦斯爆炸事故。

表 1-8　2016 年我国发生的 4 起特别重大安全事故

特别重大安全事故	死亡、失踪人数（人）	受伤人数（人）	直接经济损失（万元）
湖南郴州宜凤高速“6・26”特别重大道路交通事故	35	13	2290
重庆市永川区金山沟煤矿“10・31”瓦斯爆炸事故	33	1	—
江西丰城电厂“11・24”特别重大坍塌事故	74	2	—
赤峰宝马矿业“12・3”特别重大瓦斯爆炸事故	32	20	—
合计	**174**	**36**	—

（三）重特大交通安全事故发生情况

2016 年发生 10 起重特大交通事故，死亡、失踪人数达到 155 人，事故起数较 2015 年减少 4 起，死亡人数较 2015 年减少 67 人。其中，客车负主要责任的事故达 7 起，特别重大安全事故 1 起，即湖南郴州市宜章县发生的旅游大巴车事故，造成 35 人死亡（见表 1-9）。

表 1-9 2016 年我国发生的重特大交通安全事故

日期	事故发生地	事故简要概况	死亡失踪人数
6 月 26 日	湖南郴州市宜章县	一辆旅游大巴车撞到隔离带护栏发生油箱漏油起火	35
7 月 1 日	天津宝坻县宝坻区	一辆中型客车因爆胎失控撞坏高速隔离护栏，坠入高速桥下闫东渠内	26
8 月 11 日	山东淄博市博山区	一辆货车先后与一辆公交车、一辆大客车、一辆小型、一辆二轮摩托车相撞	11
8 月 20 日	贵州安顺地区紫云县	一辆客车失控侧翻	11
8 月 22 日	云南红河州建水县	一辆客车驶出路外，翻下路旁水沟	10
8 月 28 日	广西南宁市兴宁区	大客车发生侧翻并撞向右侧护栏翻入边坡	11
9 月 24 日	呼伦贝尔牙克石市	一辆带挂货车因躲避公路上突然出现的马匹，穿过隔离带冲入对侧车道，与一辆大客车相撞	12
10 月 13 日	东枣庄市峄城区	一辆半挂牵引货车与一辆农用三轮车（共载 11 人）相撞	11
11 月 15 日	云南昭通地区昭通市永善县	一辆小型普通客车（核载 8 人，实载 10 人）发生侧翻	10
12 月 2 日	湖北鄂州市华容区	一辆面包车在转弯处冲进路边水塘	18

（四）重特大煤矿安全事故发生情况

2016 年共发生 6 起重特大煤矿安全生产事故，共导致 130 人死亡、失踪。其中，重庆永川县金山沟煤业有限责任公司金山沟煤矿瓦斯爆炸和内蒙古赤峰市元宝山区赤峰宝马煤炭物资有限责任公司宝马矿业公司煤矿瓦斯爆炸属特别重大安全事故，分别导致 33 人和 32 人死亡（见表 1-10）。

表 1-10 2016 年我国发生的重特大煤矿安全事故

事故类型	日期	事故发生地	事故单位	死亡失踪人数
煤与瓦斯突出	3 月 6 日	吉林白山市江源县	吉煤（集团）通化矿业有限责任公司松树镇煤矿	12
垮落事故	3 月 23 日	山西朔州市山阴县	同煤集团同生公司安平矿	20
瓦斯爆炸	10 月 31 日	重庆永川县	金山沟煤业有限责任公司金山沟煤矿	33
瓦斯爆炸	11 月 29 日	黑龙江七台河市茄子河区	龙湖矿区景有煤矿	22
瓦斯爆炸	12 月 3 日	内蒙古赤峰市元宝山区	赤峰宝马煤炭物资有限责任公司宝马矿业公司煤矿	32
瓦斯突出	12 月 5 日	湖北恩施州巴东县	辛家煤矿	11

（五）重特大沉船、爆炸、坍塌、火灾事故发生情况

2016 年共发生重特大沉船、爆炸、坍塌、火灾事故 11 起，死亡失踪人数共计 229 人。其中，沉船事故 4 起，死亡失踪合计 56 人；爆炸事故 3 起，死亡失踪合计 54 人；坍塌事故 2 起，死亡失踪合计 92 人；坠落事故和火灾事故 1 起，死亡失踪分别为 11 人和 12 人（见表 1-11）。从事故情况来看，建筑业重特大事故危害性最大，江西宜春市丰城市丰城发电厂三期在建项目发生坍塌事故造成 74 人死亡，东莞“4·13”龙门吊倒塌重大事故则造成 18 人死亡、17 人受伤（其中 4 人重伤）。

表 1-11　2016 年我国发生的重特大沉船、爆炸、坍塌、火灾等安全事故

事故类型	日期	事故发生地	事故概况	死亡、失踪人数
沉船	5 月 7 日	浙江宁波市海域	发生船只相撞	19
	5 月 12 日	浙江舟山市岱山县	一艘渔船失去联系	17
	5 月 4 日	辽宁大连市	一艘渔船失去联系	10
	2 月 27 日	山东青岛市胶州市	发生商渔船碰撞事故	10
爆炸	1 月 14 日	河南开封市通许县	长智镇西芦氏村通安烟花爆竹有限公司发生重大火药爆炸事故	10
	2 月 5 日	贵州贵阳市贵安新区	兴鑫烟花爆竹厂发生爆炸事故	22
	8 月 11 日	湖北宜昌市当阳市	马店矸石发电公司发生爆炸事故	22
坍塌	4 月 13 日	广东东莞市	麻涌镇大盛村中交四航局一公司东江口预制厂龙门吊倒塌，压倒附近一约 200 平方米的工人临时板房	18
	11 月 24 日	江西宜春市丰城市	丰城发电厂三期在建项目发生坍塌事故	74
坠落	6 月 22 日	河南郑州市上街区	河南中铝建设工程有限公司发生高处坠落事故	11
火灾	8 月 16 日	甘肃嘉峪关市肃南县	酒钢集团宏兴福份有限公司西沟石灰石矿发生火灾事故	12

第二章

中国非寿险市场发展规模

【内容提要】 2016年，全国保险行业实现原保险保费收入30959.1亿元，同比增长27.5%。其中，非寿险保费收入13516.9亿元，在总保费收入中占比43.7%，同比增长22.4%，增速创2011年以来新高，在全国经济整体下行的宏观背景下，非寿险市场仍然保持着较为强劲的增长态势。2016年，财产险业务原保险保费收入8724.5亿元，同比增长9.1%；健康险业务原保险保费收入4042.5亿元，同比增长67.7%；意外险业务原保险保费收入749.9亿元，同比增长18.0%。2016年，全国保险业提供风险保障金额2372.8万亿元，同比增长38.1%，保额增速明显快于业务增速，保险业保障能力进一步增强。2016年，保险业累计赔付支出10512.9亿元，同比增长21.2%，其中，非寿险业务（财产险、意外险、健康险业务）赔款支出5652.3亿元，同比增长14.9%。

2016年，全国保险密度为2239元/人，较上年提高472.5元/人，同比增长26.7%；保险深度为4.2%，较2015年提高0.7个百分点。其中，非寿险保险密度为977.6元/人，较2015年提高174.4元/人，同比增长21.7%；非寿险市场保险深度为1.8%，较2015年提高0.2个百分点。国内非寿险市场仍然蕴含着巨大的发展潜力。

2016年，全国非寿险市场发展呈现出明显的地区差异。东部地区在保费收入、市场份额、保险密度和保险深度等指标方面均远超中西部地区，在全国非寿险市场中占据主导地位。在全国 31 个省、自治区和直辖市中，从非寿险保费收入规模来看，2016 年非寿险保费收入排名前 10 位的地区仍集中在经济较为发达或者人口相对稠密的地区，分别为：广东、江苏、浙江、山东、北京、四川、上海、河北、河南、安徽。从地区保险密度和保险深度来看，2016 年北京、上海、江苏、浙江、广东、天津 6 个地区的非寿险市场保险密度均超过 1000 元/人，高于全国总体水平（977.6 元/人）。2016 年有 13 个地区的非寿险市场保险深度高于全国总体水平（1.8%），其中北京非寿险市场保险深度为 3.0%，超过全国水平 1.2 个百分点，居于全国首位。

2016 年，全国保险业资产总量 15.1 万亿元，较年初增长 22.3%。其中，财产险公司总资产 23744.1 亿元，较年初增长 28.5%，在保险业总资产中占比 15.7%（占比接近 1/6）。2016 年保费收入排名前 8 位的财产保险公司（人保财险、平安产险、太保产险、国寿财险、中华联合、大地财险、阳光财险、太平财险）2016 年末总资产合计 11340.1 亿元，在全国财产保险公司资产总规模中占比接近 50%（47.8%）。

第一节　全国非寿险市场保费规模

一、全国非寿险市场保费收入与增速

2016 年，我国原保险保费收入 30959.1 亿元，同比增长 27.5%；总资产 151169.2 亿元，同比增长 22.3%；赔款支出 10512.9 亿元，同比增长 21.2%。2016 年保险业提供风险保障金额 2372.8 万亿元，同比增长 38.1%，保额增速明显快于业务增速，保险业保障能力进一步增强。

瑞再研究院（Swiss Re Institute）sigma 报告指出，2016 年全球保费收入实际增长率为 3.1%，增速较为稳健。其中，全球非寿险保费收入增速为 3.7%，高于全球保费收入增速，也高于寿险保费收入增速（2.5%）。其中，新兴市场非寿险保费增速达到 9.6%，高于 8.3%的 10 年平均值，这一强劲发展态势很大程度上源自中国非寿险市场的快速发展，2016 年中国非寿险保费增速高达 22.4%，大幅拉高了新兴市场的整体数据。据测算，如果不包括中国，全球新兴市场整体保费增长率仅为 1.7%。

（一）全国非寿险市场保费收入

2016 年，全国非寿险保费收入（包括财产险、健康险和人身意外伤害险）13516.9 亿元，同比增长 22.4%，非寿险保费收入在总保费收入中占比 43.7%。2016 年非寿险赔款支出 5652.3 亿元，同比增长 14.9%。其中，财产保险业提供保险保障 1282.88 万亿元，同比增长 36.2%；支付赔款 5042.3 亿元，同比增长 13.4%（见图 2-1）。

从保费收入结构来看，2016 年非寿险保费收入在总保费收入中占比 43.7%。2012—2016 年近五年来，非寿险保费收入在总保费收入中占比情况变化不大（见图 2-2）。

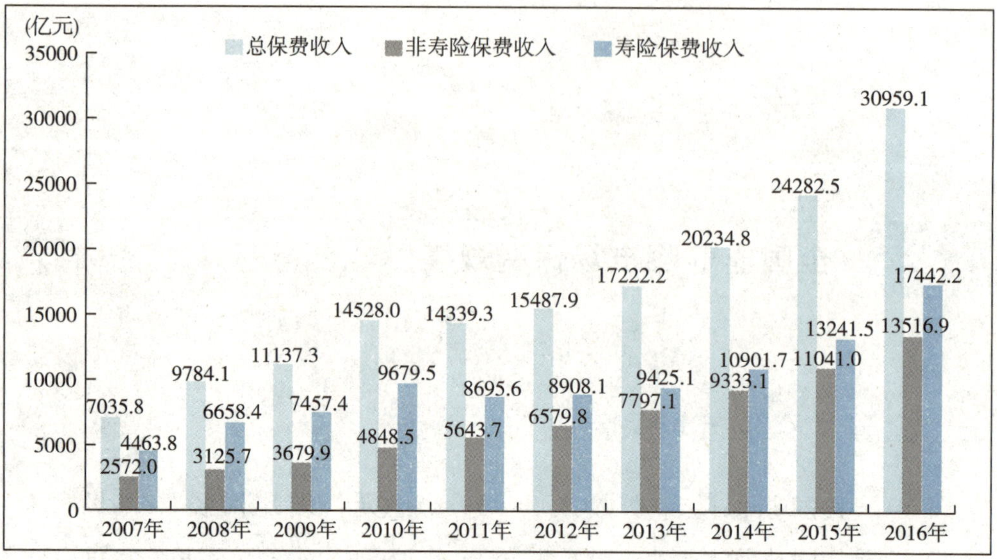

图 2-1　2007—2016 年中国保险市场保费收入情况

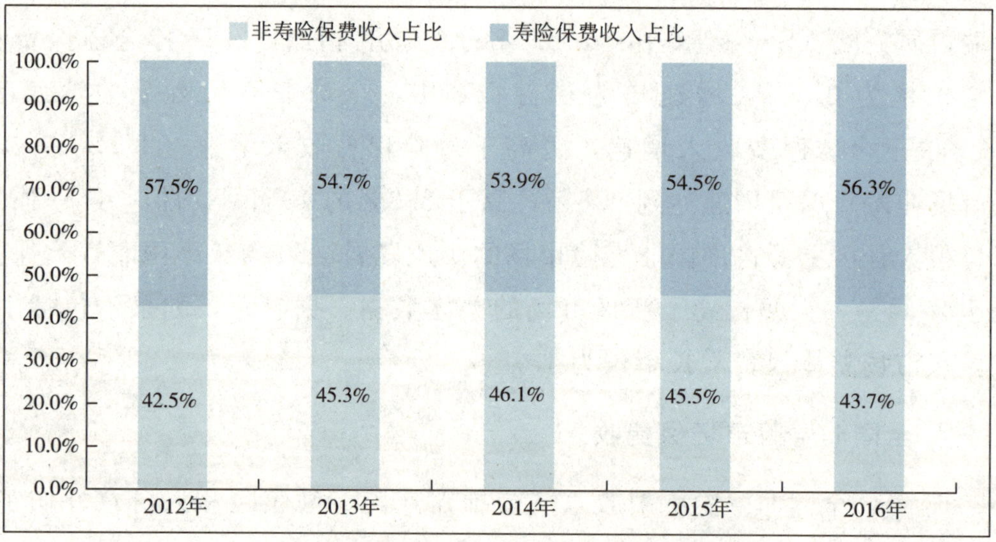

图 2-2　2012—2016 近五年来保费收入结构

从财产险公司保费收入规模来看，2016 年，国内 59 家中资财产保险公司原保险保费收入合计 9077 亿元，在全国财产保险公司总保费收入中占比达到 98%。相比之下，2015 年 51 家中资财产保险公司保费收入合计占比为 97.9%（详见表 2-1）。

表 2-1　2015 年、2016 年国内财产保险公司保费收入与增速

公司名称	2016 年原保险保费收入（万元）	2016 年保费收入排名	2015 年原保险保费收入（万元）	2015 年保费收入排名	增速
人保财险	31045348.1	1	28101000.1	1	10.5%
平安产险	17790765.3	2	16364087.0	2	8.7%
太保产险	9607111.5	3	9443884.3	3	1.7%
国寿财险	5973598.2	4	5036918.2	4	18.6%
中华联合	3858724.7	5	3936990.1	5	-2.0%
大地财险	3195785.1	6	2658874.3	6	20.2%
阳光财险	2839216.4	7	2581660.9	7	10.0%
太平保险	1818028.6	8	1561498.8	9	16.4%
出口信用	1730795.3	9	1648748.7	8	5.0%
天安财险	1387436.1	10	1309648.0	10	5.9%
华安保险	1003486.7	11	858077.9	11	16.9%
永安保险	903558.6	12	813067.3	12	11.1%
英大财产	832973.5	13	734147.5	13	13.5%
安盛天平	797132.3	14	716461.3	14	11.3%
华泰财险	701094.1	15	633052.9	16	10.7%
永诚保险	634906.9	16	669697.3	15	-5.2%
安邦财险	537089.7	17	524999.4	17	2.3%
中银保险	502534.9	18	452836.6	18	11.0%
紫金财产	494475.2	19	418986.3	19	18.0%
安华农业	440980.7	20	387791.7	21	13.7%
国元农业	404160.7	21	317086.1	23	27.5%
都邦保险	401874.1	22	398524.9	20	0.8%
安诚保险	371060.7	23	316251.7	24	17.3%
浙商财产	347971.3	24	332449.6	22	4.7%
众安财产	340804.8	25	228304.2	31	49.3%
信达财险	324879.9	26	310096.8	25	4.8%
鼎和财产	318908.6	27	266519.1	28	19.7%
长安责任	306926.3	28	278100.9	26	10.4%
阳光农业	303118.9	29	276774.0	27	9.5%

续表

公司名称	2016年原保险保费收入（万元）	2016年保费收入排名	2015年原保险保费收入（万元）	2015年保费收入排名	增速
渤海	296285.7	30	239131.5	30	23.9%
亚太财险	285484.3	31			
中航安盟	183452.1	32	160802.4	32	14.1%
富德财产	182646.2	33	98578.8	39	85.3%
北部湾财产	149685.1	34	128673.5	35	16.3%
锦泰财产	145304.8	35	131991.4	34	10.1%
美亚	137330.6	36	144004.3	33	-4.6%
泰山财险	134743.6	37	125160.2	36	7.7%
中煤财产	125794.2	38	93299.2	40	34.8%
利宝互助	122963.0	39	88724.4	41	38.6%
华海财产	118954.9	40	37861.6	54	214.2%
众诚保险	117799.5	41	100952.5	38	16.7%
安信农业	101093.4	42	105459.1	37	-4.1%
富邦财险	96621.6	43	83431.3	43	15.8%
诚泰财产	89525.6	44	75180.8	45	19.1%
华农	84022.0	45	62166.0	48	35.2%
安联	82895.3	46	81560.3	44	1.6%
长江财产	82465.0	47	67518.9	46	22.1%
三星	81764.7	48	84339.6	42	-3.1%
泰康在线	67489.9	49	43.6	72	154799.8%
国泰财产	65119.6	50	64423.7	47	1.1%
燕赵财产	62142.1	51	5703.9	66	989.5%
铁路自保	54217.6	52	1609.7	69	3268.1%
中原农业	53508.6	53	7540.5	63	609.6%
东京海上	50938.6	54	48990.6	51	4.0%
苏黎世	47978.4	55	51381.3	50	-6.6%
恒邦财产	46649.8	56	21552.5	58	116.4%
中意财产	46284.1	57	31547.8	56	46.7%
三井住友	44858.1	58	55142.4	49	-18.7%
鑫安汽车	41166.4	59	41463.3	53	-0.7%

续表

公司名称	2016年原保险保费收入（万元）	2016年保费收入排名	2015年原保险保费收入（万元）	2015年保费收入排名	增速
中石油专属保险	38954.8	60	41539.5	52	-6.2%
日本财产	36429.6	61	35237.1	55	3.4%
安达保险	29137.6	62			
易安财产	22152.7	63			
史带财产	18283.6	64	25121.8	57	-27.2%
中路财产	12978.5	65	1351.9	70	860.0%
瑞再企商	12897.1	66	15293.7	59	-15.7%
乐爱金	11191.6	67	11657.6	62	-4.0%
现代财产	11079.9	68	12681.1	61	-12.6%
安心财产	7512.5	69	0	73	
东海航运	7497.6	70			
合众财产	5805.5	71	330.2	71	1658.1%
日本兴亚	5700.6	72	5904.5	65	-3.5%
爱和谊	5546.1	73	5469.9	67	1.4%
前海联合	5307.9	74			
久隆财产	4119.3	75			
海峡金桥	3230.1	76			
信利保险	3221.9	77	2979.0	68	8.2%
阳光渝融	3003.2	78			
珠峰财险	2460.0	79			
劳合社	1214.2	80	7191.6	64	-83.1%
建信财产	27.3	81			
中资公司保费收入合计	**90769642.8**		**82487470.4**		**10.0%**
外资公司保费收入合计	**1892040.5**		**1745177.1**		**8.4%**
全国总计	**92661683.2**		**84232647.4**		**10.0%**
中资公司保费收入占比	**98.0%**		**97.9%**		

数据来源：根据保监会网站公布数据整理计算。其中，亚太财险、安达保险、易安财产、安心财产、东海航运、前海联合、久隆财产、海峡金桥、阳光渝融、珠峰财险、建信财产11家财产保险公司为2016年新建或者新开展业务的公司。

（二）全国非寿险市场保费增速

2016 年全国非寿险保费收入增速为 22.4%，从保费收入增长趋势来看，2007—2016 年 10 年间，非寿险保费收入增速一直远高于 GDP 增速，自 2009 年开始超越总保费收入增速和寿险保费收入增速，在 2010 年更是达到 31.8% 的峰值增速。自 2011 年以来，非寿险保费收入增速一直维持稳中有升的态势（详见表 2-2、图 2-3）。

表 2-2　2007—2016 年中国保险市场保费收入增速

	2007 年	2008 年	2009 年	2010 年	2011 年	2012 年	2013 年	2014 年	2015 年	2016 年
总保费收入增速	24.7%	39.1%	13.8%	30.4%	-1.3%	8.0%	11.2%	17.5%	20.0%	27.5%
非寿险保费收入增速	25.5%	21.5%	17.7%	31.8%	16.4%	16.6%	18.5%	19.7%	18.3%	22.4%
寿险保费收入增速	24.2%	49.2%	12.0%	29.8%	-10.2%	2.4%	5.8%	15.7%	21.5%	31.7%
GDP 增速	11.4%	9.0%	8.7%	10.3%	9.2%	7.8%	7.7%	7.4%	6.9%	6.7%

数据来源：根据保监会网站公布数据整理计算。

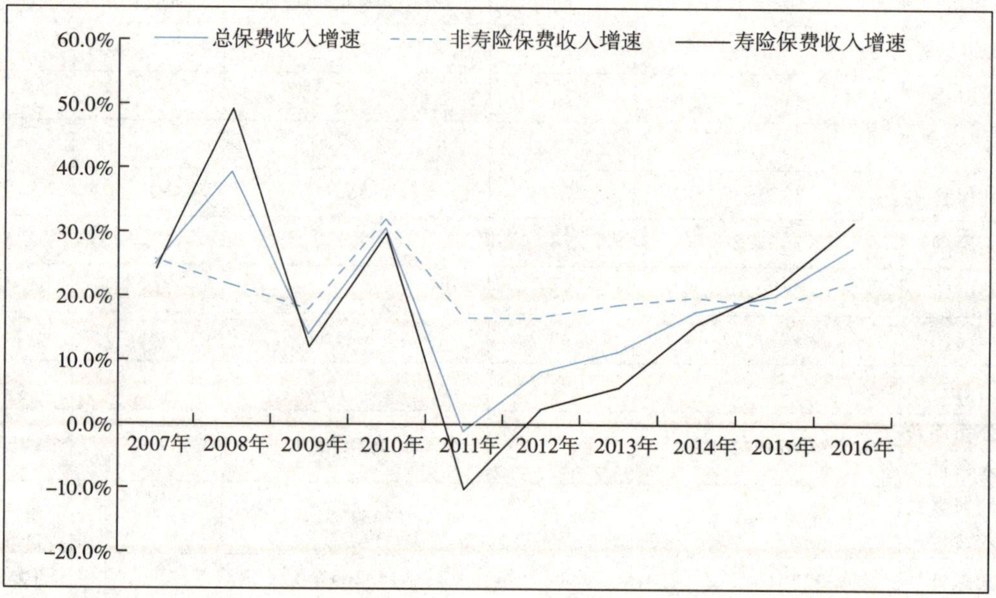

图 2-3　2007—2016 年中国保险市场保费收入增长趋势

二、全国非寿险市场保险密度和保险深度

截至2016年底，全国保险密度为2239元/人（337.08美元/人[①]），同比增长26.7%；保险深度为4.2%，较2015年提高0.7个百分点。其中，全国非寿险市场保险密度为977.6元/人，同比增长21.7%；非寿险市场保险深度为1.8%，较2015年提高0.2个百分点。

据瑞士再保险sigma报告数据显示，2016年全球保险深度为6.3%，而我国的保险深度在2016年仅为4.2%，差距仍然较大，我国保险市场蕴含着巨大的发展潜力。表2-3为2016年保险深度排名前12位的国家非寿险市场发展程度（以非寿险保险密度和非寿险保险深度两个指标衡量），瑞再sigma报告显示，2016年中国保险深度全球排名第47位，保险密度全球排名第39位。

表2-3 2016年全球保险深度排名前12位国家和地区非寿险市场发展程度

排名	国家和地区	保险深度（美元/人）	保险密度	非寿险保险深度（美元/人）	非寿险保险密度
1	开曼群岛	12160.3	22.60%	11564.6	21.49%
2	中国香港	7678.8	17.60%	613.2	1.41%
3	瑞士	6933.5	8.85%	3233.2	4.12%
4	丹麦	5158.7	9.58%	1416.3	2.63%
5	芬兰	5060.7	11.75%	954.5	2.22%
6	荷兰	4716.9	10.39%	3752.4	8.27%
7	卢森堡	4589.3	4.53%	1958.1	1.93%
8	爱尔兰	4408.4	7.21%	768.6	1.26%
9	中国台湾	4320.7	19.99%	955	3.34%
10	美国	4174.1	7.31%	2449.2	4.29%
11	英国	4063.6	10.16%	1030.5	2.58%
12	新加坡	3776.8	7.15%	882.4	1.67%
	全球	**638.3**	**6.28%**	**285.3**	**2.81%**
47	中国大陆(2016)	337.1	4.15%	147.2	1.81%

数据来源：Swiss Re，sigma，No. 3/2017。

① 根据人民银行发布的美元兑人民币汇率中间价数据统计，2016年全年244个交易日平均汇率中间价为1美元＝6.6423人民币元。

第二节 区域非寿险市场保费规模

一、区域非寿险市场保费收入与增速

2016 年全国非寿险保费收入 13516.9 亿元，同比增长 22.4%。东部地区非寿险市场保费收入 7971.3 亿元、同比增长 24.2%，保费收入规模是西部地区和中部地区的 2.9 倍，在全国非寿险保费收入中占比 25.7%，市场份额远超西部和中部地区。2016 年非寿险保费收入排名前 10 位的地区中，东部地区占了 7 个席位。2016 年各地区非寿险保费收入在全国占比情况与 2015 年基本持平，没有出现较大幅度的波动。总体来看，2016 年全国各地区非寿险保费增速均远远超过当地 GDP 增速，各地非寿险市场呈现出快速发展态势。

（一）东、中、西部地区①非寿险保费收入及增速

2016 年东部地区非寿险保费收入 7971.3 亿元，同比增长 24.2%，在全国非寿险保费收入中占比 25.7%，市场份额远超西部和中部地区，但相较 2015 年的份额有所下降（减少 0.7 个百分点）。中部地区非寿险保费收入 2764.4 亿元，同比增长 23.3%，在全国非寿险保费收入中占比 8.9%。西部地区非寿险保费收入 2708.4 亿元，同比增长 17.7%，在全国非寿险保费收入中占比 8.7%（详见表 2-4）。

① 东部地区包括北京、天津、河北、辽宁、上海、江苏、浙江、福建、山东、广东、海南 11 个省、直辖市；中部地区包括山西、吉林、黑龙江、安徽、江西、河南、湖北、湖南 8 个省；西部地区包括重庆、四川、贵州、云南、西藏、陕西、甘肃、青海、宁夏、新疆、内蒙古、广西 12 个省、自治区和直辖市。

表 2-4 2016 年东、中、西部地区非寿险保费收入及增速

地区	2016 年非寿险保费收入（亿元）	2015 年非寿险保费收入（亿元）	2016 年非寿险保费收入同比增速	2016 年非寿险市场规模在全国占比	2015 年非寿险市场规模在全国占比	2016 年非寿险市场份额变化情况
东部地区	7971.3	6417.6	24.2%	25.7%	26.4%	-0.7%
中部地区	2764.4	2242.4	23.3%	8.9%	9.2%	-0.3%
西部地区	2708.4	2300.4	17.7%	8.7%	9.5%	-0.7%
全国合计	**13516.9**	**11041.0**	**22.4%**	—	—	—

数据来源：根据保监会网站公布数据整理计算，其中“全国合计”含集团、总公司本级（指集团、总公司开展的业务，不计入任何地区）。

（二）全国各地区非寿险保费收入规模及排名

2016 年全国非寿险保费收入 13516.9 亿元，同比增长 22.4%。以保费规模计，东部地区非寿险市场依然占据主导地位，2016 年非寿险保费收入排名前 10 位的地区中，东部地区占了 7 个席位（包括广东、江苏、浙江、山东、北京、上海、河北）。2016 年非寿险保费收入排名前 5 位的地区与 2015 年相同，依次为广东（不含深圳，保费收入 1374.0 亿元）、江苏（保费收入 1183.3 亿元）、浙江（不含宁波，保费收入 813.4 亿元）、山东（不含青岛，保费收入 809.3 亿元）和北京（保费收入 737.3 亿元），这 5 个地区 2016 年非寿险保费收入规模在全国占比为 36.4%，超过 1/3；2016 年非寿险保费收入排名前 8 位的地区依次为广东（不含深圳）、江苏、浙江（不含宁波）、山东（不含青岛）、北京、四川（保费收入 720.8 亿元）、上海（保费收入 616.0 亿元）、河北（保费收入 607.2 亿元），这 8 个地区非寿险保费收入规模在全国占比超过 50%。

在全国 36 个省、自治区、直辖市和计划单列市中，2016 年非寿险保费收入超过 100 亿元的地区为 31 个，其中大连市首次跻身百亿保费规模行列。广东（不含深圳）和江苏的非寿险保费收入更是超过 1000 亿元，分别为 1374 亿元和 1183.3 亿元，同比增长 43% 和 30.6%，两地的非寿险保费收入增速分别较上年提高 19.6 和 12.5 个百分点（见表 2-5）。

从非寿险保费收入排名来看，2016 年除黑龙江排名变化较大之外（从 2015 年排名 24 位上升至 2016 年排名 18 位，这一排名变化也体现了黑龙江非寿险保费收入的快速增长），全国其他地区非寿险保费收入排名基本与 2015 年一致（见表 2-5）。

表 2-5　2015 年、2016 年全国各地区非寿险保费收入及排名

地区	2016 年非寿险保费收入（亿元）	2016 年全国各地区非寿险保费收入排名	地区	2015 年非寿险保费收入（亿元）	2015 年全国各地区非寿险保费收入排名
广东	1374.0	1	广东	960.9	1
江苏	1183.3	2	江苏	906.0	2
浙江	813.4	3	浙江	665.7	3
山东	809.3	4	山东	661.6	4
北京	737.3	5	北京	625.7	5
四川	720.8	6	四川	576.5	6
上海	616.0	7	河北	520.9	7
河北	607.2	8	上海	517.5	8
河南	551.8	9	河南	454.0	9
安徽	435.7	10	湖北	348.2	10
湖北	421.8	11	安徽	345.2	11
深圳	408.3	12	湖南	323.0	12
湖南	390.7	13	深圳	316.4	13
福建	344.3	14	辽宁	305.3	14
辽宁	338.6	15	福建	287.0	15
云南	310.7	16	云南	264.1	16
陕西	274.7	17	陕西	243.0	17
黑龙江	271.9	18	重庆	238.4	18
重庆	266.4	19	江西	213.4	19
江西	260.8	20	山西	209.5	20
山西	245.2	21	广西	200.3	21
广西	230.6	22	新疆	198.0	22
新疆	225.2	23	内蒙古	191.9	23
内蒙古	223.9	24	黑龙江	188.5	24
贵州	192.5	25	天津	161.7	25
吉林	186.5	26	贵州	160.7	26
天津	179.9	27	吉林	160.5	27
青岛	157.8	28	宁波	137.5	28
宁波	148.8	29	甘肃	124.2	29

续表

地区	2016年非寿险保费收入（亿元）	2016年全国各地区非寿险保费收入排名	地区	2015年非寿险保费收入（亿元）	2015年全国各地区非寿险保费收入排名
甘肃	139.8	30	青岛	119.0	30
大连	101.9	31	大连	94.6	31
厦门	86.1	32	厦门	82.4	32
宁夏	65.7	33	宁夏	55.9	33
海南	65.0	34	海南	55.4	34
青海	39.9	35	青海	33.6	35
西藏	18.4	36	西藏	13.9	36

数据来源：根据保监会网站公布数据整理。广东、浙江、山东、福建和辽宁五省均不含其计划单列市深圳、宁波、青岛、厦门和大连。

（三）全国各地区非寿险保费收入增速

2016年全国非寿险保费收入同比增长22.4%，在全国31个省、自治区和直辖市中，非寿险保费收入增速超过全国平均水平（22.4%）的地区有6个，按增速高低依次为：黑龙江（增速为44.3%）、广东（不含深圳，增速为43.0%）、西藏（增速为32.9%）、江苏（增速为30.6%）、安徽（增速为26.2%）、四川（增速为25%）。此外，山东（不含青岛，增速为22.3%）、浙江（不含宁波，增速为22.2%）、江西（增速为22.2%）三地非寿险保费收入增速与全国总体增速持平（见表2-6）。

从各地区2016年非寿险保费收入增速变化情况来看，黑龙江、广东两地增长最快，增速分别较上年提高26.7和19.6个百分点，这也与非寿险保费增长呈现出相同趋势。有11个地区增速较2015年出现下降，其中下降幅度最大的为重庆（下降17.6个百分点）和辽宁（下降17.1个百分点）（见表2-6）。

从区域分布来看，2016年非寿险保费收入增速排名前10位的地区当中，东部地区有4个，中部地区有4个，西部地区有2个；而2015年增速排名前10位的地区中，东部地区有4个，中部和西部地区各有3个。近两年相比来看，东、中、西部地区非寿险保费收入格局变化不大。

表 2-6　2015 年、2016 年全国各地区非寿险保费收入增速排名

地区	2016 年非寿险保费收入增速	2016 年排名	地区	2015 年非寿险保费收入增速	2015 年排名
黑龙江	44.3%	1	重庆	29.3%	1
广东	43.0%	2	辽宁	28.0%	2
西藏	32.9%	3	北京	25.5%	3
江苏	30.6%	4	湖北	24.9%	4
安徽	26.2%	5	海南	24.1%	5
四川	25.0%	6	广东	23.4%	6
山东	22.3%	7	甘肃	21.7%	7
浙江	22.2%	8	四川	20.8%	8
江西	22.2%	9	河南	20.7%	9
河南	21.5%	10	江西	20.0%	10
湖北	21.1%	11	贵州	19.8%	11
湖南	21.0%	12	湖南	19.3%	12
福建	20.0%	13	河北	18.8%	13
贵州	19.8%	14	西藏	18.8%	14
上海	19.0%	15	广西	18.2%	15
青海	18.6%	16	江苏	18.1%	16
北京	17.8%	17	黑龙江	17.6%	17
云南	17.6%	18	上海	17.3%	18
宁夏	17.5%	19	浙江	17.1%	19
海南	17.4%	20	宁夏	16.7%	20
山西	17.0%	21	吉林	16.2%	21
内蒙古	16.7%	22	安徽	15.9%	22
河北	16.6%	23	山东	15.8%	23
吉林	16.2%	24	云南	15.7%	24
广西	15.1%	25	陕西	15.5%	25
新疆	13.7%	26	福建	14.3%	26
陕西	13.1%	27	青海	13.9%	27
甘肃	12.6%	28	内蒙古	13.2%	28
重庆	11.7%	29	天津	12.9%	29
天津	11.3%	30	新疆	12.4%	30
辽宁	10.9%	31	山西	8.3%	31

数据来源：根据保监会网站公布数据整理计算，广东、浙江、山东、福建和辽宁五省均不含其计划单列市深圳、宁波、青岛、厦门和大连。

总体来看，2016 年全国各地区非寿险保费增速均远远超过当地 GDP 增速（见表 2-7）。

表 2-7　2016 年全国各地区非寿险保费收入与 GDP 增速对比

地区	2016 年非寿险保费收入（亿元）	2015 年非寿险保费收入（亿元）	2016 年非寿险保费收入增速	2016 年各地区 GDP 增速
北京	737.3	625.7	17.8%	6.7%
天津	179.9	161.7	11.3%	9.0%
河北	607.2	520.9	16.6%	6.8%
辽宁	440.5	399.9	10.1%	-2.5%
上海	616.0	517.5	19.0%	6.8%
江苏	1183.3	906.0	30.6%	7.8%
浙江	962.2	803.2	19.8%	7.5%
福建	430.4	369.5	16.5%	8.4%
山东	967.0	780.6	23.9%	7.6%
广东	1782.4	1277.3	39.5%	7.5%
海南	65.0	55.4	17.4%	7.5%
山西	245.2	209.5	17.0%	4.5%
吉林	186.5	160.5	16.2%	6.9%
黑龙江	271.9	188.5	44.3%	6.1%
安徽	435.7	345.2	26.2%	8.7%
江西	260.8	213.4	22.2%	9.0%
河南	551.8	454.0	21.5%	8.1%
湖北	421.8	348.2	21.1%	8.1%
湖南	390.7	323.0	21.0%	7.9%
重庆	266.4	238.4	11.7%	10.7%
四川	720.8	576.5	25.0%	7.7%
贵州	192.5	160.7	19.8%	10.5%
云南	310.7	264.1	17.6%	8.7%
西藏	18.4	13.9	32.9%	10.0%
陕西	274.7	243.0	13.1%	7.6%
甘肃	139.8	124.2	12.6%	7.6%
青海	39.9	33.6	18.6%	8.0%

续表

地区	2016年非寿险保费收入（亿元）	2015年非寿险保费收入（亿元）	2016年非寿险保费收入增速	2016年各地区GDP增速
宁夏	65.7	55.9	17.5%	8.1%
新疆	225.2	198.0	13.7%	7.6%
内蒙古	223.9	191.9	16.7%	7.2%
广西	230.6	200.3	15.1%	7.3%
全国	**13516.9**	**11041.0**	**22.4%**	**6.7%**

数据来源：根据保监会网站公布数据整理，广东、浙江、山东、福建和辽宁五省均不含其计划单列市深圳、宁波、青岛、厦门和大连。

（四）全国各地区非寿险保费收入在全国占比情况

从各地区非寿险市场份额（非寿险保费收入在全国占比）来看，2016年各地区非寿险保费收入在全国占比情况与2015年基本持平，没有出现较大幅度的波动。2016年市场份额位居前5位的地区依次为：广东（不含深圳）、江苏、浙江（不含宁波）、山东（不含青岛）和北京，其非寿险保费收入在全国占比分别为10.17%、8.75%、6.02%、5.99%和5.45%，这5个地区的市场份额合计占比达到36.38%，已超过三成；而排名前10位的地区市场份额合计占比则超过50%，达到58.06%（见表2-8）。

表2-8　2015年、2016年全国各地区非寿险市场规模及市场份额

地区	2016年非寿险保费收入（亿元）	2015年非寿险保费收入（亿元）	2016年非寿险保费收入占比	2015年非寿险保费收入占比	市场份额变化情况	2016年占比排名	2015年占比排名
广东	1374.0	960.9	10.17%	8.70%	1.46%	1	1
江苏	1183.3	906.0	8.75%	8.21%	0.55%	2	2
浙江	813.4	665.7	6.02%	6.03%	−0.01%	3	3
山东	809.3	661.6	5.99%	5.99%	−0.01%	4	4
北京	737.3	625.7	5.45%	5.67%	−0.21%	5	5
四川	720.8	576.5	5.33%	5.22%	0.11%	6	6
上海	616.0	517.5	4.56%	4.69%	−0.13%	7	8
河北	607.2	520.9	4.49%	4.72%	−0.23%	8	7
河南	551.8	454.0	4.08%	4.11%	−0.03%	9	9

续表

地区	2016 年非寿险保费收入（亿元）	2015 年非寿险保费收入（亿元）	2016 年非寿险保费收入占比	2015 年非寿险保费收入占比	市场份额变化情况	2016 年占比排名	2015 年占比排名
安徽	435.7	345.2	3.22%	3.13%	0.10%	10	11
湖北	421.8	348.2	3.12%	3.15%	-0.03%	11	10
湖南	390.7	323.0	2.89%	2.93%	-0.03%	12	12
福建	344.3	287.0	2.55%	2.60%	-0.05%	13	14
辽宁	338.6	305.3	2.50%	2.77%	-0.26%	14	13
云南	310.7	264.1	2.30%	2.39%	-0.09%	15	15
陕西	274.7	243.0	2.03%	2.20%	-0.17%	16	16
黑龙江	271.9	188.5	2.01%	1.71%	0.30%	17	23
重庆	266.4	238.4	1.97%	2.16%	-0.19%	18	17
江西	260.8	213.4	1.93%	1.93%	0.00%	19	18
山西	245.2	209.5	1.81%	1.90%	-0.08%	20	19
广西	230.6	200.3	1.71%	1.81%	-0.11%	21	20
新疆	225.2	198.0	1.67%	1.79%	-0.13%	22	21
内蒙古	223.9	191.9	1.66%	1.74%	-0.08%	23	22
贵州	192.5	160.7	1.42%	1.46%	-0.03%	24	25
吉林	186.5	160.5	1.38%	1.45%	-0.07%	25	26
天津	179.9	161.7	1.33%	1.46%	-0.13%	26	24
甘肃	139.8	124.2	1.03%	1.12%	-0.09%	27	27
宁夏	65.7	55.9	0.49%	0.51%	-0.02%	28	28
海南	65.0	55.4	0.48%	0.50%	-0.02%	29	29
青海	39.9	33.6	0.30%	0.30%	-0.01%	30	30
西藏	18.4	13.9	0.14%	0.13%	0.01%	31	31
全国合计	**13516.9**	**11041.0**	**100.0%**	**100.0%**	—	—	—

数据来源：根据保监会网站公布数据整理计算，广东、浙江、山东、福建和辽宁五省均不含其计划单列市深圳、宁波、青岛、厦门和大连。

表 2-9 2016 年全国各地区非寿险市场保费收入与结构变化汇总表

地区	非寿险保费收入（亿元）		非寿险保费收入增速			非寿险保费收入在全国占比（各地市场份额）		
	2016 年	2015 年	2016 年	2015 年	增速变化 *	2016 年	2015 年	市场份额变化 *
广东	1374.0	960.9	43.0%	23.4%	↑19.6	10.2%	8.7%	↑1.5
江苏	1183.3	906.0	30.6%	18.1%	↑12.5	8.8%	8.2%	↑0.5
浙江	813.4	665.7	22.2%	17.1%	↑5.1	6.0%	6.0%	0.0
山东	809.3	661.6	22.3%	15.8%	↑6.5	6.0%	6.0%	0.0
北京	737.3	625.7	17.8%	25.5%	↓7.7	5.5%	5.7%	↓0.2
四川	720.8	576.5	25.0%	20.8%	↑4.2	5.3%	5.2%	↑0.1
上海	616.0	517.5	19.0%	17.3%	↑1.7	4.6%	4.7%	↓0.1
河北	607.2	520.9	16.6%	18.8%	↓2.3	4.5%	4.7%	↓0.2
河南	551.8	454.0	21.5%	20.7%	↑0.8	4.1%	4.1%	0.0
安徽	435.7	345.2	26.2%	15.9%	↑10.3	3.2%	3.1%	↑0.1
湖北	421.8	348.2	21.1%	24.9%	↓3.8	3.1%	3.2%	0.0
湖南	390.7	323.0	21.0%	19.3%	↑1.7	2.9%	2.9%	0.0
福建	344.3	287.0	20.0%	14.3%	↑5.7	2.5%	2.6%	↓0.1
辽宁	338.6	305.3	10.9%	28.0%	↓17.1	2.5%	2.8%	↓0.3
云南	310.7	264.1	17.6%	15.7%	↑2.0	2.3%	2.4%	↓0.1
陕西	274.7	243.0	13.1%	15.5%	↓2.5	2.0%	2.2%	↓0.2
黑龙江	271.9	188.5	44.3%	17.6%	↑26.7	2.0%	1.7%	↑0.3
重庆	266.4	238.4	11.7%	29.3%	↓17.6	2.0%	2.2%	↓0.2
江西	260.8	213.4	22.2%	20.0%	↑2.1	1.9%	1.9%	0.0
山西	245.2	209.5	17.0%	8.3%	↑8.7	1.8%	1.9%	↓0.1
广西	230.6	200.3	15.1%	18.2%	↓3.1	1.7%	1.8%	↓0.1
新疆	225.2	198.0	13.7%	12.4%	↑1.3	1.7%	1.8%	↓0.1
内蒙古	223.9	191.9	16.7%	13.2%	↑3.5	1.7%	1.7%	↓0.1
贵州	192.5	160.7	19.8%	19.8%	0.0	1.4%	1.5%	0.0
吉林	186.5	160.5	16.2%	16.2%	↓0.1	1.4%	1.5%	↓0.1
天津	179.9	161.7	11.3%	12.9%	↓1.6	1.3%	1.5%	↓0.1
甘肃	139.8	124.2	12.6%	21.7%	↓9.2	1.0%	1.1%	↓0.1

续表

地区	非寿险保费收入（亿元）		非寿险保费收入增速			非寿险保费收入在全国占比（各地市场份额）		
	2016 年	2015 年	2016 年	2015 年	增速变化 *	2016 年	2015 年	市场份额变化 *
宁夏	65.7	55.9	17.5%	16.7%	↑0.8	0.5%	0.5%	0.0
海南	65.0	55.4	17.4%	24.1%	↓6.7	0.5%	0.5%	0.0
青海	39.9	33.6	18.6%	13.9%	↑4.7	0.3%	0.3%	0.0
西藏	18.4	13.9	32.9%	18.8%	↑14.1	0.1%	0.1%	0.0
全国合计	**13516.9**	**11041.0**	**22.4%**	**18.3%**	**↑4.1**	**100%**	**100%**	**—**

数据来源：根据保监会网站公布数据整理计算，其中全国合计含集团、总公司本级（指集团、总公司开展的业务，不计入任何地区）。广东、浙江、山东、福建和辽宁五省均不含其计划单列市深圳、宁波、青岛、厦门和大连。其中，表格中“增速变化 *”和“市场份额变化 *”一栏，描述了非寿险保费收入增速、各地区非寿险保费收入在全国所占比重（市场份额）相比上年上升或者降低了多少个百分点。

（五）全国各地区非寿险业务赔付情况

1. 财产险业务赔付情况

2016 年全国财产险业务赔款 4726.2 亿元，同比增长 12.7%，赔付率（即：〈当年赔付支出/当年保费收入〉×100%）为 54.2%，较 2015 年上升 1.7 个百分点。在全国 31 个省、自治区、直辖市中，2016 年地区财产险赔付率超过全国总体赔付率水平的有 13 个地区（2015 年财产险赔付率超过全国总体水平的有 9 个地区）。从各地赔付情况来看，2016 年财产险赔付率居前 10 位的以东部地区为主，财产险赔付率超过 50%的有 23 个地区，其中北京、天津、上海和黑龙江 4 个地区财产险赔付率均在 60%以上，天津的财产险赔付率更是高达 74%。从变化幅度来看，有 20 个地区 2016 年财产险赔付率较 2015 年出现上升，其中天津、浙江（不含宁波）、黑龙江三地上升幅度最大，均超过 10 个百分点（详见表 2-10）。

表 2-10　2015 年、2016 年全国各地区财产险业务赔付情况

地区	2016 年财产险赔付率	2015 年财产险赔付率	变化幅度
天津	74.0%	55.3%	18.7%
黑龙江	63.8%	50.1%	13.7%
北京	62.1%	59.9%	2.2%

续表

地区	2016年财产险赔付率	2015年财产险赔付率	变化幅度
上海	60.0%	53.8%	6.2%
江苏	59.7%	60.0%	-0.3%
浙江	58.9%	44.2%	14.7%
辽宁	56.4%	62.4%	-6.0%
安徽	56.0%	51.3%	4.7%
海南	55.7%	59.2%	-3.5%
福建	55.4%	51.7%	3.7%
吉林	54.7%	51.0%	3.7%
重庆	54.7%	54.3%	0.4%
新疆	54.5%	53.8%	0.7%
湖北	53.9%	48.0%	5.9%
宁夏	53.8%	50.9%	2.9%
山西	53.1%	56.0%	-2.9%
湖南	52.5%	51.4%	1.1%
山东	52.1%	50.4%	1.7%
贵州	51.9%	49.8%	2.1%
江西	51.7%	50.2%	1.5%
甘肃	51.1%	50.6%	0.5%
青海	50.2%	46.3%	3.9%
西藏	50.1%	52.2%	-2.1%
河南	49.4%	48.8%	0.6%
云南	49.4%	49.3%	0.1%
广东	49.3%	49.7%	-0.4%
陕西	48.8%	52.2%	-3.4%
河北	48.7%	50.4%	-1.7%
内蒙古	48.5%	50.6%	-2.1%
四川	47.4%	51.9%	-4.5%
广西	45.9%	49.2%	-3.3%
全国	**54.2%**	**52.5%**	**1.7%**

数据来源：根据保监会网站公布数据计算，赔付率=（当年赔付支出/当年保费收入）×100%。广东、浙江、山东、福建和辽宁五省均不含其计划单列市深圳、宁波、青岛、厦门和大连。

2. 健康险业务赔付情况

2016 年全国健康险业务赔款和给付 1000.8 亿元，同比增长 31.2%，健康险赔付率为 24.8%，较 2015 年下降 6.9 个百分点。从各地赔付情况来看，2016 年健康险赔付率居前 10 位的以西部地区为主，健康险赔付率超过 50%的有 4 个地区，包括海南、重庆、云南和西藏，其中海南 2016 年健康险赔付率出现大幅上升，较 2015 年增长 1.1 倍。除北京、江苏、浙江（不含宁波）、广东（不含深圳）、黑龙江、四川 6 个地区之外，其余 25 个地区健康险赔付率均超过全国水平（详见表 2-11）。

表 2-11　2015 年、2016 年全国各地区健康险业务赔付情况

地区	2016 年健康险赔付率	2015 年健康险赔付率	变化幅度
西藏	69.9%	75.4%	-5.5%
重庆	60.8%	59.8%	1.0%
海南	51.1%	24.2%	26.9%
云南	50.3%	57.3%	-7.0%
甘肃	47.6%	44.9%	2.7%
青海	47.4%	51.7%	-4.3%
贵州	46.0%	48.5%	-2.5%
广西	44.3%	34.8%	9.5%
江西	37.6%	40.6%	-3.0%
新疆	33.9%	36.9%	-3.0%
天津	32.8%	39.0%	-6.2%
山东	32.7%	35.8%	-3.1%
湖南	31.8%	35.5%	-3.7%
安徽	31.4%	40.6%	-9.2%
河北	31.3%	30.4%	0.9%
吉林	30.2%	32.0%	-1.8%
湖北	29.9%	36.7%	-6.8%
陕西	28.4%	28.9%	-0.5%
山西	27.5%	28.0%	-0.5%
内蒙古	27.5%	31.3%	-3.8%
河南	26.9%	31.4%	-4.5%

续表

地区	2016 年健康险赔付率	2015 年健康险赔付率	变化幅度
宁夏	26.6%	38.5%	-11.9%
上海	26.1%	38.0%	-11.9%
辽宁	25.8%	24.5%	1.3%
福建	25.6%	33.1%	-7.5%
北京	22.5%	23.3%	-0.8%
四川	19.8%	31.2%	-11.4%
黑龙江	19.7%	30.9%	-11.2%
浙江	15.3%	22.6%	-7.3%
江苏	14.4%	25.7%	-11.3%
广东	12.9%	26.6%	-13.7%
全国	**24.8%**	**31.7%**	**-6.9%**

数据来源：根据保监会网站公布数据计算，赔付率＝（当年赔付支出/当年保费收入）×100%。广东、浙江、山东、福建和辽宁五省均不含其计划单列市深圳、宁波、青岛、厦门和大连。

3. 意外险业务赔付情况

2016 年全国意外险业务赔款 183.0 亿元，同比增长 20.5%，意外险赔付率为 24.4%，较 2015 年上升 0.5 个百分点。在全国 31 个省、自治区、直辖市中，人身意外伤害险赔付率超过 30%的有 6 个地区，包括北京、重庆、贵州、西藏、青海和宁夏，其中西藏 2016 年意外险赔付率最高，达到 51.9%；有 20 个地区的意外险赔付率超过全国水平。从各地赔付情况来看，2016 年意外险赔付率居前 10 位的同样是以西部地区为主（西部地区占据 7 个席位）。

表 2-12　2015 年、2016 年全国各地区意外险业务赔付情况

地区	2016 年意外险赔付率	2015 年意外险赔付率	变化幅度
西藏	51.9%	77.7%	-25.8%
青海	42.9%	46.6%	-3.7%
贵州	33.8%	33.0%	0.8%
重庆	33.1%	27.8%	5.3%
宁夏	32.2%	25.8%	6.4%
北京	30.5%	30.4%	0.1%
四川	29.3%	30.9%	-1.6%

续表

地区	2016年意外险赔付率	2015年意外险赔付率	变化幅度
辽宁	28.9%	26.4%	2.5%
江苏	28.8%	28.1%	0.7%
新疆	28.5%	28.8%	-0.3%
天津	28.2%	26.2%	2.0%
云南	27.5%	25.3%	2.2%
山西	27.5%	29.6%	-2.1%
福建	27.4%	27.2%	0.2%
内蒙古	26.3%	25.4%	0.9%
江西	26.0%	23.8%	2.2%
山东	25.8%	24.5%	1.3%
河北	24.8%	22.8%	2.0%
甘肃	24.7%	29.7%	-5.0%
湖南	24.6%	20.9%	3.7%
吉林	23.5%	23.0%	0.5%
湖北	23.2%	27.1%	-3.9%
河南	22.8%	20.5%	2.3%
陕西	22.4%	24.7%	-2.3%
广西	22.2%	21.1%	1.1%
浙江	21.3%	20.4%	0.9%
海南	21.2%	14.7%	6.5%
上海	19.6%	19.0%	0.6%
安徽	18.5%	19.2%	-0.7%
黑龙江	17.5%	16.6%	0.9%
广东	16.7%	16.3%	0.4%
全国	**24.4%**	**23.9%**	**0.5%**

数据来源：根据保监会网站公布数据计算，赔付率=（当年赔付支出/当年保费收入）×100%。广东、浙江、山东、福建和辽宁五省均不含其计划单列市深圳、宁波、青岛、厦门和大连。

二、区域非寿险市场保险密度和保险深度

保险密度是按照人口计算的人均保费收入，反映了一国（地区）保险的普及程度和保险业的发展水平。一般说来，保险密度越大，表明该国（地区）保

险业越发达，保险市场发育水平越高。保险深度是指一国（地区）的全部保费收入与该国（地区）的GDP总额的比率，是衡量一国（地区）保险市场发展程度和潜力的指标之一。

（一）东、中、西部地区非寿险保险密度和保险深度

2016年东部地区非寿险保险密度为1390.5元/人，非寿险保险深度为1.9%，两项指标均高于同期全国总体水平，意味着东部地区非寿险市场成熟度和保险消费意识普遍较高。中部地区2016年非寿险保险密度为638.8元/人，保险深度为1.5%；西部地区2016年非寿险保险密度为723.9元/人，保险深度为1.7%，中部和西部地区非寿险市场发展程度均低于全国总体水平（详见表2-13）。

表2-13　2015年、2016年东、中、西部地区非寿险保险密度和保险深度

地区	2016年非寿险保险深度	2015年非寿险保险深度	2016年非寿险保险密度（元/人）	2015年非寿险保险密度（元/人）	保险密度同比增速
东部地区	1.9%	1.6%	1390.5	1127.8	23.3%
中部地区	1.5%	1.3%	638.8	520.8	22.6%
西部地区	1.7%	1.6%	723.9	619.5	16.9%
全国合计	**1.8%**	**1.6%**	**977.6**	**803.2**	**21.7%**

数据来源：根据国家统计局、保监会网站公布数据整理计算。

（二）全国各地区非寿险保险密度和保险深度

1. 全国各地区非寿险市场保险密度分析

如表2-14所示，从2016年全国各地区非寿险市场保险密度来看，北京、上海、江苏、浙江（不含宁波）、广东、天津6个地区的非寿险市场保险密度均超过1000元/人，高于全国总体水平（977.6元/人）。其中，北京2016年非寿险市场保险密度为3393.3元/人，同比增长17.7%，排名依然稳居全国第一（与2015年排名相同），北京非寿险市场保险密度较全国水平高出51.6%。上海2016年非寿险市场保险密度为2545.8元/人，同比增长18.8%，排名全国第二位，与2015年排名相同。江苏2016年非寿险市场保险密度为1479.4元/人，同比增长30.2%，排名全国第三。浙江（不含宁波）2016年非寿险市场保险密度为1455.1元/人，同比增长21.1%，排名全国第四。广东（不含深

圳）2016 年非寿险市场保险密度为 1249.2 元/人，同比增长 41.0%，排名全国第五，较 2015 年排名上升 1 位。天津 2016 年非寿险市场保险密度为 1151.8 元/人，同比增长 10.2%，较 2015 年排名下滑 1 位。

从增速变化情况来看，全国 31 个省、自治区、直辖市 2016 年非寿险保险密度增速均超过 10%。2016 年非寿险保险密度增速较快的前 4 个地区依次为：黑龙江（增速 44.8%，排名上升 6 位）、广东（增速 41.0%，排名上升 1 位）、江苏（增速 30.2%，排名不变）、西藏（增速 30.2%，排名上升 2 位），这 4 个地区 2016 年非寿险保险密度增速均超过 30%。

分地区来看，2016 年北京、上海保险市场在全国领先优势突出，四川则在西部地区一枝独秀。2016 年，北京、上海两地保险密度和深度均居全国前两位，北京保险密度 8467.8 元/人、保险深度 7.4%，上海保险密度 6320 元/人、保险深度 6%。2016 年，北京财产险公司保费收入同比增长 8.6%，累计赔款支出同比增长 11.8%；车险业务和非车险业务保费收入同比分别增长 7.3%和 11.4%。2016 年，上海全年实现保费收入 1529.3 亿元，同比增长 35.9%，非寿险和寿险保费收入比例为 27∶73，中、外资保险公司保费收入比例为 86∶14。尤为突出的是，上海保险业一系列改革顺利推进，如结合自贸区和“金改 40 条”地方特色，上海国际保险中心提速发展；推广复制保险机构高管备案改革举措，编制发布全球首个专业航运保险指数；探索老年长期护理保险试点和城市型巨灾保险制度；推动保险资金与上海“双创”母基金合作等。四川保险密度 2075 元/人、保险深度 5.24%，属于西部各个省区最高水平，其中非寿险保险密度 872.4 元/人、保险深度 2.2%。2016 年，四川实现保费收入 1712.1 亿元，同比增长 35.1%，高于全国平均水平 7.6 个百分点，保费收入及增速居全国前 5 位，保险业赔付支出 554.4 亿元，同比增长 22.1%，提供风险保障 54.7 万亿元，同比增长 49.8%。其中，四川特殊风险保费收入[①]同比增长 142.6%，成为增长最快的险种。在东北地区，辽宁保险业在区域经济增速逐渐放缓的总体环境中实现了较快发展，全年实现保费收入 1115.7 亿元，占整个地区的 47.3%，保费收入同比增长 18.5%；赔付支出 388.0 亿元，同比增长 4.3%；保险业总资产 2764.3 亿元，同比增长 18.3%；保险深度 5.1%，

① 所谓特殊风险保险，即为特殊行业设计的各种保险，诸如航空保险、航天保险、核电站保险和海洋石油开发保险等。

保险密度2546元/人，其中非寿险保险深度1.5%、保险密度773.4元/人。

表2-14 2016年全国各地区非寿险市场保险密度增速及排名情况

地区	2016年非寿险保险密度（元/人）	2015年非寿险保险密度（元/人）	2016年保险密度同比增速	2016年非寿险保险密度排名	2015年非寿险保险密度排名
北京	3393.3	2882.7	17.7%	1	1
上海	2545.8	2142.8	18.8%	2	2
江苏	1479.4	1135.9	30.2%	3	3
浙江	1455.1	1201.8	21.1%	4	4
广东	1249.2	885.7	41.0%	5	6
天津	1151.8	1045.2	10.2%	6	5
宁夏	973.0	836.7	16.3%	7	8
新疆	938.9	839.0	11.9%	8	7
福建	888.8	747.7	18.9%	9	11
内蒙古	888.3	764.2	16.2%	10	10
重庆	873.8	790.2	10.6%	11	9
四川	872.4	702.7	24.2%	12	12
山东	813.6	671.9	21.1%	13	15
河北	812.9	701.5	15.9%	14	13
辽宁	773.4	696.7	11.0%	15	14
陕西	720.5	640.6	12.5%	16	16
湖北	716.7	595.1	20.4%	17	18
黑龙江	715.7	494.4	44.8%	18	24
海南	709.0	607.9	16.6%	19	17
安徽	703.3	561.9	25.2%	20	22
吉林	682.4	583.1	17.0%	21	19
青海	672.1	571.5	17.6%	22	21
山西	666.1	571.9	16.5%	23	20
云南	651.4	557.1	16.9%	24	23
河南	578.8	478.9	20.9%	25	25
湖南	572.7	476.2	20.3%	26	27
江西	567.8	467.4	21.5%	27	28
西藏	557.0	427.7	30.2%	28	30

续表

地区	2016年非寿险保险密度（元/人）	2015年非寿险保险密度（元/人）	2016年保险密度同比增速	2016年非寿险保险密度排名	2015年非寿险保险密度排名
贵州	541.5	455.4	18.9%	29	29
甘肃	535.5	477.6	12.1%	30	26
广西	476.6	417.7	14.1%	31	31
全国合计	**977.6**	**803.2**	**21.7%**	—	—

数据来源：根据中国保监会网站和国家统计局公布数据整理计算。保险密度＝非寿险保费收入/年末常住人口数量，其中年末常住人口数量来自各地区2015年、2016年国民经济和社会发展统计公报，黑龙江、云南两地2016年末常住人口数量根据近三年人口增速预测得出。广东、浙江、山东、福建和辽宁五省均不含其计划单列市深圳、宁波、青岛、厦门和大连。

2. 全国各地区非寿险市场保险深度分析

各地区非寿险保险深度反映出非寿险行业在该地区国民经济中的地位。如表2-15所示，2016年全国非寿险市场保险深度为1.8%，有13个地区的非寿险保险深度高于全国总体水平，其中北京非寿险市场保险深度为3.0%，超过全国水平1.2个百分点，居于全国首位；2016年非寿险市场保险深度超过2.0%的地区有7个，而2015年非寿险保险深度超过2.0%的地区仅有3个，其中，四川、云南、甘肃、宁夏中部地区四省（自治区）2016年非寿险市场保险深度首度超过2.0%，意味着中部地区非寿险市场在2016年呈现出快速发展的态势。

表2-15　2015年、2016年全国各地区非寿险市场保险深度

地区	2016年非寿险保险深度	2015年非寿险保险深度	2016年较2015年变化幅度
北京	3.0%	2.7%	0.2%
天津	1.0%	1.0%	0.0%
河北	1.9%	1.7%	0.2%
辽宁	1.5%	1.1%	0.6%
上海	2.2%	2.1%	0.2%
江苏	1.6%	1.3%	0.3%
浙江	1.7%	1.6%	0.2%
福建	1.2%	1.1%	0.1%
山东	1.2%	1.1%	1.5%
广东	1.7%	1.3%	0.4%

续表

地区	2016年非寿险保险深度	2015年非寿险保险深度	2016年较2015年变化幅度
海南	1.6%	1.5%	0.1%
山西	1.9%	1.6%	0.3%
吉林	1.3%	1.1%	0.1%
黑龙江	1.8%	1.2%	0.5%
安徽	1.8%	1.6%	0.2%
江西	1.4%	1.3%	0.1%
河南	1.4%	1.2%	0.1%
湖北	1.3%	1.2%	0.1%
湖南	1.3%	1.1%	0.1%
重庆	1.5%	1.5%	0.0%
四川	2.2%	1.9%	0.3%
贵州	1.6%	1.5%	0.1%
云南	2.1%	1.9%	0.2%
西藏	1.6%	1.4%	0.3%
陕西	1.4%	1.3%	0.1%
甘肃	2.0%	1.8%	0.1%
青海	1.6%	1.4%	0.2%
宁夏	2.1%	1.9%	0.2%
新疆	2.3%	2.1%	0.2%
内蒙古	1.2%	1.1%	0.1%
广西	1.3%	1.2%	0.1%
全国	**1.8%**	**1.6%**	**0.2%**

数据来源：根据保监会网站公布数据以及各地区2015年、2016年国民经济和社会发展统计公报整理计算。广东、浙江、山东、福建和辽宁五省均不含其计划单列市深圳、宁波、青岛、厦门和大连。

从保险深度区间分布情况来看，以保险深度大于2.5%、保险深度为2%～2.5%、保险深度小于2%三个区间来划分，2016年保险深度在2%～2.5%的数量明显增加，有8个地区已由2015年保险深度低于2%的区间跃升到2016年的2%～2.5%（见表2-16及图2-4）。

表 2-16　2015 年、2016 年全国各地区非寿险市场保险深度分布

保险深度区间分布	2016 年	2015 年
＞2.5％	1	1
2％～2.5％	10	2
＜2％	20	28

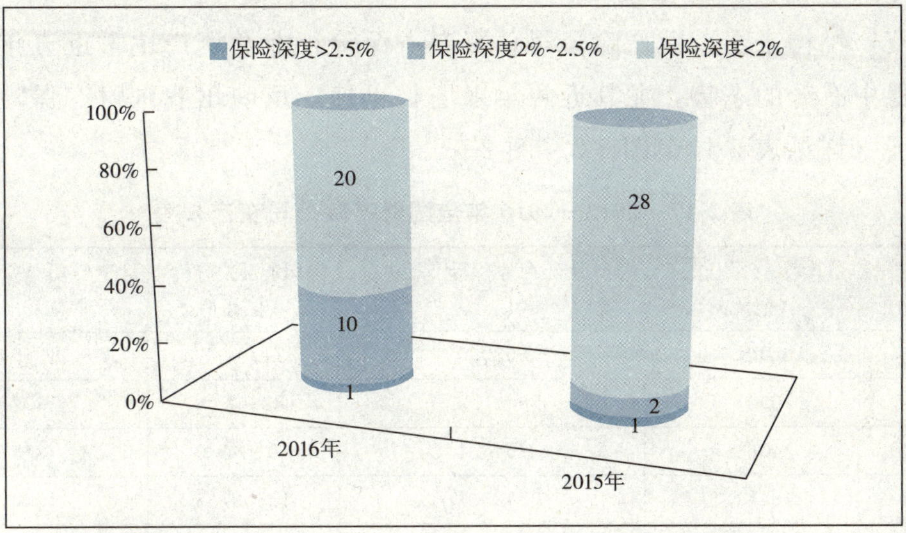

图 2-4　2015 年、2016 年不同保险深度区间的地区数量比较

第三节　全国非寿险市场资产规模

一、全国财产险市场资产规模

2016 年保险业资产总量 15.1 万亿元，较年初增长 22.3％。其中，财产险公司总资产 23744.1 亿元，较年初增长 28.5％，在保险业总资产中占比 15.7％(占比接近 1/6)。

2012—2016 年近五年来，财产险公司原保险保费收入从 2012 年的 5530 亿元增长到2016年的9266.2亿元，年均增长10.9%；财产险公司总资产由2012年的9708.5亿元（0.97万亿元）增长到2016年的2.37万亿元，年均增速19.6%。同期，保险行业总资产则从2012年的7.2万亿元增长到2016年的15.1万亿元，年均增速16.1%，财产险公司总资产年均增速不仅高于保险行业总资产增速，也远高于保费增速，财产险市场总体呈现出业务规模平稳增长、整体实力显著增强的发展态势。

从资产结构来看，财产险公司总资产占保险行业总资产比重近五年来一直呈现出稳中有升的态势，尤其近两年来增长迅速，反映出我国财产保险业务的快速发展（详见表2-17、图2-5、图2-6）。

表2-17　2012—2016年全国财产险公司资产规模

年度	财产险公司总资产（亿元）	财产险公司原保险保费收入（亿元）	保险行业总资产（亿元）	财险公司总资产在保险行业总资产中占比
2012年	9708.5	5530.0	71794.7	13.5%
2013年	10941.5	6481.2	82887.0	13.2%
2014年	14061.5	7544.4	101591.5	13.8%
2015年	18481.1	8423.3	123597.8	15.0%
2016年	23744.1	9266.2	151169.2	15.7%

数据来源：根据保监会网站公布数据计算。

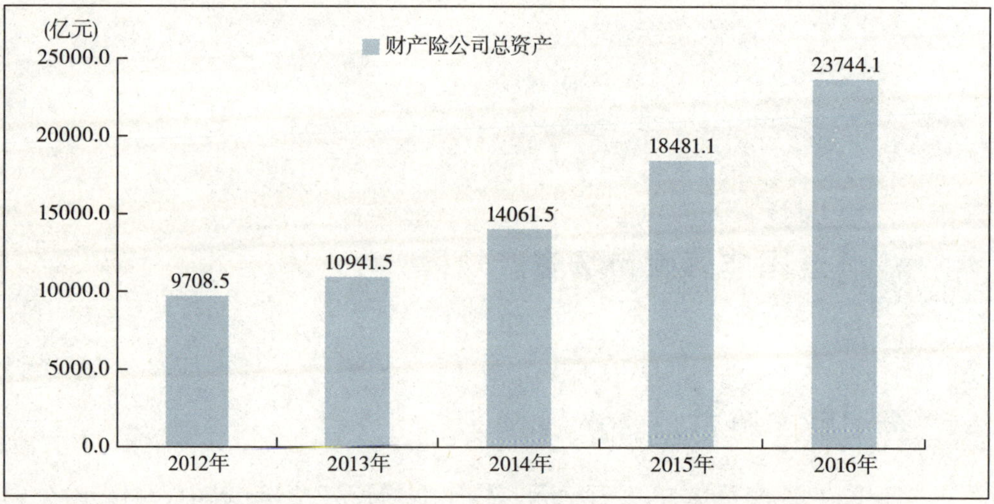

图2-5　2012—2016年我国财产险公司总资产走势图

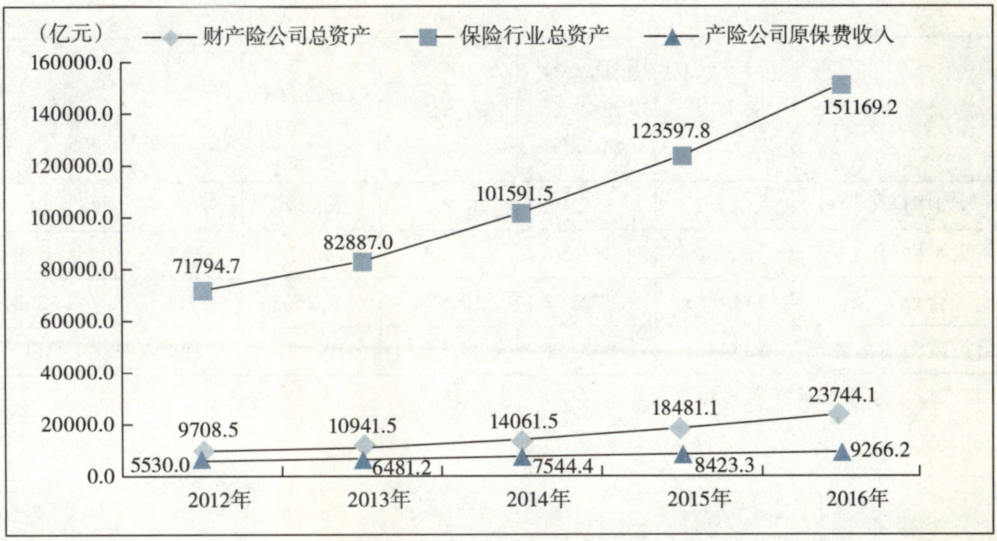

图 2-6　2012—2016 年财产险公司总资产、保费收入及保险行业总资产走势图

二、国内主要财产险公司资产规模

从全国主要 8 家中资财产保险公司（2016 年保费收入排名前 8 强）的资产规模情况来看，8 家公司 2016 年保费收入在中资公司中占比为 83.9%，在全国财产保险公司（包括中资财险公司和外资财险公司）保费总收入中占比为 82.2%。从资产规模来看，2016 年，保费收入前 8 强的财产保险公司资产规模在全国财产保险公司资产总规模中占比接近 50%（47.8%），2015 年资产规模占比则达到 55.3%（详见表 2-18）。

表 2-18　全国主要财产保险公司资产规模及占比情况

公司	2016 年末总资产（亿元）	2015 年末总资产（亿元）	资产增速	原保险保费收入增速	2016 年总资产占比	2015 年总资产占比
人保财险	4759.5	4204.2	13.2%	10.5%	20.0%	22.7%
平安产险	2836.2	2520.7	12.5%	8.7%	11.9%	13.6%
太保产险	1337.2	1315.8	1.6%	1.7%	5.6%	7.1%
国寿财险	730.9	653.5	11.8%	18.6%	3.1%	3.5%
中华联合	597.6	530.5	12.6%	-2.0%	2.5%	2.9%
阳光财险	438.1	396.6	10.5%	10.0%	1.8%	2.1%

续表

公司	2016年末总资产（亿元）	2015年末总资产（亿元）	资产增速	原保险保费收入增速	2016年总资产占比	2015年总资产占比
大地财险	410.1	386.0	6.2%	20.2%	1.7%	2.1%
太平财险	230.5	214.9	7.3%	16.4%	1.0%	1.2%
合计	**11340.1**	**10222.2**	**10.9%**	**9.2%**	**47.8%**	**55.3%**
全国财产险公司总资产	**23744.1**	**18481.1**	**28.5%**	**10.0%**	**100%**	**100%**

数据来源：根据保监会网站公布数据计算。

第三章

中国非寿险市场竞争格局

【内容提要】 2016 年，国内财产保险公司合计 81 家，较 2015 年新增 7 家。其中，中资公司 59 家，外资公司 22 家，2016 年新增的 7 家公司均为中资保险公司，注册资本在 10 亿至 15 亿元。2016 年，我国非寿险市场集中度指标 CR_3 为 63.1%，较 2015 年下降 0.9 个百分点；CR_4 为 69.5%，较 2015 年下降 0.5 个百分点；CR_5 为 73.7%，较 2015 年下降 1.0 个百分点。总体而言，我国非寿险市场集中度有所下降，但参照贝恩市场结构分类标准，我国非寿险市场仍然属于“寡占Ⅱ型”市场结构。从财产保险公司的市场份额情况来看，2016 年市场份额居前 5 位的公司依次为人保财险、平安产险、太保产险、国寿财险和中华联合。在全国 81 家已开业的财险公司中，除人保财险、平安产险和太保产险三大财险公司外，其他财险公司市场份额均不足 7.0%。

从地区市场竞争格局来看，2016 年全国共有 25 个省、自治区、直辖市和计划单列市的财险公司省级分支机构数量增加。从各地区非寿险市场集中度指标 CR_3 来看，全国共有 27 个地区的 CR_3 下降，7 个地区 CR_3 上升。从各区域非寿险市场集中度指标 CR_5 来看，全国共有 22 个地区的 CR_5 下降，12 个地区的 CR_5 上升。

2016 年，保险市场整体发展带动新兴保险主体快速发展。国内自保公司保费规模大幅增长，国内 5 家主要自保公司保费规模已逾亿元；互保公司政策利好，2016年国务院正式批准同意开展相互保险社试点并进行工商登记注册，全年通过了众惠相互、汇友建工和信美人寿等三家相互保险社的筹建申请。这标志着相互保险这一国际传统、主流的保险组织形式即将在我国开启新一轮实践探索；互联网保险经营主体已扩容至117家，全年实现保费收入2347.0亿元，较2015年的2234.0亿元增长了113.0亿元，涨幅为5.1%。

2016年，人保财险、平安产险、太保产险国内三大财险公司经营绩效显著。人保车险实施差异化竞争战略，创新非车险服务模式，深耕政策性业务，全年成效显著。平安车险狠抓平台建设抢占后汽车市场，非车险板块实施线上线下一体化的产品运营战略，着力提高用户体验，打造“平安好医生”品牌。太保产险在产品领域实施研究与开发战略，辅以控制综合成本的财务战略，全面推动以客户需求为导向的战略转型。

第一节　全国非寿险市场竞争格局

一、全国非寿险市场主体数量及市场份额

截至2016年底，国内保险市场共有财险公司81家，产险公司原保险保费收入9266.2亿元，同比增长10.0%，较2015年11.6%的增速下降了1.6个百分点。从保费总体规模来看，国内财产险市场呈现稳步发展态势，既有行业格局没有出现明显变化。2016年保费收入排名前10位的财产保险公司保费收入合计约占2016年产险公司保费总收入的85.5%，占中资保险公司保费总收入的87.3%。其中，保费收入排名前3位的人保财险、平安产险和太保产险保费收入之和约占2016年产险公司保费总收入的63.1%，占比接近2/3。

（一）全国非寿险市场主体数量

截至2016年底，国内保险市场共有财险公司81家（见图3-1），较2015年新增7家（见表3-1），其中，中资公司59家，外资公司22家。新增7家财险公司均为中资财险公司，分别为：阳光渝融信用保证保险股份有限公司（简称阳光渝融）、易安财产保险股份有限公司（简称易安财险）、久隆财产保险有限公司（简称久隆财险）、新疆前海联合财产保险股份有限公司（简称前海联合）、珠峰财产保险股份有限公司（简称珠峰财险）、海峡金桥财产保险股份有限公司（简称海峡金桥）和建信财产保险有限公司（简称建信财险）。

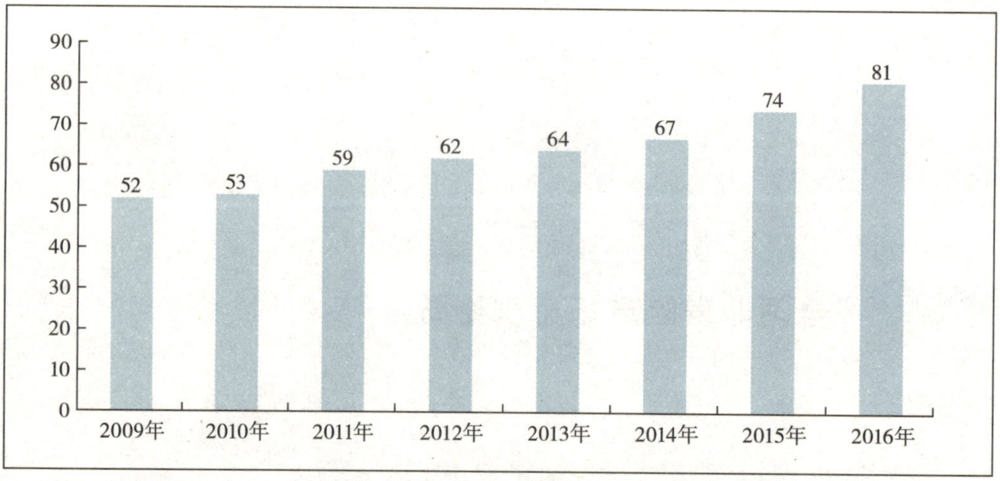

图 3-1 2009—2016 年我国非寿险市场主体数量

表 3-1 2016 年我国新增财险公司

公司名称	简称	注册资本（亿元）	总部所在地	开业时间
阳光渝融信用保证保险股份有限公司	阳光渝融	10	重庆	2016 年 2 月 16 日
易安财产保险股份有限公司	易安财险	10	深圳	2016 年 2 月 16 日
久隆财产保险有限公司	久隆财险	10	珠海	2016 年 4 月 2 日
新疆前海联合财产保险股份有限公司	前海联合	10	深圳	2016 年 5 月 19 日
珠峰财产保险股份有限公司	珠峰财险	10	拉萨	2016 年 5 月 22 日
海峡金桥财产保险股份有限公司	海峡金桥	15	福州	2016 年 8 月 23 日
建信财产保险有限公司	建信财险	10	银川	2016 年 10 月 11 日

数据来源：根据保监会公布数据整理。

阳光渝融是我国首家市场化运营的专业信用保证保险公司，成立于 2016 年 2 月，注册资金为 10 亿元人民币。由阳光财产保险股份有限公司、重庆两江金融发展有限公司和安诚财产保险股份有限公司共同发起设立。阳光渝融通过依托各项资源优势，定位为一家基于大数据和互联网的平台型专业信用保证保险公司。主要经营的业务范围包括：信用保险、保证保险及上述业务的再保险业务。

易安财险是我国第四家互联网保险公司，成立于 2016 年 2 月，注册资金为 10 亿元人民币，由深圳市银之杰科技股份有限公司、深圳光汇石油集团股份有限公司、上海银必信资产管理有限公司、北京富邦恒业科技发展有限公司、北京恒屹鑫源科技有限公司、山东达能工贸有限公司、深圳锦久辰商贸有限公司等7家公司共同发起设立，营业范围包括与互联网交易直接相关的企业与家庭财产保险、货运保险、责任保险、信用保证保险业务，以及相关再保险和保险资金运用业务。

久隆财险是我国第一家专业的装备制造类财险公司，成立于2016年4月，注册资金为10亿元人民币，由三一集团有限公司、珠海大横琴投资有限公司、珠海铧创投资管理有限公司、长沙联力实业有限公司、烟台开发区宏通机械有限公司、陕西悦大商贸有限公司、合肥湘元工程机械有限公司、广州市巨和工程机械有限公司、湖南中旺工程机械设备有限公司、新疆京泓工程机械有限公司、重庆国杰工程机械有限公司、贵州通程兄弟工程机械有限公司、无锡市永佳利工程机械有限公司、江苏力好工程机械有限公司、云南睿德工贸有限公司等15家公司共同发起设立，公司业务范围包括特种车保险业务、与装备相关的企业财产保险与工程保险、责任保险、信用保证保险以及上述业务的再保险业务等。

前海联合是首家注册于新疆，总部位于深圳前海蛇口自贸区的全国性财产保险公司，成立于2016年5月，注册资金为10亿元人民币，由深圳市钜盛华股份有限公司、深圳粤商物流有限公司、深圳市深粤控股股份有限公司、深圳市凯诚恒信仓库有限公司、深圳建业工程集团股份有限公司等5家企业共同发起设立，经营范围包括机动车保险、企业/家庭财产保险、责任保险等相关业务。

珠峰财险成立于2016年5月，注册资金为10亿元人民币，由西藏自治区投资有限公司、新疆盛凯股权投资有限公司、重庆中盛衡舜广告有限公司、康得投资集团有限公司、西藏自治区国有资产经营公司、西藏道衡投资有限公司、四川沃美置业有限公司、拉萨市城关区市政工程公司、西藏高争（集团）有限责任公司、西藏嘎吉林房地产开发有限公司、四川宝华科技有限公司等11家公司共同发起设立，经营范围包括机动车保险、企业/家庭财产保险、责任保险、短期健康意外伤害保险等相关业务。

海峡金桥成立于2016年8月，注册资金为15亿元人民币，由福建省投资开发集团有限责任公司、福建发展高速公路股份有限公司、福州市投资管理公司、厦门象屿集团有限公司、福建省船舶工业集团有限公司、上海豪盛投资集团有限公司、泉州鸿星投资有限公司等7家公司共同发起设立，海峡金桥是福建省贯彻“一带一路”国家战略，建设生态文明先行示范区，推动两岸及多边金融合作，构建两岸区域性金融服务中心的一项重要举措，经营范围包括机动车保险、企业/家庭财产保险、责任保险、短期健康意外伤害保险等相关业务。

建信财险成立于2016年10月，注册资金为10亿元人民币，由建信人寿保险有限公司、宁夏交通投资有限公司、银川通联资本投资运营有限公司等3家企业共同发起设立，经营范围包括机动车保险、企业/家庭财产保险、责任保险、短期健康意外伤害保险等相关业务。

（二）全国非寿险市场竞争格局

2016年，产险公司原保险保费收入9266.2亿元，同比增长10.0%，较2015年11.6%的增速下降了1.6个百分点。从保费总规模来看，国内财产保险市场仍呈现出稳步发展的态势，既有行业格局没有出现明显变化。在81家财产险公司中，保费收入排名前10位的公司依次为：人保财险、平安产险、太保产险、国寿财险、中华联合、大地财险、阳光财险、太平财险、中国信保和天安财险。这10家公司的保费收入约占2016年产险公司保费总收入的85.5%，占中资保险公司保费总收入的87.3%。其中，保费收入排名前3位的人保财险、平安产险和太保产险，保费收入之和约占2016年产险公司保费总收入的63.1%，占比接近2/3（详见表3-2）。

表3-2　2015年、2016年国内财险公司市场份额

排名	公司简称	2015年	2016年	市场份额变动幅度（百分点）
1	人保财险	33.36%	33.50%	0.14
2	平安产险	19.43%	19.20%	-0.23
3	太保产险	11.21%	10.37%	-0.84
4	国寿财险	5.98%	6.45%	0.47
5	中华联合	4.67%	4.16%	-0.51
6	大地财险	3.16%	3.45%	0.29
7	阳光财险	3.06%	3.06%	0.00
8	太平财险	1.85%	1.96%	0.11
9	中国信保	1.96%	1.87%	-0.09
10	天安财险	1.55%	1.50%	-0.05
11	华安财险	1.02%	1.08%	0.06

续表

排名	公司简称	2015 年	2016 年	市场份额变动幅度（百分点）
12	永安财险	0.97%	0.98%	0.01
13	英大财险	0.87%	0.90%	0.03
14	天平车险	0.85%	0.86%	0.01
15	华泰保险	0.75%	0.76%	0.01
16	永诚财险	0.80%	0.69%	-0.11
17	安邦财险	0.62%	0.58%	-0.04
18	中银保险	0.54%	0.54%	0.00
19	紫金财险	0.50%	0.53%	0.03
20	安华农险	0.46%	0.48%	0.02
21	国元农险	0.38%	0.44%	0.06
22	都邦财险	0.47%	0.43%	-0.04
23	安诚财险	0.38%	0.40%	0.02
24	浙商财险	0.39%	0.38%	-0.01
25	众安财险	0.27%	0.37%	0.10
26	信达财险	0.37%	0.35%	-0.02
27	鼎和财险	0.32%	0.34%	0.02
28	长安责任	0.33%	0.33%	0.00
29	阳光农险	0.33%	0.33%	0.00
30	渤海财险	0.28%	0.32%	0.04
31	亚太财险	0.29%	0.31%	0.02
32	安盟财险	0.19%	0.20%	0.01
33	富德财险	0.12%	0.20%	0.08
34	北部湾财险	0.15%	0.16%	0.01
35	锦泰财险	0.16%	0.16%	0.00
36	美亚财险	0.17%	0.15%	-0.02
37	泰山财险	0.15%	0.15%	0.00
38	中煤财险	0.11%	0.14%	0.03
39	利宝互助	0.11%	0.13%	0.02
40	华海财险	0.04%	0.13%	0.09
41	众诚保险	0.12%	0.13%	0.01
42	安信农险	0.13%	0.11%	-0.02

续表

排名	公司简称	2015 年	2016 年	市场份额变动幅度（百分点）
43	富邦财险	0.10%	0.10%	0.00
44	诚泰财险	0.09%	0.10%	0.01
45	华农财险	0.07%	0.09%	0.02
46	安联财险	0.10%	0.09%	-0.01
47	长江财险	0.08%	0.09%	0.01
48	三星财险	0.10%	0.09%	-0.01
49	泰康在线	0.00%	0.07%	0.07
50	国泰财险	0.08%	0.07%	-0.01
51	燕赵财产	0.01%	0.07%	0.06
52	中铁自保	0.00%	0.06%	0.06
53	中原农业	0.01%	0.06%	0.05
54	东京海上	0.06%	0.05%	-0.01
55	苏黎世保险	0.06%	0.05%	-0.01
56	恒邦财险	0.03%	0.05%	0.02
57	中意财险	0.04%	0.05%	0.01
58	三井住友	0.07%	0.05%	-0.02
59	鑫安车险	0.05%	0.04%	-0.01
60	中石油专属保险	0.05%	0.04%	-0.01
61	日本财险	0.04%	0.04%	0.00
62	安达保险	0.02%	0.03%	0.01
63	易安财险	—	0.02%	0.02
64	史带保险	0.03%	0.02%	-0.01
65	中路财险	0.00%	0.01%	0.01
66	瑞再企商	0.02%	0.01%	-0.01
67	乐爱金	0.01%	0.01%	0.00
68	现代财险	0.02%	0.01%	-0.01
69	安心财产	—	0.01%	0.01
70	东海航运	—	0.01%	0.01
71	合众财险	0.00%	0.01%	0.01
72	日本兴亚财险	0.01%	0.01%	0.00
73	爱和谊	0.01%	0.01%	0.00

续表

排名	公司简称	2015 年	2016 年	市场份额变动幅度（百分点）
74	前海联合	—	0.01%	0.01
75	久隆财产	—	0.00%	0.00
76	海峡金桥	—	0.00%	0.00
77	信利保险	0.00%	0.00%	0.00
78	阳光渝融	—	0.00%	0.00
79	珠峰财险	—	0.00%	0.00
80	劳合社	0.01%	0.00%	-0.01
81	建信财险	—	0.00%	0.00

数据来源：根据保监会公布数据整理。2016 年 3 月民安财产保险有限公司正式更名为亚太财产保险有限公司；2016 年 7 月丘博保险（中国）正式更名为安达保险有限公司。

二、全国非寿险市场集中度

本节采用反映市场集中度的相对集中度指标——贝恩指数和绝对集中度指标——赫芬达尔指数①，来分析和衡量国内非寿险市场的集中度。

（一）贝恩指数

国内非寿险市场 CR_3 在经历 2008—2011 年连续 4 年上升之后，自 2012 年起连续 5 年处于下降趋势。2016 年我国非寿险市场 CR_3 为 63.1%，较 2015 年下降 0.9 个百分点；CR_4 为 69.5%，较 2015 年下降 0.5 个百分点；CR_5 为 73.7%，较 2015 年下降 1.0 个百分点（见表 3-3）。参照贝恩的市场结构分类标准，2016 年国内非寿险市场依然属于“寡占Ⅱ型”市场结构。

表 3-3　2010—2016 年我国非寿险市场贝恩指数

	2010 年	2011 年	2012 年	2013 年	2014 年	2015 年	2016 年
CR_3	66.5%	66.6%	65.4%	65.1%	64.7%	64.0%	63.1%
CR_4	71.3%	71.0%	69.8%	70.0%	70.1%	70.0%	69.5%
CR_5	74.7%	74.4%	74.0%	74.7%	74.7%	74.7%	73.7%

① 产业集中度（Concentration Ratio）计算公式为：$CR_n = \sum_i^n = \sum_{i=1}^n \frac{x_i}{T}$，其中，$x_i$表示所有保险公司中，当保费由大到小排列时，第 i 个公司的保费收入；n 表示参与计算的公司数目；T 表示市场保费收入。

2016年国内非寿险市场CR_3、CR_4、CR_5较2015年均出现小幅下降，但仍处于垄断程度较高的“寡占Ⅱ型”市场结构。国内非寿险市场CR_3在2010年至2016年间经历了先上升、再下降的过程；在2010—2011年，CR_3持续上升，累计上升0.1个百分点；2012—2016年CR_3连续5年下降，累计下降2.3个百分点。国内非寿险市场2016年CR_4为69.5%，较2015年下降0.5个百分点，较2010年下降1.8个百分点；2016年CR_5为73.7%，较2015年和2010年均下降1.0个百分点。

（二）赫芬达尔指数

根据赫芬达尔指数计算公式，可以计算出国内非寿险市场的HHI值及N指数（见表3-4）①。从2010年至2016年的HHI值和N指数来看，我国非寿险市场集中度处于持续下降阶段，市场上规模相当的企业数量持续上升，市场竞争程度不断加剧。从HHI指数值来看，2016年HHI指数为17.0%，较2015年下降0.1个百分点，较2010年下降2.4个百分点，年均降幅0.4个百分点。从N指数值来看，2016年N指数值为5.9，与2015年基本持平，较2010年上升0.7。这些指标说明：一方面，国内非寿险市场主体持续增加，新兴主体承保能力逐步释放，市场竞争程度不断加剧；另一方面，市场化改革的逐步深入也强化了企业在市场中的主体地位，市场竞争形式日益呈现出多样化趋势。

表3-4　2010—2016年我国非寿险市场HHI指数值和N指数值

	2010年	2011年	2012年	2013年	2014年	2015年	2016年
HHI	19.4%	18.6%	17.7%	17.6%	17.2%	17.1%	17.0%
N	5.2	5.4	5.6	5.7	5.8	5.9	5.9

① 赫芬达尔—赫希曼指数（Herfindal—Hirschman Index）计算公式为：$HHI=\sum_{i=1}^{n}(\frac{x_i}{T})^2$，其中，$x_i$表示所有保险公司中，当保费由大到小排列时，第$i$个公司的保费收入；$n$表示参与计算的公司数目；$T$表示市场保费收入。N指数计算公式为：$N=\frac{1}{HHI}$。

第二节　区域非寿险市场竞争格局

一、区域非寿险市场财险公司数量及市场份额

（一）区域非寿险市场财险公司数量

2016 年全国共有 25 个省、自治区、直辖市和计划单列市财险公司省级分支机构数量增加。新兴财险公司采用差异化的区域策略，在广东等重点市场加快市场渗透和竞争布局。2016 年我国各地区财险公司的数量分布如表 3-5 所示，从各地区财险公司的数量来看，上海、北京、广东、江苏、山东、浙江、四川、深圳、青岛、河南、宁波和湖北 12 个地区财险公司的数量超过 30 家（含），分别为 52 家、47 家、44 家、42 家、39 家、37 家、37 家、35 家、34 家、36 家、31 家、31 家；财险公司数量在 20 家（含）至 29 家（含）之间的地区有 17 个，分别为河北、辽宁、安徽、重庆、山西、陕西、云南、福建、天津、内蒙古、湖南、大连、广西、厦门、黑龙江、江西和贵州；财险公司数量在 10 家（含）至 19 家（含）之间的地区有 4 个，分别是吉林、新疆、甘肃和海南；财险公司数量少于 10 家（不含）的地区有 3 个，分别是宁夏、青海和西藏（详见表 3-5）。

表 3-5　2013—2016 年我国各地财险公司数量

2016 年排名	地区	2016 年			2015 年	2014 年	2013 年	2016 年新增公司数量
		合计	中资	外资				
1	上海	52	37	15	51	51	44	1
2	北京	47	32	15	46	43	41	1
3	广东	44	31	13	38	37	35	6

续表

2016年排名	地区	2016年			2015年	2014年	2013年	2016年新增公司数量
		合计	中资	外资				
4	江苏	42	31	11	41	40	40	1
5	山东	39	35	4	37	33	32	2
6	浙江	37	30	7	37	36	35	0
7	四川	37	33	4	36	33	32	1
8	深圳	35	29	6	34	34	34	1
9	青岛	34	28	6	34	33	33	0
10	河南	36	35	1	33	30	26	3
11	宁波	31	28	3	30	30	30	1
12	湖北	31	29	2	30	29	29	1
13	河北	29	28	1	27	27	26	2
14	辽宁	29	26	3	28	26	25	1
15	安徽	28	26	2	27	25	24	1
16	重庆	27	24	3	24	24	24	3
17	山西	26	25	1	25	25	25	1
18	陕西	26	23	3	26	24	24	0
19	云南	26	25	1	23	22	21	3
20	福建	25	21	4	25	24	24	0
21	天津	24	21	3	24	23	23	0
22	内蒙古	24	22	2	23	22	22	1
23	湖南	23	23	0	23	22	22	0
24	大连	23	20	3	23	22	21	0
25	广西	23	22	1	22	21	21	1
26	厦门	22	19	3	22	22	22	0
27	黑龙江	22	20	2	21	20	18	1
28	江西	21	21	0	20	17	15	1
29	贵州	20	20	0	17	16	15	3
30	吉林	19	18	1	17	14	14	2
31	新疆	18	18	0	17	17	16	1
32	甘肃	14	14	0	13	13	12	1

续表

2016 年排名	地区	2016 年			2015 年	2014 年	2013 年	2016 年新增公司数量
		合计	中资	外资				
33	海南	13	13	0	13	13	13	0
34	宁夏	8	8	0	8	7	7	0
35	青海	8	8	0	8	8	7	0
36	西藏	7	7	0	6	6	5	1

数据来源：根据保监会网站公布数据整理。广东、浙江、山东、福建和辽宁五省均不含其计划单列市深圳、宁波、青岛、厦门和大连。

在全国 36 个省、自治区、直辖市和计划单列市中，有 25 个地区市场主体数量较 2015 年有所增加。其中，广东财险公司数量增加 6 家；重庆、云南、贵州和河南 4 个地区财险公司数量均增加 3 家；山东、河北、吉林 3 个地区财险公司数量均增加 2 家；上海、北京、江苏、四川、深圳、河南、宁波、湖北、辽宁、安徽、山西、内蒙古、广西、黑龙江、江西、新疆、甘肃和西藏 18 个地区财险公司数量各增加 1 家。

（二）区域非寿险市场财险公司保费收入及市场份额

从全国市场来看，2016 年市场份额排名前 5 位的财险公司与 2015 年相同，依次是人保财险、平安产险、太保产险、国寿财险和中华联合。2016 年，国内 5 大财险公司各地区的保费收入和市场份额如表 3-6 和表 3-7 所示。

表 3-6　2016 年国内 5 大财险公司区域市场份额

地区	人保财险	平安产险	太保产险	国寿财险	中华联合
西藏	72.6%	17.2%	4.4%	—	—
宁夏	59.6%	25.2%	6.6%	3.1%	—
青海	50.1%	27.4%	5.6%	2.3%	—
新疆	48.1%	11.6%	2.7%	2.7%	29.0%
江西	45.4%	13.3%	10.9%	8.4%	0.4%
福建	43.2%	20.5%	10.1%	7.1%	3.5%
厦门	40.8%	22.4%	12.2%	4.7%	1.4%
甘肃	40.6%	16.6%	6.9%	10.0%	7.5%
江苏	40.1%	15.9%	14.7%	6.6%	2.0%

续表

地区	人保财险	平安产险	太保产险	国寿财险	中华联合
河北	39.6%	15.1%	6.1%	4.0%	7.0%
湖北	39.1%	19.6%	9.3%	4.3%	4.3%
辽宁	37.8%	20.8%	6.5%	3.6%	5.6%
内蒙古	37.0%	12.0%	6.1%	6.1%	11.8%
四川	35.5%	23.4%	6.5%	4.0%	5.1%
北京	35.4%	22.5%	13.9%	5.7%	2.7%
浙江	34.6%	14.6%	12.0%	6.7%	3.5%
湖南	34.5%	18.5%	9.2%	10.0%	11.6%
大连	33.8%	23.7%	6.2%	3.5%	4.0%
山西	33.6%	15.7%	6.4%	14.0%	2.1%
云南	33.5%	21.3%	9.7%	5.5%	0.9%
重庆	32.1%	21.5%	16.6%	4.3%	2.1%
安徽	31.9%	19.0%	8.3%	10.5%	1.3%
广西	31.7%	17.0%	16.5%	3.7%	0.4%
广东	31.4%	27.0%	11.3%	5.2%	4.2%
山东	30.8%	13.0%	7.8%	6.5%	5.7%
海南	30.5%	27.6%	19.2%	3.7%	—
贵州	30.1%	21.9%	17.6%	9.0%	—
吉林	29.7%	19.9%	10.1%	3.9%	1.1%
陕西	29.6%	23.6%	4.9%	5.2%	4.9%
天津	29.5%	24.2%	9.2%	3.8%	2.8%
宁波	28.7%	16.3%	19.5%	7.7%	2.7%
黑龙江	27.2%	19.7%	6.3%	6.0%	0.8%
河南	24.0%	16.0%	7.0%	16.4%	5.7%
青岛	23.2%	17.5%	10.8%	3.1%	1.8%
深圳	22.4%	30.0%	14.2%	7.9%	1.3%
上海	17.7%	25.7%	18.0%	4.2%	1.7%
全国	**33.5%**	**19.2%**	**10.4%**	**6.5%**	**4.2%**

数据来源：根据保监会网站公布数据整理。广东、浙江、山东、福建和辽宁5省数据均不包含计划单列市深圳、宁波、青岛、厦门和大连；人保财险、平安产险、太保产险和国寿财险上海地区市场份额包括其航运中心保费收入数据。

表 3-7 2016 年国内 5 大财险公司地区保费收入 单位：百万元

地区	人保财险	平安产险	太保产险	国寿财险	中华联合
西藏	1265	300	76	—	—
宁夏	2748	1161	303	145	—
青海	1604	879	179	75	—
新疆	8265	1990	459	464	4979
江西	8861	2600	2121	1645	87
福建	9707	4614	2277	1587	795
厦门	2676	1466	801	307	93
甘肃	4428	1810	754	1092	814
江苏	30749	12155	11271	5063	1536
河北	18443	7031	2861	1863	3256
湖北	11293	5646	2669	1235	1246
辽宁	8731	4792	1492	829	1289
内蒙古	6342	2054	1040	1050	2016
四川	17315	11432	3178	1954	2502
北京	13857	8816	5463	2245	1064
浙江	20585	8699	7106	3963	2065
湖南	10224	5484	2727	2961	3426
大连	2516	1769	462	260	299
山西	6190	2885	1186	2567	391
云南	8731	4541	2278	1904	233
重庆	6073	4，076	3143	811	395
安徽	10723	6，403	2778	3523	432
广西	5695	3048	2968	666	67
广东	23355	20087	8394	3900	3087
山东	17094	7194	4322	3619	3164
海南	1518	1374	955	182	—
贵州	4894	3564	2853	1456	—
吉林	4087	2734	1388	541	149
陕西	5909	4707	973	1037	971
天津	3871	3168	1207	502	366

续表

地区	人保财险	平安产险	太保产险	国寿财险	中华联合
宁波	3785	2143	2569	1013	353
黑龙江	4169	3015	971	926	122
河南	9203	6113	2，668	6288	2198
青岛	2511	1896	1170	331	189
深圳	5742	7684	3632	2031	324
上海	7288	10574	7378	1680	679
全国	**310453**	**177908**	**96071**	**59736**	**38587**

数据来源：根据保监会网站公布数据整理。广东、浙江、山东、福建和辽宁5省数据均不包含计划单列市深圳、宁波、青岛、厦门和大连；人保财险、平安产险、太保产险和国寿财险上海地区市场份额包括其航运中心保费收入数据。

2016年人保财险市场份额为33.5%，较2015年上升0.1个百分点，位居国内非寿险市场第一位。人保财险在西藏、宁夏、青海、新疆、江西、福建、厦门、甘肃、江苏、河北、湖北、辽宁、内蒙古、四川、北京、浙江、湖南、大连和山西19个地区的市场份额高于其全国市场份额，在西藏、宁夏和青海3个地区的市场份额超过50%（含）；在云南、重庆、安徽、广西、广东、山东、海南、贵州、吉林、陕西、天津、宁波、黑龙江、河南、青岛、深圳和上海17个地区的市场份额低于其全国市场份额。在深圳和上海市场竞争激烈的地区，人保财险的市场份额分别为22.4%（较2015年上升0.3个百分点）和17.7%（较2015年下降0.8个百分点）。

2016年平安产险市场份额为19.2%，较2015年下降0.2个百分点，位居国内非寿险市场第二位。平安产险在深圳、海南、青海、广东、上海、天津、大连、陕西、宁夏、四川、北京、厦门、贵州、重庆、云南、辽宁、福建、吉林、黑龙江和湖北20个地区的市场份额高于其全国市场份额；在安徽、湖南、青岛、西藏、广西、甘肃、宁波、河南、江苏、江西、河北、浙江、山东、内蒙古、新疆和山西16个地区的市场份额低于其全国市场份额。深圳、海南和青海是平安产险市场份额最高的3个地区，平安产险在当地的市场份额分别为30.0%、27.6%和27.4%。在竞争激烈的深圳财险市场，平安产险稳居市场首位，占据近三成的市场份额，表现出较强的市场竞争力。在西部地区财险市场上，平安产险同样表现出较强的市场竞争力，如平安产险进入青海时间相对较短，但已占据近三成的市场份额，领先排名第三位的太保产险 21.8 个百分点。

2016 年太保产险市场份额为 10.4%，较 2015 年下降 0.8 个百分点，位居全国非寿险市场第三位。太保产险在宁波、海南、上海、贵州、重庆、广西、江苏、深圳、北京、厦门、浙江、江西、广东和青岛 14 个地区的市场份额高于其全国市场份额；在福建、吉林、云南、湖北、天津、湖南、安徽、山东、河南、甘肃、宁夏、四川、辽宁、山西、黑龙江、大连、河北、内蒙古、青海、陕西、西藏和新疆 22 个地区的市场份额低于其全国市场份额。太保产险在宁波的市场份额最高，达到 19.5%（较 2015 年下降 0.7 个百分点）。

2016 年国寿财险市场份额为 6.5%，较 2015 年提高 0.5 个百分点，位居非寿险市场第四位。国寿财险充分利用中国人寿网点布局广泛的优势，从腹地向东南沿海辐射，大力开拓财险市场，国寿财险在河南、山西、安徽、甘肃、湖南、贵州、江西、深圳、宁波、福建、浙江、江苏 12 个地区的市场份额高于其全国市场份额。

2016 年中华联合财险市场份额为 4.2%，较 2015 年下降 0.5 个百分点，位居非寿险市场第五位。中华联合财险在新疆、内蒙古、湖南、甘肃、河北、河南、山东、辽宁、四川、陕西和湖北 11 个地区的市场份额高于其全国市场份额；在大连、福建、浙江、天津、北京、宁波、山西、重庆、江苏、青岛、上海、厦门、安徽、深圳、吉林、云南、江西、黑龙江和广西等地区的市场份额低于其全国市场份额。中华联合财险在新疆的市场份额最高，达到 29.0%，较 2015 年提高 0.4 个百分点，位居市场第 2 位，较排名第三位的平安产险高 17.4 个百分点。

二、区域非寿险市场集中度

从 2016 年我国各地非寿险市场集中度 CR_3 的变化情况来看，全国共有 29 个地区的市场集中度下降，7 个地区市场集中度上升（见表 3-8）。其中，市场集中度下降幅度排在前两位的地区分别是上海和河北，分别下降了 5.8 和 4.8 个百分点；市场集中度上升幅度位列前两位的地区分别是甘肃和北京，分别提高了 2.7 和 1.0 个百分点。从各地区 CR_3 分布区间来看，2016 年 CR_3 低于 60%（不含）的地区有 6 个，分别为吉林、陕西、上海、河南、青岛和山东，地区数量比 2015 年多 3 个；CR_3 在 60%（含）至 70%（不含）的地区有 20 个，较

2015 年减少 2 个；CR_3在 70%（含）至 80%（不含）的地区有 6 个，与 2015 年持平；CR_3大于 80%（含）的地区有 4 个，较 2015 年减少 1 个。

表 3-8 我国各地区非寿险市场集中度（CR_3）

地区	CR_3			地区	CR_3		
	2015 年	2016 年	同比变化（百分点）		2015 年	2016 年	同比变化（百分点）
黑龙江	65.5%	65.6%	0.1	辽宁	65.8%	65.0%	-0.8
浙江	61.8%	61.2%	-0.5	湖北	68.8%	67.9%	-0.9
河南	58.1%	56.4%	-1.7	河北	66.4%	61.6%	-4.8
青岛	56.1%	53.0%	-3.1	贵州	69.3%	69.6%	0.3
吉林	62.9%	59.7%	-3.3	山西	64.7%	63.3%	-1.4
陕西	60.8%	58.7%	-2.1	大连	66.9%	63.8%	-3.1
山东	53.8%	51.6%	-2.2	重庆	71.1%	70.3%	-0.8
上海	62.9%	57.1%	-5.8	广东	70.6%	69.7%	-0.9
安徽	61.6%	61.4%	-0.1	福建	73.6%	73.0%	-0.6
湖南	65.0%	65.5%	0.5	云南	66.2%	64.4%	-1.8
宁波	65.2%	64.4%	-0.8	江西	69.8%	69.6%	-0.2
内蒙古	61.8%	60.8%	-1.1	广西	67.1%	65.1%	-1.9
江苏	70.9%	70.7%	-0.3	厦门	76.0%	75.4%	-0.6
四川	64.5%	65.5%	1.0	海南	80.8%	77.3%	-3.4
甘肃	66.4%	69.1%	2.7	新疆	89.1%	88.6%	-0.5
天津	62.1%	62.9%	0.8	青海	89.1%	86.0%	-3.0
深圳	67.6%	66.5%	-1.1	宁夏	90.0%	85.7%	-4.3
北京	70.8%	71.8%	1.0	西藏	95.8%	94.2%	-1.6

注：CR_3指数是指规模处于前 3 位的财险公司在区域市场中的市场份额之和。其中，人保财险、太保产险和平安产险上海地区保费收入包括其上海航运中心保费收入；广东、浙江、山东、福建和辽宁 5 省数据均不包含计划单列市深圳、宁波、青岛、厦门和大连。

从 2016 年我国各地区非寿险市场集中度指标CR_5的情况来看，浙江、大连、青岛、天津、北京、新疆、贵州、四川、湖南、重庆、深圳和湖北 12 个地区的CR_5均较 2015 年有不同程度上升；甘肃、厦门、宁波、江苏、福建、安徽、黑龙江、西藏、广东、海南、云南、辽宁、吉林、陕西、内蒙古、山西、广西、青海、河南、山东、上海、河北、江西和宁夏 24 个地区的CR_5较 2015

年有不同程度下降（见表 3-9）。其中，浙江的 CR_5 较 2015 年提高 2.0 个百分点，上升幅度最大；江西、河北、上海和宁夏的 CR_5 较 2015 年分别下降 5.3、5.2、4.8 和 3.6 个百分点，下降幅度最大。从各地区 CR_5 分布区间来看，2016 年 CR_5 低于 70%（不含）的地区有 4 个，分别为陕西、青岛、上海和山东，较 2015 年增加 1 个；CR_5 在 70%（含）至 80%（不含）的地区有 16 个，较 2015 年减少 2 个；CR_5 在 80%（含）至 90%（不含）的地区有 12 个，较 2015 年增加 1 个；CR_5 在 90%（含）以上的地区有 4 个，分别为西藏、青海、新疆、宁夏，其中西藏的 CR_5 为 99.1%。

表 3-9 我国各地区非寿险市场集中度（CR_5）

地区	CR_5			地区	CR_5		
	2015 年	2016 年	同比变化（百分点）		2015 年	2016 年	同比变化（百分点）
黑龙江	78.6%	77.9%	-0.7	辽宁	75.7%	74.3%	-1.5
浙江	69.8%	71.8%	2.0	湖北	76.4%	76.5%	0.1
河南	72.7%	70.4%	-2.2	河北	76.9%	71.8%	-5.2
青岛	66.4%	67.5%	1.1	贵州	83.1%	83.4%	0.4
吉林	77.3%	75.8%	-1.6	山西	76.0%	74.0%	-2.0
陕西	70.8%	69.1%	-1.8	大连	72.8%	74.0%	1.2
山东	66.5%	63.8%	-2.7	重庆	79.8%	80.1%	0.3
上海	70.5%	65.6%	-4.8	广东	79.9%	79.1%	-0.9
安徽	80.8%	80.2%	-0.7	福建	84.0%	83.5%	-0.6
湖南	83.5%	83.7%	0.3	云南	82.6%	81.5%	-1.1
宁波	76.4%	75.9%	-0.5	江西	83.8%	78.5%	-5.3
内蒙古	78.2%	76.4%	-1.8	广西	82.1%	80.0%	-2.1
江苏	79.9%	79.4%	-0.5	厦门	83.9%	83.6%	-0.4
四川	74.3%	74.6%	0.3	海南	89.3%	88.2%	-1.1
甘肃	83.5%	83.1%	-0.3	新疆	93.4%	94.0%	0.5
天津	71.8%	72.9%	1.0	青海	98.3%	96.1%	-2.2
深圳	80.0%	80.2%	0.3	宁夏	98.3%	94.7%	-3.6
北京	79.2%	80.3%	1.0	西藏	100.0%	99.1%	-0.8

注：CR_5 指数是指规模处于前 5 位的财险公司在区域市场中的市场份额之和。其中，人保财险、太保产险和平安产险上海地区保费收入包括其上海航运中心保费收入；广东、浙江、山东、福建和辽宁 5 省数据均不包含计划单列市深圳、宁波、青岛、厦门和大连。

第三节 非寿险市场新兴主体发展

随着经济社会的发展以及企业对自身风险防范与风险管理意识的不断提高，自保公司、相互保险公司、互联网保险公司等新兴主体已成为保险市场中不可或缺的重要组织形式。作为现代保险业的重要组成部分，新兴市场主体不仅为国内保险行业注入了新鲜血液，丰富了国内保险市场的主体和形式，而且促进了传统保险业务的创新，有助于提升保险行业整体的现代化发展程度。

一、国内自保公司发展情况

自保是国内企业风险管理的新方式，大型企业通过设立自保公司的方式，可以有效转移经营风险，降低保险成本。随着全球化进程的加速，跨国公司对风险管理的要求越来越高，越来越多的公司把自保公司作为风险管理模型的一部分，自保方式也日益受到关注。

所谓自保公司（又称专属保险公司或自营保险公司）是指由一家母公司投资组建的，且只为母公司及其控股子公司提供保险和风险管理服务的保险公司。自保公司一般由其母公司拥有，母公司直接影响并支配自保公司的运营，包括承保、索赔和投资行为等。自保公司可以直接承保母公司及其下属公司的风险，或者间接地通过为母公司及其下属公司的原保险公司办理再保险，向母公司及其下属公司提供保障。截至目前，全球有70多个国家和地区成为自保公司注册地，全球500强企业中有接近70%的企业设立了自保公司，全球自保公司总保费规模超过500亿美元，美国的全球500强企业中超过90%的企业设立了自保公司，自保公司责任险总保费约占北美责任险市场的40%，全美约有30%的工商业保费来源于自保公司。

作为国际保险市场的新兴力量，自保公司在中国仍处于探索阶段，中国的自保公司主体数量非常有限。截至 2016 年底，我国共有 5 家专业自保公司，即：中海石油保险有限公司（以下简称中海油保险）、中石化保险有限公司（以下简称中石化保险）、中石油专属财产保险股份有限公司（以下简称中石油保险）、中广核保险有限公司（以下简称中广核保险）和中国铁路财产保险自保有限公司（以下简称中铁自保）。其中，中海油保险、中石化保险、中广核保险注册地均在我国香港，中石油保险注册地在新疆克拉玛依，中铁自保注册地在北京。从目前这 5 家自保公司母公司的主营业务上看，能源类企业有 4 家，交通运输业有 1 家，作为保险保障需求较为旺盛的装备制造、化工、粮油等行业尚无自保公司设立。自保公司作为现代保险业的重要组成部分，其作用在国内保险市场尚未发挥，自保公司的发展亟待推进。

（一）国内自保公司发展历程

我国自保公司随着我国保险业的恢复而发展，大致经历了两个阶段。第一阶段是公司的风险管理部门阶段。这个阶段主要采取自保基金的形式，规模较大的自保基金有 4 个：中石油安保基金、中石化安保基金、铁路保价、交通运输行业的车辆安全统筹基金。自保组织作为一种新型保险组织，是对保险方式的综合运用，不会造成对现有保险市场的冲击。第二阶段是自保公司阶段。2000 年 8 月，中海油保险于中国香港成立，由中国海洋石油总公司的两家海外全资子公司共同投资设立，负责管理母公司及子公司、分公司等经营活动中的各项风险。2013 年 10 月，中石化保险获批在中国香港成立。紧随其后的是中石油保险，于 2013 年 12 月 26 日在新疆克拉玛依成立。中石油保险由中石油集团和中国石油天然气股份有限公司共同出资人民币 50 亿元，负责管理安保基金、承保中石油集团及其下属子公司的财产保险业务和意外伤害及健康保险业务。这是我国境内第一家自保公司，也是自保基金规范为自保公司的第一例。2015 年 3 月，中广核保险于中国香港成立，它是我国首家核电专业自保公司，公司主营业务为核电站运营期、工程期保险及其他一般财产保险业务。2015 年 7 月，中铁自保获批成立，注册地在北京，由中国铁路总公司出资，注册资本 20 亿元。2016 年 12 月 5 日，中国保监会批准中国远洋海运集团有限公司开始筹建中远海运财产保险自保有限公司（以下简称中远海运自保（筹）），注册资本 20 亿元，注册地在上海。中远海运自保（筹）一经通过保监会开业批复，将成为中国大陆第三家自保公司（见表 3-10）。

表 3-10 国内自保公司主体情况

成立时间	注册地点	公司名称	主营业务
2000.08	香港	中海石油保险有限公司	在中国香港经营保险险种有船舶保险、货物运输保险等
2013.10	香港	中石化保险有限公司	中国石化集团及其下属公司的财产险业务
2013.12	克拉玛依	中石油专属财产保险股份有限公司	中石油集团及其下属子公司的财产保险业务和意外伤害保险及健康保险业务
2015.03	香港	中广核保险有限公司	核电站运营期、工程期保险及其他一般财产保险业务
2015.07	北京	中国铁路财产保险自保有限公司	中国铁路总公司的财产险业务

（二）国内自保公司发展的政策环境

从政策环境来看，2006 年国务院 23 号文件明确提出了“规范行业自保、互助合作保险等保险组织形式，整顿规范行业或企业自办保险行为，并统一纳入保险监管”的要求。2013 年 12 月，中国保监会根据《保险法》等有关法律法规和相关规定，出台了《关于自保公司监管有关问题的通知》（以下简称《自保通知》），《自保通知》是我国第一个专门针对自保公司监管的规范性文件，是中国保监会加快保险市场改革创新步伐的一项重要措施，解决了自保公司发展和监管无法可依的问题，使自保公司的监管制度得到了进一步完善。

从市场环境来看，近年来，中国企业“走出去”以及在海外大举收购保险企业的举动，进一步激发了国外市场对中国保险市场的浓厚兴趣。2016 年 10 月 26 日，韦莱韬悦联手直布罗陀政府、英中贸易协会在英国大使馆召开保险交流会，力促中国企业到直布罗陀开设自保公司。目前，国内能源、运输、制造、建筑、信息等行业已经有越来越多的大型企业对设立自保公司表现出较强的意愿。随着中国企业“走出去”步伐的加快，设立自保公司，尤其是到海外设立自保公司的需求将会更加强烈。

（三）国内自保公司业务现状

中国的自保市场蕴藏着巨大的发展潜力。中石油保险和中铁自保两家内地自保公司成立时间尚短，处于发展初期，但保费收入与注册地在中国香港的3家自保公司旗鼓相当。中铁自保2016年保费收入5.4亿元，同比增长32.7倍，显示出了较强的发展潜力。中石油保险2016年保费收入3.4亿元，同比下降6.2%。中海油保险作为我国最早成立的自保公司，2015年保费收入高达10.8亿港币，但2016年却陡然降至5.4亿港币，同比下降50.1%。中石化保险保费收入也出现下滑，从2015年的4.4亿港币下降至2016年的3.8亿港币，降幅14.1%。中石油、中海油、中石化3家自保公司业务范围以企业财产险、工程保险和货运保险为主，保险业务种类比较单一。中广核保险以工程保险和企业财产险为主，成立时间最晚，保费收入相对稳定，2016年保费收入1.2亿港币，同比增长31.1%（见表3-11）。

表3-11 2015年、2016年中国自保公司保费收入

公司名称	保费收入（亿元）		涨幅（%）
	2016年	2015年	
中海油保险	5.4	10.8	-50.1
中石化保险	3.8	4.4	-14.1
中石油保险	3.4	4.2	-6.2
中广核保险	1.2	0.9	31.1
中铁自保	5.4	0.2	3268.1

注："中石油保险"和"中铁自保"保费收入数据来源于中国保监会网站；"中海油保险""中石化保险"和"中广核保险"保费收入指毛保费收入，数据来源于香港保险业监管局网站，以港币为单位。

二、国内相互保险组织发展情况

自2015年保监会颁布《相互保险组织监管试行办法》之后，2016年保监会批复了3家相互保险公司的试点申请，这意味着相互保险这一国际传统、主流的保险组织形式正式登陆国内，相互保险成为行业关注的新焦点。

（一）相互保险的概念及发展历程

相互保险在发达国家有着100多年的历史，是当前世界保险市场上的主流组织形式之一，在全球保险市场上占有重要地位。2015年，保监会发布的《相互保险组织监管试行办法》（简称《办法》）对相互保险作出的定义是：相互保险是指具有同质风险保障需求的单位或个人，通过订立合同成为会员，并缴纳保费形成互助基金，由该基金对合同约定的事故发生所造成的损失承担赔偿责任，或者当被保险人死亡、伤残、疾病或者达到合同约定的年龄、期限等条件时承担给付保险金责任的保险活动。相互保险组织的主要形式有相互保险公司、相互保险社。

从全球角度看，目前世界最大的10家保险公司中有6家是相互保险机构。根据国际相互合作保险组织联盟（ICMIF）统计数据，截至2014年，全球相互保险收入1.3万亿美元，占全球保险市场总份额的27.1%，覆盖9.2亿人。相互保险在法国占比高达46%、日本占比45%、德国占比43%、美国占比37%。20世纪60年代，相互制公司曾经在日本占据市场份额的76%，在美国占比也一度超过60%。由发达国家的发展经验可见，相互保险具有旺盛的市场需求和发展潜力。

（二）国内相互保险市场现状

由于政策限制，我国除了原黑龙江农垦局改制试点的“阳光农业相互保险公司”、农业部主管的中国渔业互保协会、交通部主管的中国船东互保协会，以及中华全国总工会创办的中国职工保险互助会、宁波慈溪的养殖业互助保险协会之外，之前并无市场自发形成的相互制保险组织存在。2015年1月，保监会持续深化供给侧结构性改革，酝酿出台了《相互保险组织监管试行办法》（以下简称《办法》），正式对相互保险公司这一组织机构开闸，以期促进相互保险组织规范健康发展。《办法》出台后，20多家机构申请牌照。2016年4月，国务院正式批准同意开展相互保险社试点并进行工商登记注册。2016年6月22日，首批3家相互保险社获批筹建，分别为信美人寿相互保险社（以下简称信美人寿）、众惠财产相互保险社（以下简称众惠相互）以及汇友建工财产相互保险社（以下简称汇友建工），前者为寿险牌照，后两者为财险牌照。

众惠相互主营业务为信用保险、保证保险、短期健康和意外伤害保险，由永泰能源股份有限公司、大连先锋投资管理有限公司、昆吾九鼎投资管理有限公司、金银岛（北京）网络科技股份有限公司、邢台市振德房地产开发有限公司、深圳市前海新金融投资有限公司6家企业和李静、宋伟青2名自然人作为主要发起会员，天云融创数据科技（北京）有限公司等536家企业和自然人作为一般发起会员共同筹建，初始运营资金2亿元，注册地广东省深圳市。众惠相互提出了在我国如何开展相互保险的“相互场景论”，旨在找到能够发挥相互保险优势的典型场景，并以“一条一块”将场景具象化。众惠相互所谓的“一条”，是指面向一条产业链上下游的企业提供服务，而“一块”则是面向特定人群，为其填补保障的空白点。例如，联合跨境电商服务平台“踏浪者国际”发起“小微企业及个体经营者融资保证相互保险计划”，解决其产业链中上游供货商的融资难、融资贵痛点；联合车联网平台“中交兴路”发起“车旺大卡司机意外伤害相互保险计划”，填补该产业链中货车司机缺乏保障的空白和短板。具体而言，“小微企业及个体经营者融资保证相互保险计划”① 从现金流角度切入，基于对国际贸易产业的洞察，为链条上下游主体普遍存在的资金周转需求提供融资服务。不同于 P2P 网贷平台的商业模式，众惠相互的参保人员即会员来源于物流行业的上下游企业，会员与相互保险社利益诉求一致，因此在获得更低成本的融资同时，也有利于降低整体风险。“车旺大卡司机意外伤害相互保险计划”则从信息流角度切入，为大货车司机群体提供性价比更高的意外保障。车旺大卡 app 是专注于商用车车联网领域运营和服务的上市公司“中交兴路”旗下一款专注货运行业人群的移动互联网产品。目前，该 app 上已聚集了 200 余万货主、车主、司机、第三方物流企业及其亲朋好友。“中交兴路”是全国货运车辆公共平台的研发者及国家指定的运营者，可以通过卫星定位装置向车辆发送提醒，实现矫正超速、疲劳驾驶等行为。基于对相互保险模式及大数据安全监控双重优势的运用，该相互保险计划对相应的风险理解、控制更加深入，从而实现了货车司机只需出资几十元即可获得一份保期一年的高性价比意外保险。

信美人寿则背靠蚂蚁金服，主打区块链和机器人的概念，依靠科技力量来推动业务发展。信美人寿由浙江蚂蚁小微金融服务集团有限公司、天弘基金管理有限公司、国金鼎兴投资有限公司、成都佳辰投资管理有限公司、北京远望创业投资有限公司、汤臣倍健股份有限公司、深圳市腾邦国际商业服务股份有限公司、深圳市新国都技术股份有限公司、北京创联中人技术服务有限公司等 9 家企业作为主要发起会员，杨帆等 1460 余名自然人作为一般发起会员共同筹

---

① 该保险计划由众惠和“踏浪者国际”共同合作完成。“踏浪者国际”是一家快时尚跨境电商平台，上游有约 1000 家供货商，由于跨境贸易发货、物流、交割的时间较长（1～3 个月不等）。因此，超过一成企业都有短期资金周转需求，融资额度约为每单 10 万～20 万元，单笔融资时长约为 1～3 个月。

建，初始运营资金 10 亿元，注册地北京市。信美人寿将业务聚焦用户的养老和健康两大需求，精算师与用户面对面，通过访谈、调研的方式，根据用户的需求有针对性地为用户设计产品，采取“乐高式”的产品模式，将保单模块化，单个保险设计得简单、透明、责任清晰，用户可以根据自己的需求进行产品组合。

汇友建工聚焦于建工领域风险，由长安责任保险股份有限公司作为主要发起会员，河北建设集团有限公司等 592 家企业和自然人作为一般发起会员共同筹建，初始运营资金 1 亿元，注册地北京市。其战略发展定位是“小而专、小而精、小而优”，将利用建工领域相关制度改革带来的市场机遇，在工程招投标、施工合同履约、工程监理、工程延保等风险管理领域，发挥保险机制的优势，解决相应矛盾纠纷及风险保障问题。

目前国内癌症等重大疾病的发病率提升，个人和家庭都承受着巨大压力，而医疗保障体系不够完善，社会亟待需要更多的救助和保障方式。在相互保险获批之前，国内的网络互助早已开始了自己的摸索。一些规模较大的网络互助平台，如 e 互助、抗癌公社等都达到数十万会员的规模。其中 e 互助成立至今已经完成了 110 多例癌症会员的互助，而抗癌公社也完成 10 例左右的互助，客观上起到了对会员的保障作用，具有较大的影响。由于相互保险采用“自己投保自己承保”的方式，将保险人和被保险人的身份合一，规避了投保人和所有者之间的矛盾，因此具有风险控制能力较强、经营成本和保险费率较低等优势，在经营方式上也更为灵活，相关产品更能满足用户多元化、个性化的需求。相互保险的全球市场占有率已达到 27%左右，在国外较成熟的保险市场国家比例更高，如在美国的市场占有率是 1/3，个别险种甚至在一些国家占有半数以上市场份额。在互联网高度发达的今天，网络技术的成熟和网络人口基数的厚度都有助于网络互助和相互保险的发展，我国相互保险市场具有巨大的发展空间。

三、国内互联网保险公司发展情况

2016 年，云计算、移动互联网等新技术在保险业应用不断深入，全行业已有 50 余家机构与第三方社会化云平台合作，有效降低运营成本、促进产品创新。从电子保单应用看，全行业有 104 家机构签发了 3.61 亿张电子保单，其中财产险公司 46 家，电子保单数量 1.98 亿张。从互联网保险业务看，2016 年全国共有 117 家保险机构开展互联网保险业务，比 2015 年增加 7 家，实现签单保费 2347.97 亿元。其中财产险公司 56 家，实现签单保费 403.02 亿元；人身险公司 61 家，实现签单保费 1944.95 亿元。2016 年新增互联网保险保单 61.65 亿件，占全部新增保单件数的 64.59%，其中退货运费险签单件数达 44.89 亿件，同比增长 39.92%；签单保费 22.36 亿元，同比增长 24.97%。2016 年我国实现互联网保费收入 2347 亿元，较 2015 年的 2234 亿元增长了 113 亿元，增幅 5%，较 2015 年 160%的增幅出现大幅下滑。主要原因在于商业车险费率市场化改革导致互联网车险业务出现持续下降，进而导致互联网财产保险业务总体下滑，对互联网保费总收入造成影响（见图 3-2）。

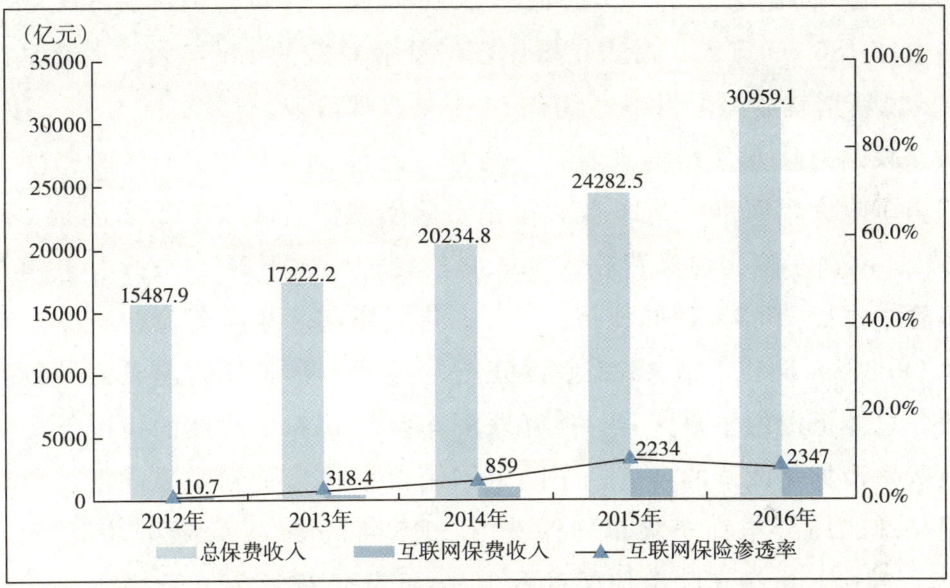

图 3-2　2012—2016 年国内互联网保险市场总体发展情况

（一）互联网财产险市场总体发展情况

从互联网财险市场主体来看，中国保险行业协会发布的《2016 年财险电商市场（电销和网销）基本情况报告》显示，2016 年全国 79 家财产保险公司中，开办电商业务主体数量达到 64 家，较 2015 年的 52 家增加了 12 家。其中，60 家主体经营网销业务，较 2015 年增加了 11 家；33 家主体经营电销业务，较 2015 年增加了 1 家。2016 年财险公司中开办电商业务的主体占比达 79.0%，较上年同期提升了 7.8 个百分点。76%的保险公司通过自建网站、与第三方平台合作等不同经营模式开展互联网保险业务，电子商务在保险销售中的重要性进一步增加，市场竞争也日趋激烈。

从互联网财险业务规模来看，2016 年互联网财险业务出现负增长，业务增速持续下滑。据统计，2016 年财险电商市场累计实现保费收入 1464.7 亿元，同比下降 11.8%，低于财险行业整体增速 21.8 个百分点，电商业务渗透率（电商业务渗透率＝电商市场总保费/财险市场总保费）达 15.8%，较 2015 年下降了 3.9 个百分点。其中，互联网业务实现保费收入 502.3 亿元，同比下降 34.6%。2016 年新增互联网保险保单 61.7 亿件，占全部新增保单件数的 64.6%。其中，退货运费险签单件数达 44.9 亿件，同比增长 39.9%，签单保费 22.4 亿元，同比增长 25.0%。截至 2016 年底，保险营销员达 657.28 万人，较年初增加 185.99 万人，占当年城镇新增就业总数的 14.15%。也就是说，每 100 个城镇新增就业岗位当中，就有 14 个来自保险业。

从互联网财险业务结构来看，一方面，互联网车险 2016 年增速呈下行趋势，网销车险大幅回落。2016 年，电销车险实现保费收入 941.2 亿元，同比增长 7.6%；网销车险实现保费收入 398.9 亿元，同比下降 44.3%。电销车险在电商车险中占比 70.2%，同比提升 15.2 个百分点；网销车险在电商车险业务中占比 29.8%，同比下滑 15.2 个百分点。网销车险业务低迷成为导致互联网财险业务总体下滑的主要因素。在互联网车险模式尚不成熟的情况下，随着商业车险费率市场化改革的推进，车险电网销价格优势受到明显冲击，单均保费降幅明显。2016 年电商车险单均保费由 2015 年的 3118 元降至 2512 元，降幅达 24%，其中，电销车险单均保费由 3037 元降至 2751 元，降幅达 10.4%；网销车险单均保费由 3222 元降至 2084 元，降幅达 55%。另一方面，互联网非车险业务则持续保持高速增长，全年保费收入累计 103.4 亿元，首次突破百亿元，较 2015 年增长 97.7%，较 2014 年则增长了近 5 倍，在电商非车险中占比高达 83%，成为拉动电商非车险快速增长的主要力量。与此同时，互联网非车险结构持续优化，2016 年互联网非车险业务结构为：意外健康险 49.6 亿元，在非车险业务中占比 48.0%；财产险 9.4 亿元，占比 9.1%；责任险 10.0 亿元，占比 9.7%；信用保证险 6.8 亿元，占比 6.5%；包括退货运费险在内的其他非车险 27.6 亿元，占比 26.7%。从互联网产品结构来看，网购退货运费险一险独大的格局在逐步改变，出行相关（如：航空旅游意外、延误、退票等）

和互联网资金相关（如：账户安全、信用保证等）险种的保单量和保费规模正在迅速崛起，产品种类日益丰富，市场竞争也愈加激烈（见表 3-12、表 3-13）。

表 3-12　2016 年财险电商市场发展概况

类别		2015 年（亿元）	2016 年（亿元）	增速
财险公司总保费		8423.3	9266.2	10.0%
财险电商市场总保费		1659.6	1464.7	-11.8%
区分险种保费规模	电商车险	1591.0	1340.2	-15.8%
	其中：电销车险	875.0	941.2	7.6%
	网销车险	716.1	398.9	-44.3%
	电商非车险	68.6	124.5	81.6%
	其中：电销非车险	16.3	21.2	29.8%
	网销非车险	52.3	103.4	97.7%
区分单渠道保费规模	电话销售	891.3	962.4	8.0%
	网络销售	768.4	502.3	-34.6%
行业主体数量	经营电商	52	64	23.1%
	经营电销	32	33	3.1%
	经营网销	49	60	22.5%

数据来源：中国保险行业协会。

表 3-13　2016 年互联网非车险业务结构

产品名称	保单数量（万件）	保费收入（亿元）	单均（元）
退货运费险	364138	17.9	0.5
航空意外伤害保险	3984	12.2	24.2
交通工具意外人身伤害保险	3566	7.1	15.5
航空延误险	1634	3.8	19.2
旅行人身意外伤害保险	553	1.7	30.4

数据来源：中国保险行业协会。

（二）国内主要互联网保险市场主体业务发展情况

截至 2016 年底，我国真正意义上的互联网保险公司只有 4 家，即众安在线财产保险股份有限公司（简称众安保险）、泰康在线财产保险股份有限公司（简称泰康在线）、安心财产保险有限责任公司（简称安心保险）和易安财产保险股份有限公司（简称易安保险）。其中，众安保险于2013年11月开业，泰康在线于2015年11月开业，易安保险、安心保险均为2016年初开业。

1. 自4家互联网保险公司竞争格局形成以来，众安保险、泰康在线、易安保险和安心保险均呈现快速发展态势，保费规模差距有逐步缩小的趋势

保监会公布数据显示，2016年众安保险、泰康在线、易安保险、安心保险的保费收入分别为340804.8万元（同比增长49.3%）、67489.9万元（同比增长154799.8%）、22152.7万元、7512.5万元，市场排名分别为第25位、第49位、第63位、第69位。从盈利情况看，众安保险自成立来有3年实现盈利，其余3家保险公司尚处于亏损之中。据公开资料显示，众安保险年度盈利数据分别为2014年370万元、2015年4425万元、2016年937万元，泰康在线2016年度亏损8546万元，易安保险2016年盈利157万元，安心保险2016年亏损7309万元。

2. 目前国内4家互联网保险公司在业务上存在一定的共性，迎合客户需求和适应互联网保险发展阶段的意外险成为4家保险公司保费收入的主要来源

众安保险2016年度信息披露报告显示，意外险在其保费总收入中占比28.8%，仅次于退货运费险；泰康在线和易安保险的第一大险种均为意外险，保费占比分别为68.8%、84.8%；安心保险的第二大险种为意外险，保费贡献为16.1%。具体来看，2016年，众安保险意外伤害险保费收入9.8亿元，占其保费总收入的28.8%，业务规模居第一位；居第二位的是保证保险，保费收入5.2亿元，占比15.2%；车险和企财险保费收入分别为350万元、2万元，占比0.1%、0.0007%。泰康在线2016年意外伤害险保费收入4.6亿元，占其保费总收入的68.8%；健康险保费收入0.3亿元，占比3.9%；企财险保费收入150万元，占比0.2%。安心保险2016年保费收入居首位的是家财险，保费收入0.4亿元，占比54.9%；意外伤害险居第二位，保费收入0.1亿元，占比16.1%。易安保险2016年意外伤害保险保费收入1.9亿元，占其保费总收入的84.8%；居第二位的是责任保险，保费收入1860万元，占比8.4%。泰康在线、易安保险均未开展车险业务（见表3-14至表3-16）。

表 3-14　2015 年、2016 年众安保险保费收入情况

险种	2016 年			2015 年	
	保费收入（百万元）	占比（%）	增速（%）	保费收入（百万元）	占比（%）
意外伤害险	982.2	28.8	246.6	283.4	12.4
健康险	20.5	6.0	1501.4	12.8	0.6
责任保险	185.1	5.4	127.9	81.2	3.6
信用保险	102.8	3.0	98.8	51.7	2.3
保证保险	517.6	15.2	14.2	453.3	19.9
货运险	59.3	1.7	278.2	15.7	0.7
企财险	0.02	0.0007	-80.7	0.1	0.006
家财险	15.5	0.5	-50.4	33.8	1.5
车险	3.5	0.1	20322.0	0.02	0.001
其他	1337.0	39.2	-1.0	1351.0	59.2
合计	**3408.0**	**100.0**	**49.3**	**2283.0**	**100.0**

数据来源：根据保监会网站公布数据整理，其中各险种保费收入占比由原始数据计算得出，由表格中的近似值直接计算会略有偏差。

表 3-15　2015 年、2016 年泰康在线保费收入情况

险种	2016 年			2015 年	
	保费收入（百万元）	占比（%）	增速（%）	保费收入（百万元）	占比（%）
意外伤害险	464.2	68.8	—	0.0	0.0
健康险	26.2	3.9	—	0.0	0.0
责任保险	0.7	0.1	14758.0	0.005	1.1
信用保险	1.6	0.2	—	0.0	0.0
保证保险	0.2	0.02	—	0.0	0.0
货运险	6.3	0.9	3000791.8	0.0002	0.05
企财险	1.5	0.2	1923.5	0.08	17.2
家财险	4.2	0.6	2721.0	0.1	34.2
车险	0.0	0.0	—	0.0	0.0
其他	170.0	25.2	82218.2	0.2	47.4
合计	**674.9**	**100.0**	**154798.6**	**0.4**	**100.0**

数据来源：根据保监会网站公布数据整理，其中各险种保费收入占比由原始数据计算得出，由表格中的近似值直接计算会略有偏差。

表 3-16　2016 年安心保险、易安保险保费收入情况

险种	安心保险		易安保险	
	保费收入（百万元）	占比（%）	保费收入（百万元）	占比（%）
意外伤害险	12.1	16.1	187.9	84.8
健康险	3.4	4.6	1.6	0.7
责任保险	7.2	9.6	18.6	8.4
信用保险	0.0	0.0	0.2	0.1
保证保险	10.5	14.0	7.3	3.3
货运险	0.0	0.0	1.8	0.8
企财险	0.07	0.09	0.02	0.01
家财险	41.2	54.9	4.0	1.8
车险	0.5	0.7	0.0	0.0
其他	0.0	0.0	0.1	0.04
合计	**75.1**	**100.0**	**221.5**	**100.0**

数据来源：根据保监会网站公布数据整理，其中各险种保费收入占比由原始数据计算得出，由表格中的近似值直接计算会略有偏差。

（三）国内互联网保险公司竞争策略分析

目前国内 4 家互联网公司在竞争中已发展出各自的特色和业务优势。

1. 众安保险多元化业务结构已相对均衡，保险科技含量最重，发展前景最为明朗

据众安保险 2016 年度信息披露报告显示，2016 年众安保险总资产 93.3 亿元、较 2015 年末的 80.7 亿元增长 15.6%，保费收入 34.1 亿元、较 2015 年末增长 49.3%，其中，健康险、意外伤害险保费收入较 2015 年大幅增长，且均达到亿元规模。作为由蚂蚁金服、腾讯、中国平安等国内知名企业发起设立的国内首家互联网保险公司，众安保险更多地依赖其股东资源，退货运费险占比高达 35%。但与此同时，众安保险持续发展特色产品，构建多元化业务结构。根据众安保险发布的 IPO 资料，目前众安保险已形成包括生活消费、消费金融、健康、车险及航旅生态等在内的 5 个生态系统的产品和方案。例如，2016 年众安保险凭借国民医保“尊享 e 生”进入中端医疗市场，由于其高保障额度、低保费门槛等特点，产品一经上市即获得众多好评。公开资料显示，尊享 e 生

于 2016 年 8 月上线，在中端医疗市场中份额占比最高，并在 4 个月内吸引了超过 20 万个家庭投保，在 2015 年“双十一”创下互联网健康险单一产品日销量纪录。此外，众安保险对其他场景领域的布局也在逐渐显现，如覆盖全电商平台的退运保障产品任性退、手机使用场景中的碎屏险等，主要产品的保费收入均有不同程度的增长。众安保险将保证保险嵌入不同的消费金融场景中，如网贷平台小赢科技，蚂蚁金服旗下的招财宝，电商平台聚划算、蘑菇街等。2016 年 5 月和 7 月，众安保险先后与分期乐、米么金服合作发行场外 ABS，众安保险利用大数据技术与消费金融资产的归集、打包和管理能力为优质的消费分期资产提供增信及资金连接服务。作为一家保险科技公司，众安在线致力于利用专有技术和大数据分析能力为互联网生态提供场景化、个性化、智能化的解决方案。2016 年 11 月，众安在线设立全资子公司众安科技，专门对外输出人工智能、区块链、云计算和大数据等技术，目的是向金融及大健康生态圈输送金融科技能力，建立完整的技术和商业生态，其发布的云服务平台将整合科技、产业、资本、科研、联盟和培训等多方优质资源，助力金融业、旅游业、交通业、保险业等各行业实现创新，最大程度地创造商业价值。

2. 泰康在线具备集团化资源优势，以泰康集团医养结合战略为导向，突出其健康险业务

健康险作为泰康在线的第三大险种，尽管保费规模仅占 3.9%，但已充分显示出泰康在线的医养战略特色。近年来，泰康在线陆续推出住院保、各类重疾险、老年防癌险等多个健康类保险产品，还与健康、医疗、医药产业不断联手，旨在为用户打造大健康生态圈。与此同时，泰康在线正在加速研发一系列贴合互联网生态的财险产品，全力打造“产寿结合”的产业链。例如，泰康在线利用云计算、大数据等技术在行业内首创健康信用评分体系——“泰健康”体系，“泰健康”通过对用户进行多维度的数据分析，不仅可以提醒用户养成良好的健康习惯，也可以向用户推荐更有针对性的健康险产品。自 2015 年至今，“泰健康”已积累了 700 万会员。

3. 安心保险是国内首家全业务系统建立在云上的保险公司，依托腾讯云，运用云计算、大数据和移动互联网技术，安心保险实现了产品设计、投保、核保、理赔的全业务链条的互联网化

安心保险以创新型财险为主营业务，特色产品包括家庭财产盗抢保险、家

庭财产水暖管爆裂险、网络支付险等，安心保险的保费收入半数以上是由家财险创造的，这在财险公司中并不多见，这与其线上线下布局不无关系。安心保险在除西藏、台湾地区外的全国34个省市设立了服务中心，统一负责协调、管理当地合作的各类服务供应商，保证线下服务质量，实现线上线下服务的无缝对接。

4. 易安保险运用互联网、云计算和大数据技术，实现保险业务和互联网、电商的融合，开展创新型互联网保险服务

2016年2月6日获批开业的易安保险由7家股东投资组建，绝大多数股东为科技型企业，如银之杰、北京富邦恒业科技、北京恒屹鑫源科技等，为易安保险发力互联网保险积累了大量的数据资源。2016年4月易安保险官网平台和微信平台同步上线，定位于为客户提供感动式服务，官网侧重于公司品牌的打造和产品全流程线上购买能力的支撑，官微侧重于投保、激活、理赔等线上服务的提供。易安保险在产品设计上以互联网场景化、碎片化、小额化、生活化特征为出发点，生产真正符合和提升人们网络生活品质的保障产品。目前公司官网上线的两款产品——家庭财产保险“易安居”和账户资金安全保险“理财保”，均提供官网官微投保服务。此外，官微提供与科安数字联手打造的科安数字专属保险，购买科安摄像头产品赠送科安家财险或科安企财险，可在官微进行激活。易安保险依托于股东银之杰在金融IT技术、支付、大数据和征信领域的优势资源，以差异化的创新产品和大数据商业运用为驱动，注重产品与服务模式创新，推动“互联网+保险”生态体系建设。

第四节 国内主要财产保险公司经营战略

2016年，国内市场份额排名前三位的保险公司中，人保财险全年实现保费收入3111.6亿元，成为全国首家保费收入突破3000亿元量级的财险公司，总量及增量保费规模稳居市场第一，以积极的市场策略为导向，以经营创新为核

心，深化实施成本领先战略，在持续改善客户体验的同时，积极践行企业社会责任。平安产险坚持以客户为中心的经营模式，通过提供优质的客户服务打造市场竞争优势，持续深化互联网保险领域的创新和业务拓展。太保产险秉持“控品质、强基础、增后劲”的发展策略，始终把提升发展质量放在更加突出的位置，坚决剔除劣质业务，集中资源大力发展优质客户。

一、人保财险经营战略

2016年，人保财险克服宏观经济下行带来的巨大压力，直面市场竞争的严峻挑战，有效应对商业车险费率市场化改革以及“营改增”带来的重大考验，业务增速超越市场，盈利能力优于市场，领先优势继续扩大。全年实现保费收入3111.6亿元，成为全国首家保费收入突破3000亿元量级的财险公司，总量及增量保费规模稳居市场第一；市场份额达到33.5%，较2015年提升0.1个百分点，自股改上市以来市场份额首次实现回升；保费增速达到10.5%，领先市场平均增速0.5个百分点；综合成本率为98.1%，低于市场平均值。在经营战略方面，2016年人保财险强化市场对标，以积极的市场策略为导向，以经营创新为核心，深化实施成本领先战略，在持续改善客户体验的同时，积极践行企业社会责任。

一是强化市场对标，以积极的市场策略赢得发展主动。在车险业务方面，积极构建大车险格局，准确把握商车费改的内在逻辑，深化升级渠道合作模式，包括深化4S店渠道建设、加快电商渠道下沉和卖场布局、推广O2O平台、完善产寿健协同机制等等，提升资源差异化配置效能，战略性拓展中高端新车市场，加强销售过程管理。2016年人保财险车险保费收入达到2256.4亿元，同比增长10.5%，自股改上市以来首次超越市场，为保费收入跨越3000亿元做出了重要贡献。**在商业非车险方面，**深度服务国家治理现代化建设，环境污染责任险、巨灾保险、诉讼保全保险等民生治理保险得到长足发展；主动服务经济新常态及“一带一路”“中国制造2025”等国家战略，个人信用贷款保证保险、首台（套）重大技术装备保险等业务发展迅猛；把握互联网时代保险需求，退货运费险、航班延误险、机动车延长保修保险等新兴分散性业务快速增长，电商非车险保费超过10亿元。**在财政支持型业务方面，**积极顺应国家“三农”发展战略，大力发展农产品价格、气象指数等创新型农业保险，继续保持农险行业主导地位，农险保费收入达到195.4亿元，为1.1亿户次农民提供1.2万亿元农业风险保障；积极响应中央"脱贫攻坚"号召，开展扶贫保险和支农融资业务试点，形成河北阜平"政融保"、宁夏"脱贫保"等一批各具特色、可复制可推广的成功模式，"金融扶贫、保险先行"成效显著。截至2016年底，人保财险已为141个支农融资项目提供贷款8977万元；抢抓"健康中国"战略机遇，积极对接多层次社会医疗保险体系建设，全方位扩展社保业务，逐步打造"基本医保经办+大病保险+补充医疗+社保意外伤害+医疗救助+长期护理保险"的一体化发展格局。截至2016年底，人保财险社保业务保费收入168.6亿元，服务人群达4.4亿人，其中，大病保险保费收入达107.5亿元，基本医保经办业务规模达21.0亿元。

二是强化基层建设，以经营创新提升销售效能。2016年，人保财险持续加大基层倾斜力度，推进职场改造，深化基层薪酬体系改革，完善基层干部员工培养，充实一线销售队伍；强化基层销售能力建设，将销售费用资源向一线倾斜，适度扩大经营管理许可权，提高基层经营自主权。实施"县域长青"计划，提炼推广县域最佳实践，逐步推广县域差异化业务获取模式；大力拓展县域渠道，积极组建地面电商团队，全面推进县域渠道建设。加强县域品牌宣传，升级承保出单和理赔模式，扎实推进县域业务支持平台建设，强化县域市场布局。

三是深化实施成本领先战略，以精细化管理提升价值创造能力。2016年人保财险精准投放资源，实施费用率预算与业务质量、经营业绩、偿付能力联动调整机制，持续优化费用结构，加快建设低成本渠道，提高资源配置效率，实施精益理赔工程，以精细化管理提升价值创造能力。2016年，人保财险家庭自用车险业务占比提升2.5个百分点，未出险业务占比提升5.3个百分点，多次出险业务占比下降0.9个百分点，赔付成本得到有效控制。

四是积极践行企业社会责任，彰显企业品牌形象。2016年人保财险累计承担保险责任金额291万亿元，处理各种赔案2969万件，累计支付赔款1599亿元。积极妥善处理"莫兰蒂"和"鲶鱼"台风、江西丰城电厂冷却塔坍塌等重大灾害事故。与此同时，加快移动互联、柜面一体化、客户俱乐部等服务平台建设，着力提升理赔服务，加强客户投诉管理，持续改善客户体验。2016年人保财险荣获"中国社会责任杰出企业""最佳上市公司"等多项荣誉，连续八年蝉联亚洲财险公司竞争力排名冠军。

二、平安产险经营战略

2016年，平安产险实现保费收入1779.1亿元，同比增长8.7%，净利润127.0亿元；综合成本率95.9%，持续优于行业平均水平。其中，平安车险保费收入1485.0亿元，同比增长13.4%，凭借理赔服务体验的不断升级，平安产险已连续6年荣获车险最佳品牌，客户满意度领先于国内主要同业，车险及财产险“第一品牌”的地位持续稳固。平安产险还不断加强业务推动力度，来自交叉销售、电话及网络销售渠道、车商渠道的保费收入持续稳定增长。在经营战略方面，2016年平安产险坚持以客户为中心的经营模式，通过提供优质的客户服务打造市场竞争优势，持续深化互联网保险领域的创新和业务拓展。

一是坚持以客户为中心的经营模式。2016年平安产险坚持将风险筛选作为经营的根基，持续提升风险筛选能力，不断优化成本结构，提高资源使用效率。在业绩稳健增长的同时，通过提供优质的客户服务建立了良好的市场口碑，不断升级服务标准，通过搭建智能化定损平台、推出“口袋理赔”和“小安指引”等创新服务产品，全面推行“线上+线下”的理赔服务模式，为客户提供最高效、最便捷、最透明、最贴心、最放心的服务。与此同时，利用科技和移动互联网打造创新引擎，依据客户群特点匹配专属产品及服务，为客户提供更好的体验。此外，平安产险不断探索和升级客户经营模式，深挖客户价值，推进客户迁徙，进一步实现“一个客户、多种产品、一站式服务”。

二是积极应对市场挑战，实行科学有效的资产配置策略。2016年，在宏观经济下行、行业整体收益下降的情况下，平安产险实现净利润127.0亿元，其中财险业务净投资收益124.5亿元，同比增长29.2%，净投资收益率达到6.8%，较2015年提升0.5个百分点。通过深入研判宏观经济形势，平安产险在坚守风险底线的前提下积极配置优质固定收益资产和优先股；把握权益市场波动机会，动态调整权益资产配置比例；适当参与港股投资，通过资产配置多样化进一步分散投资组合风险。面对持续的低利率环境，平安产险自2013年、2014年起加大力度提前布局优质、高收益的另类资产，在经济增速放缓、结构转型阶段，逐步将重点放在安全性高、收益稳定的政府债、铁道债、银行优先股等品种上，通过多渠道提升投资收益，有效应对了低利率的挑战。从信用水平上看，所持债权计划和信托计划外部信用评级95%以上为AAA，有担保或抵押的比例超过70%，项目现金流能够全覆盖占比超过80%，整体信用风险可控；从行业及地域分布看，目标资产分散于公路、城投、电力、土储等行业，主要集中于北京、江苏、广东、天津等经济发达和沿海地区；从投资时间和收益率上看，平安投资的另类资产主要集中在2013年、2014年，很好把握了前几年优质项目大量供给的黄金时期，这部分资产的平均收益率较高，能够持续为保险资金提供稳定的收益。

三是持续深化互联网金融战略，积极探索互联网转型新模式，打造开放式的互联网平台。截至2016年12月31日，平安互联网用户规模约3.46亿，较年初增长43.4%，继续保持快速增长。2016年平安产险不断深化互联网保险领域的探索和布局，通过整合内外部资源，将“互联网+车生活”的发展模式向全行业开放，以“平安好车主”APP为核心载体，以“用车助手、安全管家”的清晰定位和价值主张，从线下客户向线上迁移、大数据应用于风险筛选和精准定价、科技提升用户体验三个方面入手，打造以客户为导向的在线经营和开放式互联网车生活平台。2016年10月20日，平安产险将“平安好车主”APP品牌定位升级，聚焦“用车助手、安全管家”，致力为车主打造更完善的用车生活平台。平安产险还在业内率先推出全线上移动理赔服务，效率和质量处于全球领先水平。截至2016年12月31日，“平安好车主”APP绑车用户已突破1774万，月度活跃率占据汽车后市场领域第一位。在健康险方面，2016年平安健康险保费收入7.9亿元，同比增长50.7%，互联网保险从无到有，全年保费收入突破1亿元，“E家保”“E生保”等互联网健康保险产品得到市场充分认可。在业务高速增长的同时，平安健康险积极部署未来，率先在业内建立“1+N”全线产品体系，以客户为核心，打造“数字化、智能化、全流程”运营体系，加强能力平台建设；打造专注移动健康保障服务的APP，为客户提供健康保险、就医服务及健康管理解决方案；搭建“多层次、海内外、O2O”医疗网络体系，为客户提供一站式、全流程医疗服务。截至2016年底，平安好医生完成A轮5亿美元融资，估值达30亿美元，累计为1.3亿用户提供健康管理服务，日咨询量峰值44万。

三、太保产险经营战略

2016 年，太保产险秉持“控品质、强基础、增后劲”的发展策略，始终把提升发展质量放在更加突出位置，坚决剔除劣质业务，集中资源大力发展优质客户，全年实现保险业务收入 961.9 亿元，同比增长 1.7%；综合成本率为 99.2%，较 2015 年下降 0.6 个百分点。

一是着力改善车险业务品质，聚焦核心渠道。2016 年太保产险实现车险业务收入 761.8 亿元，同比增长 1.6%，车险业务在太保产险业务中占比 79%。在车险经营策略方面，太保产险继续强化渠道整合管理，完善电网销、交叉销售和车商三大核心渠道建设和资源配置，积极应对商车费改，实现电销业务平稳发展；完善交叉销售体系建设，推进资源共享，交叉销售业务实现快速增长；加快推进与主流车商品牌的总对总合作，积极开展联合营销，推动三大核心销售渠道在车险中占比达到 55.7%，较 2015 年增加 0.2 个百分点。与此同时，太保产险聚焦优质客户，加强品质管控，强化理赔减损，优化资源配置，车险业务品质得到进一步改善。太保产险主动剔除连续三年赔付超过 100% 的劣质团车业务，同时通过渠道结构调整和服务水平的提高，不断提升优质客户的留存率，三年未出险客户从 2011 年的 55 万增至 2016 年的 258 万，赔付率低的女性客户从 154 万人增至 362 万人。

二是强化非车险专业化能力建设，加大传统业务结构调整力度。2016 年太保产险实现非车险业务收入 200.2 亿元，同比增长 1.9%。其中，意外险通过剔除高赔付的劣质业务，改善业务结构，在非车险主要险种中率先实现承保盈利，综合成本率为 94.9%；农险持续扩大经营覆盖面，加大产品创新力度，全面推广“e 农险”新技术，深化与安信农险的战略融合，探索农业保险协同发展的新模式，深挖农业保险的业务发展机遇，加快提升市场竞争力，实现农险业务收入 19.1 亿元，同比增长 65.2%，继续保持较好的业务品质，综合成本率为 96.8%。

三是创新服务供给，强化优质客户黏性。太保产险以客户需求为导向，推动自身转型发展，提升企业对客户的认知。2016 年，太保产险确立了车险优质客户标准，推出了“金钥匙”服务，即客户出险后把修车交给太保产险公司处理的服务，使用后客户普遍感到省心和省时。目前，太保产险已将这项服务推广到所有省会城市。此外，太保产险还根据女性客户的特征，提供了更懂女司机的服务供给。2016 年，太保产险为 27 万女性客户实施了更换轮胎、道路救援等多项专属服务，推动女性车主客户数同比增长 14.2%，达到 362 万。公司全流程打造“太好赔”服务品牌，通过移动互联的技术平台支持，为客户提供优质车险理赔服务。

第四章

中国非寿险市场业务发展

【内容提要】 2016 年，国内财产保险公司共实现保费收入 9266.2 亿元，突破 9000 亿元大关，保费增速 10.0%，较 2015 年增速继续放缓。国内财产保险公司主要险种保费收入增速差异明显，2016 年财险公司保费收入位居前五位的险种依次是机动车辆险、农业保险、企业财产险、责任保险和健康险，分别为 6834.6 亿元、417.7 亿元、381.5 亿元、362.4 亿元和 294.0 亿元。国内保险市场多数险种实现稳步增长。从分险种保费收入排名来看，机动车辆保险仍然稳居第一位。农业保险从上年的第三位上升 1 位，超过了企业财产保险，跃居第二位。意外伤害保险和信用保险分别上升 1 位，超过了保证保险，分列第六和第七位，保证保险下降 2 位至第八位。

2016 年，车险市场整体平稳。车险保费规模达 6834.6 亿元，同比增长 10.3%，车险保费收入占财险保费收入比重继续保持上升态势，车险保源竞争焦点转向存量市场；市场集中度（CR_3）小幅下降，行业车险保费收入占比提升。2016 年，商业车险费率市场化改革全国推行，改革成效与问题并存，消费者获得感增强，行业承保利润同比上升，但综合成本率的结构有所变化。市场竞争加剧，呈现“低赔付、高费用”状态，行业承保盈利分化严重，近八成险企车险业务承保出现亏损。

2016 年，我国非车险业务发展稳定，除企业财产保险出现负增长（同比下降1.2%）外，家庭财产保险、农业保险、责任保险、健康保险均保持稳定增长。从业务结构看，与国计民生密切相关的农业保险、责任保险保持良好发展势头。2016年，农业保险、责任保险原保险保费收入分别为417.7亿元和362.4亿元，同比分别增长11.4%和20.0%，占产险业务的比例分别为4.8%和4.2%，分别同比上升0.1和0.4个百分点。从区域分布来看，企业财产保险和家庭财产保险保费收入主要集中在沿海经济发达地区，其中，江苏企业财产保险保费收入41.1亿元，位居全国第一位；广东家庭财产保险保费收入5.4亿元，位居全国第一位。农业保险保费收入主要集中在我国农业生产密集地区，其中，新疆以36.1亿元保费收入位居全国第一位；责任保险保费收入主要集中在我国经济发达地区，其中，北京以35.2亿元保费收入位居全国第一位；健康保险保费收入主要集中在我国人口集中以及经济发达地区，其中，广东以588.4亿元保费收入位居全国第一位。

第一节　业务结构与规模

一、总体业务规模与结构

2016年，我国保险业实现保费收入30959.1亿元，突破3万亿元大关，成功超越日本成为全球第二大保险市场，其中，财产保险公司实现保费收入9266.2亿元，同比增长10.0%，仍然保持较高增长速度。2016年，国内财险公司积极适应经济发展“新常态”，实现车险业务与非车险业务的均衡发展，其中，机动车辆保险保费收入6834.6亿元，同比增长10.3%，保费收入占比达73.8%，较2015年提升0.2个百分点。非车险业务中，农业保险保持稳定发展，成为非车险业务中第一大险种，全年实现保费收入417.7亿元，同比增长11.4%；健康险成为增长速度最快的险种，全年实现保费收入294.0亿元，同比增长28.8%；此外，责任保险、意外伤害险以及家庭财产保险保费收入也实现快速增长，增速均保持在20%及以上；而企业财产保险、保证保险、货运险、船舶保险以及特殊风险保险受经济发展环境影响，保费收入增速为负（见表4-1）。

表4-1　2015年、2016年全国非寿险市场分险种业务规模

险种	保费收入排名		保费收入（亿元）		保费增速	保费增幅（亿元）
	2016年	2015年	2016年	2015年		
机动车辆保险	1	1	6834.6	6199.0	10.3%	635.6
农业保险	2	3	417.7	374.9	11.4%	42.8
企业财产保险	3	2	381.5	386.2	-1.2%	-4.6
责任保险	4	4	362.4	301.9	20.0%	60.5
健康险	5	5	294.0	228.3	28.8%	65.6

续表

险种	保费收入排名		保费收入（亿元）		保费增速	保费增幅（亿元）
	2016 年	2015 年	2016 年	2015 年		
意外伤害险	6	7	247.7	200.0	23.9%	47.7
信用保险	7	8	200.6	192.6	4.2%	8.1
保证保险	8	6	184.1	208.1	-11.5%	-24.0
工程保险	9	10	93.3	82.9	12.6%	10.4
货运险	10	9	85.5	88.2	-3.1%	-2.7
家庭财产保险	11	13	52.2	41.7	25.1%	10.5
船舶保险	12	11	51.2	55.1	-7.1%	-3.9
特殊风险保险	13	12	40.3	42.3	-4.8%	-2.0
其他	14	14	21.2	22.2	-4.7%	-1.1
合计	—	—	**9266.2**	**8423.3**	**10.0%**	**842.9**

数据来源：根据保监会网站公布数据整理。

表 4-2　2015 年、2016 年全国非寿险市场分险种业务结构

险种	2016 年		2015 年		占比变化
	保费收入（亿元）	占比	保费收入（亿元）	占比	
机动车辆保险	6834.6	73.8%	6199.0	73.6%	0.16%
农业保险	417.7	4.5%	374.9	4.5%	0.06%
企业财产保险	381.5	4.1%	386.2	4.6%	-0.47%
责任保险	362.4	3.9%	301.9	3.6%	0.33%
健康险	294.0	3.2%	228.3	2.7%	0.46%
意外伤害险	247.7	2.7%	200.0	2.4%	0.30%
信用保险	200.6	2.2%	192.6	2.3%	-0.12%
保证保险	184.1	2.0%	208.1	2.5%	-0.48%
工程保险	93.3	1.0%	82.9	0.98%	0.02%
货运险	85.5	0.92%	88.2	1.0%	-0.12%
家庭财产保险	52.2	0.56%	41.7	0.49%	0.07%
船舶保险	51.2	0.55%	55.1	0.65%	-0.10%
特殊风险保险	40.3	0.44%	42.3	0.50%	-0.07%
其他	21.2	0.23%	22.2	0.26%	-0.04%
合计	**9266.2**	**100%**	**8423.3**	**100%**	—

数据来源：根据保监会网站公布数据整理。

2016 年，财险公司保费收入排名居前五位的险种依次是机动车辆保险、农业保险、企业财产保险、责任保险以及健康险，其中，农业保险由 2015 年的第三位上升到 2016 年的第二位，而企业财产保险由 2015 年的第二位下降到 2016 年的第三位，其他险种排名不变。各类险种在财险公司保费收入中占比变化幅度不大，均保持在 0.5 个百分点以内（见表 4-2）。

（一）机动车辆保险

2016 年，机动车辆保险作为财险公司的第一大险种，全年实现保费收入 6834.6 亿元，同比增长 10.3%，增速较 2015 年减少 2.1 个百分点，增长幅度达到 635.6 亿元，在财险公司保费收入中占比达到 73.8%。自 2012 年以来，机动车辆保险保费收入在财险公司保费收入中占比连续 5 年不断提升（见图 4-1）。

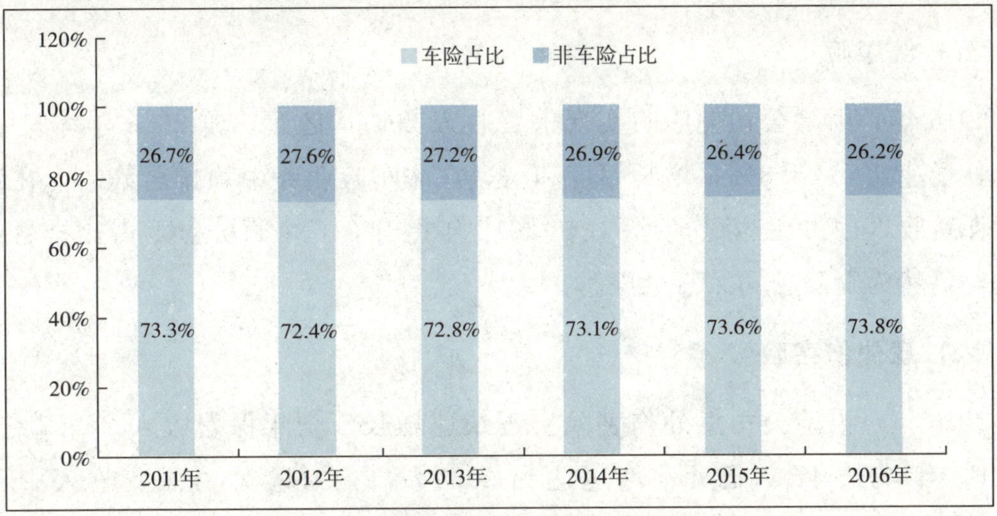

图 4-1　2011—2016 年中国非寿险市场业务结构变化

（二）农业保险

2016 年，中央政策积极鼓励农业保险发展，财政拨付农业保险保费补贴资金 158.3 亿元，同比增长 7.5%，带动农业保险实现保费收入 417.7 亿元，同比增长 11.4%，为 2.0 亿户次农户提供了 2.2 万亿元的风险保障，农业保险超越企业财产保险成为财险公司第二大险种，在财险公司保费收入中占比达到 4.5%，与 2015 年基本持平。

（三）企业财产保险

2016年，宏观经济下行和资本市场动荡等环境因素导致企业财产保险保费收入出现下滑，全年企业财产保险实现保费收入381.5亿元，较2015年减少4.6亿元，同比下降1.2%。2016年企业财产保险保费收入在财险公司保费收入中占比4.1%，较2015年下降0.5个百分点，占比排名下滑1位，成为财险公司第三大险种。

（四）责任保险

2016年，责任保险实现快速增长，全年保费收入362.4亿元，较2015年增长60.5亿元，增速达到20.0%，在财险公司保费收入中占比达到3.9%，较2015年上升0.3个百分点，占比排名保持不变，仍然为财险公司第四大险种。

（五）健康险

2016年，财险公司健康险实现保费收入294.0亿元，较2015年增长65.6亿元，增速达到28.8%，增长幅度和增速在非车险业务中均排名第一，在财险公司保费收入中占比达到3.2%，较2015年提升0.5个百分点，占比排名保持不变，仍然为财险公司第五大险种。

（六）意外伤害险

2016年，财险公司意外伤害险实现快速增长，全年保费收入247.7亿元，较2015年增长47.7亿元，增速达到23.9%，在财险公司保费收入中占比2.7%，较2015年提升0.3个百分点，占比排名较2015年上升1位，成为财险公司第六大险种。

（七）信用保险

2016年，信用保险实现保费收入200.6亿元，较2015年增长8.1亿元，增速达到4.2%，在财险公司保费收入中占比2.2%，较2015年下降0.1个百分点，占比排名较2015年上升1位，成为财险公司第七大险种。

（八）保证保险

2016年，保证保险实现保费收入184.1亿元，较2015年减少24.0亿元，同比下降11.5%，在财险公司各险种中保费收入降幅最大，在财险公司保费收入中占比2.0%，较2015年下降0.5个百分点，占比排名较2015年下滑1位，成为财险公司第八大险种。

（九）工程保险

2016年，工程保险实现保费收入93.3亿元，较2015年增长10.4亿元，增速达到12.6%，在财险公司保费收入中占比1.0%，与2015年基本持平，占比排名较2015年上升1位，成为财险公司第九大险种。

（十）货运险

2016年，货运险实现保费收入85.5亿元，较2015年减少2.7亿元，同比下降3.1%，在财险公司保费收入中占比达到0.9%，较2015年减少0.1个百分点，占比排名较2015年下滑1位，成为财险公司保费收入第十大险种。

（十一）家庭财产保险

2016年，家庭财产保险实现保费收入52.2亿元，较2015年增长10.5亿元，增速达到25.1%，增长速度仅次于健康险，在财险公司保费收入中占比0.6%，较2015年提升0.1个百分点，占比排名较2015年上升2位，成为财险公司保费收入第十一位的险种。

（十二）船舶保险

2016年，船舶保险实现保费收入51.2亿元，较2015年减少3.9亿元，同比下降7.1%，在财险公司保费收入中占比0.6%，较2015年下降0.1个百分点，占比排名较2015年下滑1位，成为财险公司保费收入排名第十二位的险种。

（十三）特殊风险保险

2016年，特殊风险保险实现保费收入40.3亿元，较2015年减少2.0亿元，同比下降4.8%，在财险公司保费收入中占比0.4%，较2015年下降0.1个百分点，占比排名较2015年下滑1位，在财险公司保费收入中排名第十三位。

二、中资财产保险公司业务规模与结构

2016 年，中资财险公司依然占据国内财险市场主导地位，全年合计实现保费收入 9077.0 亿元，同比增长 10.0%，与国内财险公司保费收入增速基本持平，在国内财险公司保费收入中占比高达 98.0%（见表 4-3）。

表 4-3　2015 年、2016 年中资财产保险公司业务规模与业务结构

险种	2016 年		2015 年		占比变化（%）
	保费收入（亿元）	占比	保费收入（亿元）	占比	
机动车辆保险	6726.9	98.4%	6102.3	98.4%	-0.02
农业保险	405.7	97.1%	364.0	97.1%	0.03
企业财产保险	362.4	95.0%	366.2	94.8%	0.17
责任保险	340.4	93.9%	283.8	94.0%	-0.08
健康险	291.0	99.0%	225.4	98.7%	0.24
意外伤害险	237.1	95.7%	190.5	95.3%	0.47
信用保险	199.5	99.5%	191.3	99.3%	0.13
保证保险	183.9	99.9%	208.0	100.0%	-0.07
工程保险	91.9	98.5%	81.4	98.2%	0.29
货运险	74.6	87.2%	76.5	86.7%	0.46
家庭财产保险	51.6	98.8%	40.8	97.8%	0.99
船舶保险	51.0	99.7%	54.4	98.7%	0.93
特殊风险保险	40.0	99.2%	41.9	99.1%	0.16
其他	21.1	99.7%	22.1	99.5%	0.14
合计	**9077.0**	**98.0%**	**8248.7**	**97.9%**	**0.03**

数据来源：根据保监会网站公布数据整理。

2016 年，就中资财产保险公司各险种保费收入在全国非寿险市场保费总收入中占比情况（市场份额）而言，除货运险市场份额为 87.2%外，其他各险种市场份额均超过 90.0%。其中，中资财险公司在健康险、信用保险、保证保险、船舶保险以及特殊风险保险 5 个险种上拥有绝对优势，市场份额均超过 99.0%；机动车辆保险、农业保险、企业财产保险、意外伤害保险以及工程保险 5 个险种中，中资财险公司市场份额均超过 95.0%；责任保险中资财险公司市场份额超过 90.0%。

（一）机动车辆保险

2016年中资财险公司机动车辆保险保费收入6726.9亿元，同比增长10.2%，市场份额达到98.4%，较2015年减少0.02个百分点。机动车辆保险保费收入排名前三位的中资财险公司依次为：人保财险、平安产险以及太保产险。其中，人保财险机动车辆保险保费收入2255.1亿元，市场份额达到33.0%；平安产险机动车辆保险保费收入1485.0亿元，市场份额21.7%；太保产险机动车辆保险保费收入761.8亿元，市场份额11.1%。机动车辆保险排名前三位的中资财险公司市场份额合计达到65.8%，接近2/3。

（二）农业保险

2016年中资财险公司农业保险保费收入405.7亿元，同比增长11.4%，市场份额达到97.1%，较2015年增加0.03个百分点。农业保险保费收入排名前三位的中资财险公司依次为：人保财险、中华联合以及阳光农险。其中，人保财险农业保险保费收入193.6亿元，市场份额达到46.3%；中华联合农业保险保费收入69.4亿元，市场份额16.6%；阳光农险农业保险保费收入25.8亿元，市场份额6.2%。农业保险排名前三位的中资财险公司市场份额合计达到69.1%。

（三）企业财产保险

2016年中资财险公司企业财产保险保费收入362.4亿元，同比下降1.0%，市场份额达到95.0%，较2015年增加0.17个百分点。企业财产保险保费收入排名前三位的中资财险公司依次为：人保财险、太保产险以及平安产险。其中，人保财险企业财产保险保费收入120.1亿元，市场份额31.5%；太保产险企业财产保险保费收入50.7亿元，市场份额13.3%；平安产险企业财产保险保费收入48.5亿元，市场份额12.7%。企业财产保险排名前三位的中资财险公司市场份额合计达到57.5%。

（四）责任保险

2016年中资财险公司责任保险保费收入340.4亿元，同比增长19.9%，市场份额达到93.9%，较2015年减少0.08个百分点。责任保险保费收入排名前三位的中资财险公司依次为：人保财险、平安产险和太保产险。其中，人保财险责任保险保费收入137.0亿元，市场份额达到37.8%；平安产险责任保险保费收入51.8亿元，市场份额达到14.3%；太保产险责任保险保费收入38.2亿元，市场份额10.5%。责任保险排名前三位的中资财险公司市场份额合计达到62.6%。

（五）健康险

2016年中资财险公司健康险保费收入291.0亿元，同比增长29.1%，市场份额达到99.0%，较2015年增加0.24个百分点。健康险保费收入排名前三位的中资财险公司依次为：人保财险、中华联合和太保产险。其中，人保财险健康险保费收入185.4亿元，市场份额63.1%；中华联合健康险保费收入18.2亿元，市场份额6.2%；太保产险健康险保费收入16.6亿元，市场份额5.6%。健康险排名前三位的中资财险公司市场份额合计达到74.9%。

（六）意外伤害险

2016年中资财险公司意外伤害险保费收入237.1亿元，同比增长24.5%，市场份额达到95.7%，较2015年增加0.47个百分点。意外伤害险保费收入排名前三位的中资财险公司依次为：人保财险、平安产险以及太保产险。其中，人保财险意外伤害险保费收入48.9亿元，市场份额19.7%；平安产险意外伤害险保费收入41.6亿元，市场份额16.8%；太保产险意外伤害险保费收入22.7亿元，市场份额9.2%。意外伤害险排名前三位的中资财险公司市场份额合计达到45.7%。

（七）信用保险

2016年中资财险公司信用保险保费收入199.5亿元，同比增长4.3%，市场份额达到99.5%，较2015年增加0.13个百分点。信用保险保费收入排名前三位的中资财险公司依次为：出口信用保险、人保财险以及平安产险。其中，出口信用保险保费收入173.1亿元，市场份额86.3%；人保财险信用保险保费收入12.8亿元，市场份额6.4%；平安产险信用保险保费收入3.3亿元，市场份额1.6%。信用保险排名前三位的中资财险公司市场份额占比合计达到94.3%。

（八）保证保险

2016年中资财险公司保证保险保费收入183.9亿元，同比下降11.6%，市场份额达到99.9%，较2015年减少0.07个百分点。保证保险保费收入排名前三位的中资财险公司依次为：平安产险、阳光财险以及人保财险。其中，平安产险保证保险保费收入81.4亿元，市场份额44.2%；阳光财险保证保险保费收入33.5亿元，市场份额18.2%；人保财险保证保险保费收入28.6亿元，市场份额15.5%。保证保险排名前三位的中资财险公司市场份额合计达到77.9%。

（九）工程保险

2016年中资财险公司工程保险保费收入91.9亿元，同比增长12.9%，市场份额达到98.5%，较2015年增加0.29个百分点。工程保险保费收入排名前三位的中资财险公司依次为：人保财险、平安产险以及太保产险。其中，人保财险工程保险保费收入24.2亿元，市场份额25.9%；平安产险工程保险保费收入16.5亿元，市场份额17.7%；太保产险工程保险保费收入11.6亿元，市场份额12.4%。工程保险排名前三位的中资财险公司市场份额合计达到56.0%。

（十）货运险

2016年中资财险公司货运险保费收入74.6亿元，同比下降2.5%，市场份额达到87.2%，较2015年增加0.46个百分点。货运险保费收入排名前三位的中资财险公司依次为：人保财险、太保产险以及平安产险。其中，人保财险货运险保费收入29.7亿元，市场份额34.7%；太保产险货运险保费收入16.1亿元，市场份额18.8%；平安产险货运险保费收入10.1亿元，市场份额11.8%。货运险排名前三位的中资财险公司市场份额合计达到65.3%。

（十一）家庭财产保险

2016年中资财险公司家庭财产保险保费收入51.6亿元，同比下降6.3%，市场份额达到98.8%，较2015年增加0.99个百分点。家庭财产保险保费收入排名前三位的中资财险公司依次为：人保财险、平安产险以及国寿财险。其中，人保财险家庭财产保险保费收入 26.2 亿元，市场份额占比 50.2%；平安产险家庭财产保险保费收入 7.5 亿元，市场份额 14.4%；国寿财险家庭财产保险保费收入 2.6 亿元，市场份额 5.0%。家庭财产保险排名前三位的中资财险公司市场份额合计达到 69.6%。

（十二）船舶保险

2016 年中资财险公司船舶保险保费收入 51.0 亿元，同比下降 6.3%，市场份额达到 99.7%，较 2015 年增加 0.93 个百分点。船舶保险保费收入排名前三位的中资财险公司依次为：人保财险、太保产险以及平安产险。其中，人保财险船舶保险保费收入 25.8 亿元，市场份额 50.4%；太保产险船舶保险保费收入 8.3 亿元，市场份额 16.2%；平安产险船舶保险保费收入 4.5 亿元，市场份额 8.8%。船舶保险排名前三位的中资财险公司市场份额合计达到 75.4%。

（十三）特殊风险保险

2016 年中资财险公司特殊风险保险保费收入 40.0 亿元，同比下降 4.5%，市场份额达到 99.2%，较 2015 年增加 0.16 个百分点。特殊风险保险保费收入排名前三位的中资财险公司依次为：人保财险、平安产险以及太保产险。其中，人保财险特殊风险保险保费收入 17.0 亿元，市场份额 42.2%；平安产险特殊风险保险保费收入 13.1 亿元，市场份额 32.5%；太保产险特殊风险保险保费收入 5.5 亿元，市场份额 13.6%。特殊风险保险排名前三位的中资财险公司市场份额合计达到 88.3%。

三、国内主要财产保险公司业务规模与业务结构

2016 年，我国保费收入前十位的财产保险公司依次为：人保财险、平安产险、太保产险、国寿财险、中华联合、大地财险、阳光财险、太平财险、出口信用保险以及天安财险，排名顺序与 2015 年基本相同（仅太平财险和出口信用保险排名次序有所变动）。总体而言，2016 年国内前十大财险公司累计实现保费收入 7924.7 亿元，同比增长 9.1%，增速低于市场平均增速 0.9 个百分点（见表 4-4）。

表 4-4　2015 年、2016 年国内财险公司保费规模与增速

2016 年			2015 年			增速
排名	公司名称	保费规模（亿元）	排名	公司名称	保费规模（亿元）	
1	人保财险	3104.5	1	人保财险	2810.1	10.5%
2	平安产险	1779.1	2	平安产险	1636.4	8.7%
3	太保产险	960.7	3	太保产险	944.4	1.7%
4	国寿财险	597.4	4	国寿财险	503.7	18.6%
5	中华联合	385.9	5	中华联合	393.7	-2.0%
6	大地财险	319.6	6	大地财险	265.9	20.2%
7	阳光财险	283.9	7	阳光财险	258.2	10.0%
8	太平财险	181.8	8	出口信用	164.9	10.3%
9	出口信用保险	173.1	9	太平财险	156.2	10.9%
10	天安财险	138.7	10	天安财险	131.0	5.9%
合计		**7924.7**	合计		**7264.5**	**9.1%**

数据来源：根据保监会网站公布数据整理。

2016 年，人保财险、平安产险、太保产险稳居国内财险公司总保费收入前三位。太平财险从 2015 年的第九位上升 1 位至 2016 年的第八位，出口信用保险则从第八位下降 1 位至第九位。除中华联合财险之外，其他 9 家财险公司 2016 年保费收入均有所提高，人保财险、国寿财险、大地财险、出口信用保险、阳光财险以及太平财险 6 家财险公司保费收入增速均高于市场平均增速，其中，大地财险和国寿财险保费收入增速居前两位，分别为 20.2%和 18.6%。

（一）人保财险业务结构

2016 年，人保财险实现保费收入 3111.6 亿元，成为亚洲第一家保费收入突破 3000 亿元的财产保险公司，保费收入较 2015 年增加 294.6 亿元，同比增长 10.5%，增速较市场平均增速高 0.5 个百分点。2016 年人保财险市场份额 33.6%，较 2015 年提高 0.1 个百分点（详见表 4-5）。

表 4-5 2015 年、2016 年人保财险业务结构

险种	2016 年			2015 年		保费增速
	保费收入(亿元)	占比	市场份额	保费收入(亿元)	占比	
机动车辆险	2256.4	72.5%	33.0%	2042.7	72.5%	10.5%
非车险	855.2	27.5%	35.2%	774.3	27.5%	10.5%
企业财产险	123.2	4.0%	32.3%	129.2	4.6%	-4.6%
意外伤害及健康险	234.3	7.5%	43.3%	185.6	6.6%	26.2%
责任保险	137.0	4.4%	37.8%	115.6	4.1%	18.5%
货运险	29.8	1.0%	34.9%	32.3	1.1%	-7.7%
农业保险	195.4	6.3%	46.8%	189.4	6.7%	3.2%
其他险种	135.5	4.4%	21.1%	122.3	4.3%	10.8%
合计	**3111.6**	**100%**	**33.6%**	**2817.0**	**100%**	**10.5%**

数据来源：根据人保财险 2015 年度、2016 年度信息披露报告整理计算。

2016 年，人保财险整体业务稳步增长主要源于机动车辆险、农业保险、意外伤害及健康险、责任险、信用保证险业务的发展。其中，机动车辆险保费收入 2256.4 亿元，同比增长 10.5%，在人保财险保费总收入中占比达到 72.5%，市场份额达到 33.0%。2016 年人保财险积极应对商业车险费率市场化改革，持续加大车险产品组合营销力度，车险保足保全率进一步提升；升级车行合作模式，新车承保数量和新车业务保费收入保持良好增长态势；深入挖掘存量业务资源，着力抓好存量业务的续保和转保工作，有力推动机动车辆保险业务平稳增长。农业保险 2016 年实现保费收入 195.4 亿元，同比增长 3.2%，在人保财险总保费收入中占比 6.3%，较 2015 年减少 0.4 个百分点，市场份额达到 46.8%，高出人保财险总体市场份额 13.2 个百分点。随着 2016 年农险市场扩大开放，市场竞争日趋激烈，人保财险农险业务增速有所放缓，农险业务增长点主要集中在育肥猪、能繁母猪、奶牛等养殖险业务，同时还积极拓展水产养殖险、集团型养殖险等新业务领域。意外伤害及健康保险 2016 年实现保费收入 234.3 亿元，较 2015 年增长 48.7 亿元，以 26.2%的增速成为人保财险增长最快的险种，市场份额达到 43.3%，高出人保财险总体市场份额 9.7 个百分点。这主要源于人保财险抢抓政策机遇，巩固续保业务，积极开拓新市场，强化横向融合发展，深挖客户资源，加强销售能力建设，大力推广手机销售等新型平台应用，机动车驾乘意外险等新业务快速发展，学幼险、建筑工程意外险等传统业务稳步增长，大病、城镇职工补充医疗、新农合等基本医疗保险业务增量保费贡献较大。责任险 2016 年实现保费收入 137.0 亿元，同比增长 18.5%，在人保财险保费收入中占比 4.4%，较 2015 年提升 0.3 个百分点，市场份额达到 37.8%，高出人保财险总体市场份额 4.2 个百分点。2016 年人保财险在继续发展雇主、医疗、公众及产品责任险等传统险种的同时，积极发展创新产品，首台（套）重大技术装备、诉讼财产保全、网络购物运费损失和机动车延长保修责任险成为新的增长点。其他险种实现保费收入 135.5 亿元，同比增长 10.8%，主要源于家财险创新型产品及个人信用贷款保证保险业务实现了较快增长，带动家财险、信用保证保险业务快速发展。相比之下，2016 年人保财险的企业财产险、货运险业务表现不佳，其中，受“去产能、增效益”经济结构深度调整影响，企业财产险保险需求不足，整体费率下滑，企财综合险、机器损坏险业务均出现下滑，企业财产险保费收入 123.2 亿元，较 2015 年减少 6.0 亿元，同比下降 4.6%；受经济新常态、经济结构深度调整等因素的影响，进出口贸易低迷，铁路运量萎缩，货运险市场保源萎缩、费率下行，货运险保费收入 29.8 亿元，较 2015 年减少 2.5 亿元，同比下降 7.7%。

（二）平安产险业务结构

2016 年平安产险实现保费收入 1780.0 亿元，保费收入居国内财险公司第二位，较 2015 年增加 143.1 亿元，同比增长 8.7%，增速较市场平均增速低 1.3 个百分点。2016 年平安产险市场份额 19.2%，较 2015 年下降 0.2 个百分点（详见表 4-6）。

表 4-6　2015 年、2016 年平安产险业务结构

险种	2016 年			2015 年		保费增速
	保费收入(亿元)	占比	市场份额	保费收入(亿元)	占比	
机动车辆保险	1485.0	83.4%	21.7%	1309.8	80.0%	13.4%
非车险	295.0	16.6%	12.1%	327.0	20.0%	-9.8%
信用保证保险	84.7	4.8%	22.0%	138.6	8.5%	-38.9%
企业财产保险	48.6	2.7%	12.7%	48.9	3.0%	-0.67%
责任保险	51.8	2.9%	14.3%	41.2	2.5%	25.8%
意外伤害保险	41.6	2.3%	16.8%	34.2	2.1%	21.7%

续表

险种	2016年			2015年		保费增速
	保费收入(亿元)	占比	市场份额	保费收入(亿元)	占比	
工程保险	16.5	0.93%	17.7%	17.3	1.1%	-4.3%
货运险	10.1	0.57%	11.8%	9.9	0.61%	1.7%
特殊风险保险	13.7	0.77%	34.0%	12.3	0.75%	10.9%
健康险	8.0	0.45%	2.7%	6.8	0.41%	17.9%
家庭财产保险	7.5	0.42%	14.4%	5.7	0.35%	30.8%
船舶保险	4.6	0.26%	9.0%	5.4	0.33%	-15.1%
农业保险	8.0	0.45%	1.9%	6.8	0.42%	17.8%
合计	**1780.0**	**100%**	**19.2%**	**1636.9**	**100%**	**8.7%**

数据来源：根据平安产险2015年度、2016年度信息披露报告整理计算。

2016年，平安产险发挥渠道优势，车险业务保持快速增长，全年机动车辆保险实现保费收入1485.0亿元，同比增长13.4%，增速较市场平均增速高3.1个百分点，在平安产险保费收入中占比达到83.4%，较2015年提升3.4个百分点，市场份额达到21.7%，高出平安产险总体市场份额2.5个百分点。

2016年，平安产险非车险业务出现负增长，全年非车险业务实现保费收入295.0亿元，同比下降9.8%，在平安产险保费收入中占比达到16.6%，较2015年下降3.4个百分点。从保费增长速度来看，2016年，平安产险责任险、意外伤害保险、货运险、特殊风险保险、健康险、家庭财产保险以及农业保险保费收入均实现增长。其中，家庭财产保险保费收入增长速度达到30.8%，成为平安产险增长最快的险种；信用保证保险、企业财产保险、工程保险以及船舶保险保费收入均出现下滑，其中，信用保证保险降幅达到53.9亿元，同比下降38.9%，为平安产险保费下滑幅度最大的险种。从保费收入占比来看，责任险、意外伤害保险、特殊风险保险、健康险以及农业保险在平安产险保费收入中占比均有所上升；信用保证保险、企业财产保险、工程保险、货运险以及船舶保险在平安产险保费收入中占比均有所下滑。从市场份额来看，仅有信用保证保险和特殊风险保险市场份额高于平安产险总体市场份额，其他各类险种市场份额均低于平安产险总体市场份额。

（三）太保产险业务结构

2016年，太保产险实现保费收入962.0亿元，居国内财险公司第三位，较

2015 年增加 15.8 亿元，同比增长 1.7%，增速较市场平均增速低 8.3 个百分点。2016 年太保产险市场份额 10.4%，较 2015 年下降 0.8 个百分点（详见表 4-7）。

表 4-7 2015 年、2016 年太保产险业务结构

险种	2016 年			2015 年		增速
	保费收入(亿元)	占比	市场份额	保费收入(亿元)	占比	
机动车辆保险	761.8	79.2%	11.1%	749.6	79.2%	1.6%
非车险	200.2	20.8%	8.2%	196.6	20.8%	1.9%
企业财产保险	51.0	5.3%	13.4%	54.3	5.7%	-6.1%
责任保险	38.2	4.0%	10.5%	37.7	4.0%	1.5%
意外伤害保险	22.8	2.4%	9.2%	25.0	2.6%	-9.1%
农业保险	19.1	2.0%	4.6%	11.6	1.2%	65.2%
其他险种	69.1	7.2%	6.8%	68.0	7.2%	1.6%
合计	**962.0**	**100%**	**10.4%**	**946.2**	**100%**	**1.7%**

数据来源：根据太保集团 2015 年度报告、2016 年度报告整理计算。

2016 年，太保产险机动车辆保险实现保费收入 761.8 亿元，同比增长 1.6%，增速较市场平均增速低 8.7 个百分点，在太保产险保费收入中占比达到 79.2%，与 2015 年基本持平，市场份额达到 11.1%，高出太保产险总体市场份额 0.7 个百分点。非车险业务稳步增长，2016 年非车险业务实现保费收入 200.2 亿元，同比增长 1.9%，在太保产险保费收入中占比达到 20.8%，与 2015 年基本持平。从保费收入增长速度来看，责任保险和农业保险保费收入实现增长，2016 年初太保产险增资控股安信农险，实现并表经营，农业保险实现快速增长，增长速度达到 65.2%；企业财产保险和意外伤害保险保费收入均出现下滑。从保费收入占比来看，仅农业保险在太保产险保费收入中占比有所上升，达到 2.0%，较 2015 年提升 0.8 个百分点；其他各险种在太保产险保费收入中占比均出现下滑。从市场份额来看，企业财产保险和责任保险市场份额高于太保产险总体市场份额；意外伤害保险和农业保险市场份额低于太保产险总体市场份额。

（四）国寿财险业务结构

2016 年，国寿财险实现保费收入 597.8 亿元，居国内财险公司第四位，较 2015 年增加 94.0 亿元，同比增长 18.7%，增速较市场平均增速高 8.7 个百分点。

2016年国寿财险市场份额6.5%，较2015年提高0.5个百分点（详见表4-8）。

表4-8　2015年、2016年国寿财险业务结构

险种	2016年			2015年		保费增速
	保费收入(亿元)	占比	市场份额	保费收入(亿元)	占比	
机动车辆保险	498.8	83.4%	7.3%	434.1	86.2%	14.9%
非车险	99.0	16.6%	4.1%	69.7	13.8%	42.0%
企业财产保险	21.0	3.5%	5.5%	19.2	3.8%	9.4%
责任保险	25.9	4.3%	7.1%	16.2	3.2%	59.9%
意外伤害保险	16.6	2.8%	6.7%	11.2	2.2%	48.2%
农业保险	16.3	2.7%	3.9%	8.5	1.7%	91.8%
合计	**597.8**	**100.0%**	**6.5%**	**503.8**	**100.0%**	**18.7%**

数据来源：根据国寿财险2015年度、2016年度信息披露报告整理计算。

2016年，国寿财险机动车辆保险实现保费收入498.8亿元，同比增长14.9%，增速较市场平均增速高4.6个百分点，在国寿财险保费收入中占比达到83.4%，较2015年下降2.8个百分点，市场份额达到7.3%，高出国寿财险总体市场份额0.8个百分点。非车险业务实现快速增长，全年非车险业务实现保费收入99.0亿元，同比增长42.0%，在国寿财险保费收入中占比达到16.6%，较2015年上升2.8个百分点。从保费收入增长速度来看，国寿财险各险种均呈现增长趋势，其中，农业保险保费收入几乎较2015年翻一番，增速达到91.8%，责任保险和意外伤害保险也实现了50%左右的增长。从保费收入占比来看，除企业财产保险外，其他3类险种在国寿财险保费收入中占比均有所上升。从市场份额来看，责任保险和意外伤害保险市场份额高于国寿财险总体市场份额；企业财产保险和农业保险市场份额低于国寿财险总体市场份额。

（五）中华联合财产保险业务结构

2016年，中华联合财产保险全年实现保费收入386.9亿元，居国内财险公司第五位，保费收入较2015年出现下滑，下降幅度达到7.7亿元，同比下降2.0%。2016年中华联合财险市场份额4.2%，较2015年下降0.4个百分点（详见表4-9）。

表 4-9 2015 年、2016 年中华联合财产保险业务结构

险种	2016 年			2015 年		保费增速
	保费收入(亿元)	占比	市场份额	保费收入(亿元)	占比	
机动车辆保险	247.3	63.9%	3.6%	264.6	67.1%	-6.5%
非车险	139.6	36.1%	5.7%	130.0	32.9%	7.4%
意外伤害保险	32.8	8.5%	13.2%	29.6	7.5%	10.8%
责任保险	14.6	3.8%	4.0%	12.8	3.2%	14.1%
企业财产保险	10.9	2.8%	2.9%	11.9	3.0%	-8.4%
工程保险	3.6	0.9%	3.9%	2.9	0.7%	24.1%
合计	**386.9**	**100%**	**4.2%**	**394.6**	**100%**	**-2.0%**

数据来源：根据中华联合财险 2015 年度、2016 年度信息披露报告整理计算。

2016 年，中华联合机动车辆保险实现保费收入 247.3 亿元，同比下降 6.5%，增速较市场平均增速低 16.8 个百分点，在中华联合保费收入中占比 63.9%，较 2015 年下降 5.2 个百分点，市场份额 3.6%，低于中华联合总体市场份额 0.6 个百分点。非车险业务保持稳定增长，全年非车险业务实现保费收入 139.6 亿元，同比增长 7.4%，在中华联合保费收入中占比达到 36.1%，较 2015 年上升 5.2 个百分点。从保费收入增长速度来看，除企业财产保险外，其他各类险种均实现增长，其中，工程保险保费收入达到 3.6 亿元，同比增长 24.1%，成为增长最快的险种。从保费收入占比来看，除企业财产保险外，其他 3 类险种在中华联合保费收入中占比均有所上升。从市场份额来看，仅有意外伤害保险市场份额高于中华联合总体市场份额；责任保险、企业财产保险以及工程保险市场份额均低于中华联合总体市场份额。

第二节 车险业务发展

2016年是车险费率市场化改革全面推进的第一年，改革引入“渠道费率调整系数”和“自主核保调整系数”，赋予保险公司更多的调价权，对车损险保费定价由原来的按保额或新车购置价厘定，转为按车型、车价、安全性和维修经济性等综合因素确定。根据保监会统计，费改后商业车险车均保费较改革前下降8%。在新车销量上升的带动下，车险保费规模继续放大，合计达到6834.6亿元，同比增长10.3%，高于财险行业整体增速。

一、国内车险业务规模

2016年我国汽车保有量继续保持增长态势，车险保源竞争焦点转向存量市场。全年机动车辆保险业务实现保费收入6834.6亿元，增长幅度达到635.6亿元，同比增长10.3%，高出财险公司保费收入增速0.3个百分点，车险业务在财险公司保费收入中占比73.8%，较2015年提升0.2个百分点。

（一）车险保源竞争焦点转向存量市场

2016年我国汽车保有量继续保持增长态势，汽车保有量达到1.94亿辆，同比增长12.8%，较2015年新增0.22亿辆；国内新车销量达到2802.8万辆，同比增长13.9%，增速较2015提升9.2个百分点，为2011年以来的最快增速，自2013年以来汽车保有量年化增速达到12.2%。近年来，新车占汽车保有量的比例呈下降趋势，自2013年以来每年下降1%左右，2016年占比为14.4%（见图4-2、图4-3）。随着新车占比下降，车险整体增速或将放缓，存量业务成为竞争焦点。

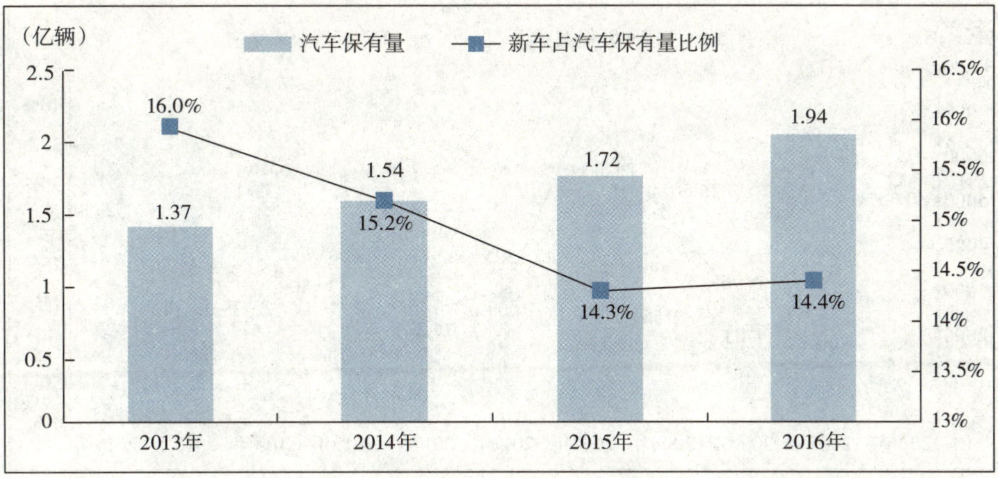

图 4-2　2013—2016 年汽车保有量及新车占比

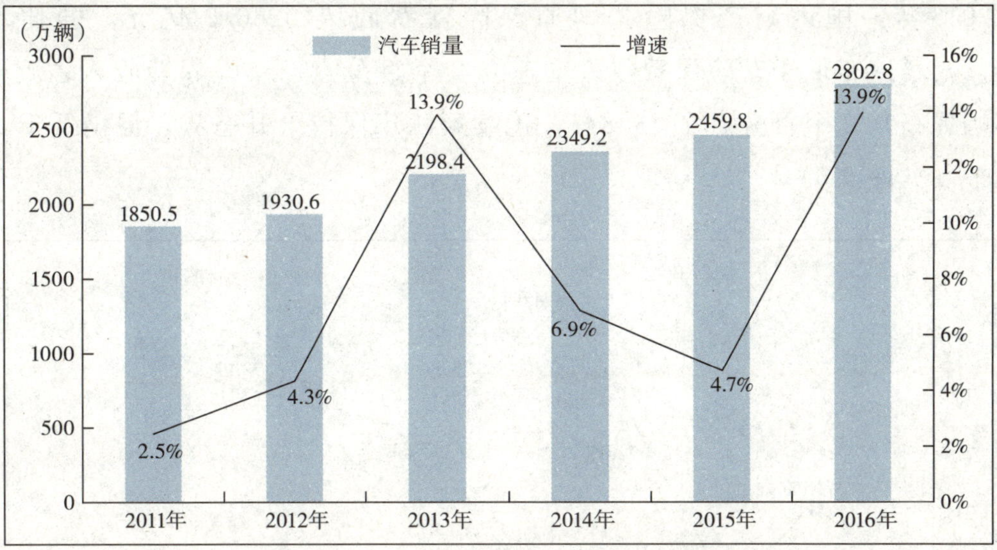

图 4-3　2011—2016 年国内汽车销量变化趋势

(二) 国内车险保费规模继续放大

2016 年是车险费率市场化改革全面推进的第一年，车险保费规模继续放大，合计达到 6834.6 亿元。根据保监会统计，费改后商业车险车均保费较改革前下降 8%，商业三责险平均责任限额提升 20%。在新车销量上升的带动下，2016 年行业车险保费仍保持两位数增速，达到 10.3%，高于财险行业整体增速。但近三年，车险市场保费增速整体呈下降趋势（见图 4-4）。

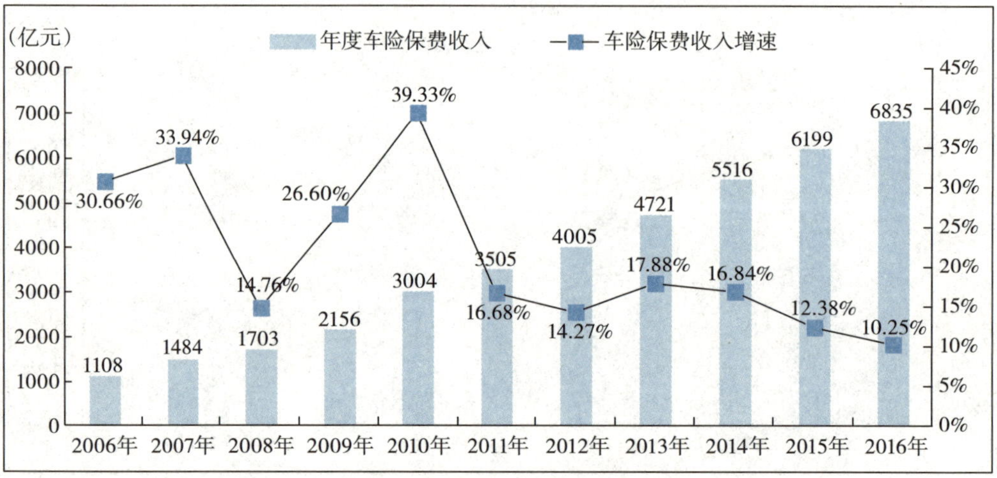

图 4-4　2006—2016 年国内车险保费收入及增速

2016 年，国内财产保险公司原保险保费收入 9266.2 亿元，同比增长 10.0%，增速略低于车险保费收入增速 0.2 个百分点，车险保费收入占财险比重小幅提高 0.2 个百分点至 73.8%，连续第四年保持上升态势，但仍低于 2010 年水平（见图 4-5）。

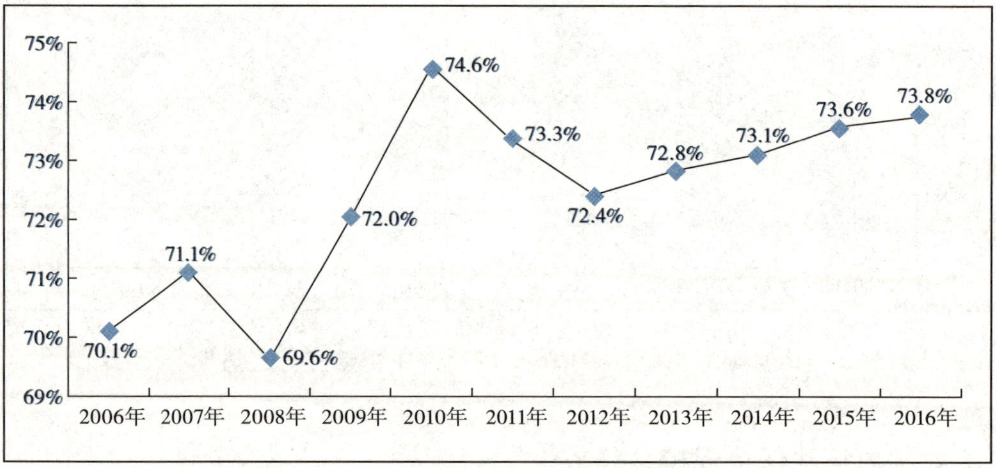

图 4-5　2006—2016 年车险保费收入在财险公司总保费收入中占比变化

二、国内车险业务竞争格局

2016 年，国内财险公司车险业务实现保费收入 6834.6 亿元。其中，中资财险公司车险业务实现保费收入 6726.9 亿元，同比增长 10.2%，市场份额达到98.4%，与2015年市场份额基本持平；外资财险公司车险业务实现保费收入107.7亿元，同比增长11.4%，市场份额达到1.6%。2016年车险市场格局基本保持稳定，主要保险公司市场份额未发生较大波动，车险保费收入排名前三位的依次为人保财险、平安产险和太保产险，三家公司保费收入累计市场份额占比65.9%。

（一）国内财产保险公司车险业务规模

2016年车险保费收入排名前十位的财险公司均为中资财险公司，其中，人保财险车险保费收入2255.1亿元，保费收入排名市场第一，也是国内唯一一家车险保费收入超过2000亿元的财险公司；平安产险车险保费收入1485.0亿元，保费收入排名市场第二，也是国内唯一一家车险保费收入超过1000亿元的财险公司（除人保财险外）；车险保费收入排名第三至第九位的依次为：太保产险、国寿财险、大地财险、中华联合、阳光财险、太平财险、天安财险车险，这七家公司的车险保费收入在100亿～1000亿元之间；华安财险车险保费收入86.1亿元，排名市场第十。此外，安盛天平2016年车险保费收入75.5亿元，在车险市场排名第十一位，位列所有外资财险公司之首（见表4-10）。

表4-10　2016年国内财险公司车险业务规模与占比情况

排名	类型	公司名称	保费收入（万元）	增速	市场份额
1	中资	人保财险	22550641	10.5%	33.00%
2	中资	平安产险	14850066	13.4%	21.73%
3	中资	太保产险	7617606	1.6%	11.15%
4	中资	国寿财险	4987769	14.9%	7.30%
5	中资	大地财产	2516824	17.0%	3.68%
6	中资	中华联合	2473170	-6.5%	3.62%
7	中资	阳光财险	2162614	9.5%	3.16%
8	中资	太平财险	1456102	13.9%	2.13%
9	中资	天安财险	1127773	5.4%	1.65%
10	中资	华安财险	861266	16.7%	1.26%
11	外资	安盛天平	754711	10.9%	1.10%
12	中资	永安财险	735677	13.2%	1.08%
13	中资	安邦财险	476576	1.2%	0.70%

续表

排名	类型	公司名称	保费收入（万元）	增速	市场份额
14	中资	华泰保险	450634	18.3%	0.66%
15	中资	英大财产	427436	13.5%	0.63%
16	中资	永诚财险	421408	-6.6%	0.62%
17	中资	紫金财产	409524	20.9%	0.60%
18	中资	都邦财险	352862	0.9%	0.52%
19	中资	浙商财产	303157	3.1%	0.44%
20	中资	安诚财险	281942	18.2%	0.41%
21	中资	信达财险	276147	3.9%	0.40%
22	中资	渤海财险	267795	29.1%	0.39%
23	中资	亚太财险	248266	19.3%	0.36%
24	中资	中银保险	245910	26.9%	0.36%
25	中资	长安责任	228298	2.2%	0.33%
26	中资	安华农业	202337	10.3%	0.30%
27	中资	鼎和财产	176750	18.3%	0.26%
28	中资	富德财产	166333	91.9%	0.24%
29	中资	众诚保险	106084	18.4%	0.16%
30	中资	中煤财产	101829	37.7%	0.15%
31	中资	泰山财险	98959	7.0%	0.14%
32	中资	锦泰财产	92972	4.0%	0.14%
33	中资	北部湾财产	89660	11.0%	0.13%
34	外资	利宝互助	85970	18.8%	0.13%
35	外资	富邦财险	78703	15.3%	0.12%
36	中资	华海财险	76563	214.6%	0.11%
37	中资	华农财险	74253	38.4%	0.11%
38	中资	国元农业	71711	38.2%	0.10%
39	中资	诚泰财产	65887	13.4%	0.10%
40	中资	燕赵财险	51908	1147.0%	0.08%
41	外资	国泰财产	47461	-10.9%	0.07%
42	中资	长江财产	46170	24.4%	0.07%
43	外资	中航安盟	43414	27.0%	0.06%

续表

排名	类型	公司名称	保费收入（万元）	增速	市场份额
44	中资	恒邦财险	41096	125.1%	0.06%
45	外资	三星财险	35303	16.6%	0.05%
46	中资	阳光农业	32455	11.3%	0.05%
47	中资	鑫安汽车	23915	-7.9%	0.03%
48	外资	中意财险	20607	109.5%	0.03%

数据来源：保监会。该表仅选取了2016年车险保费收入超过1亿元的财险公司。

从车险保费收入增速情况来看，2016年，国内车险保费收入增速10.3%。国内三大财产保险公司中，人保财险车险保费收入增速10.5%，较市场总体增速高0.2个百分点；平安产险车险业务增速最快，达到13.4%，较市场总体增速高3.1个百分点；太保产险车险业务增速仅为1.6%，较市场总体增速低8.7个百分点。在车险保费收入超过1亿元的48家财险公司中，燕赵财险车险业务增速最快，达到1147.0%。在全国车险市场中，车险保费收入增速超过100%的财险公司有4家，分别为：燕赵财险、华海财险、恒邦财险和中意财险；车险保费收入增速50%～100%的财险公司仅有富德财险1家；车险保费收入增速10%～50%的财险公司有29家；车险保费收入增速0%～10%的财险公司有10家；其余4家财险公司车险业务出现负增长。

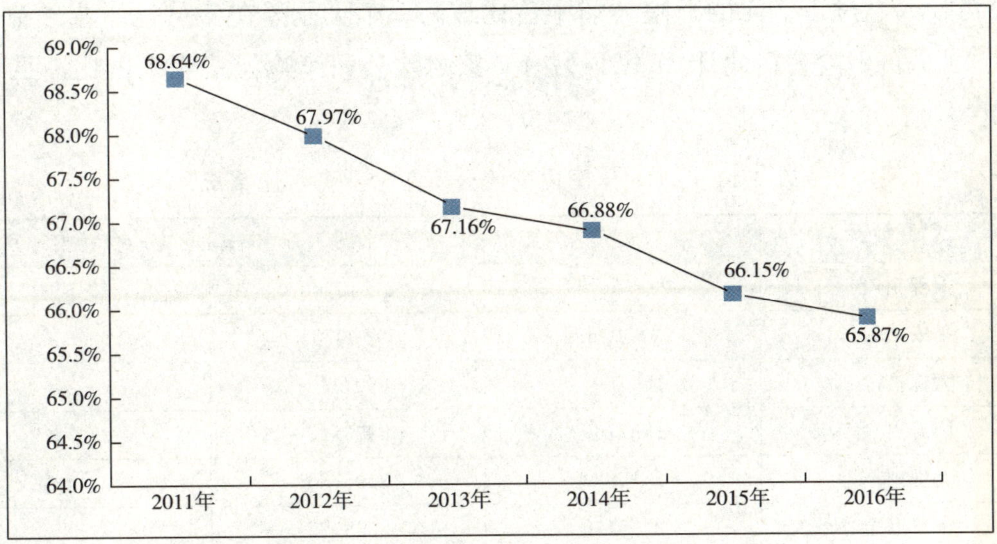

图4-6　2011—2016年国内车险市场集中度（CR_3）

（二）国内车险市场集中度

2016 年，国内车险市场集中度继 2012 年以来连续 6 年呈现下滑趋势，国内车险市场集中度（CR_3）为 65.87%，较 2015 年减少 0.28 个百分点。国内三大财产保险公司中，人保财险车险业务市场份额为 33.00%，较 2015 年增加 0.07 个百分点；平安产险车险业务市场份额为 21.73%，较 2015 年增加 0.60 个百分点；太保产险车险业务市场份额为 11.15%，较 2015 年减少 0.95 个百分点（见图 4-6）。

（三）国内财产保险公司车险业务占比

2016 年，车险业务保费收入 6834.6 亿元，在财险公司保费总收入中占比达到 73.8%，较 2015 年增加 0.2 个百分点，仍然是财产保险公司的主力险种。国内三大主要财险公司的车险业务保费占比均超过 70%。其中，平安产险车险业务保费收入占比最高，达到 83.5%，较市场平均水平高 9.7 个百分点；太保产险车险业务保费收入占比略低，为 79.3%，较市场平均水平高 5.4 个百分点。在车险保费收入超过 1 亿元的 48 家财险公司中，安盛天平、富德财险、渤海财险和众诚财险 4 家财险公司车险保费收入占比均超过 90%，车险业务成为这 4 家公司的主营业务。其中，安盛天平车险保费收入占比达到 94.7%，在车险保费收入超过 1 亿元的财险公司中占比最高。车险业务在公司整体业务中占比 50%～90%的财险公司共计 37 家，另有 7 家财险公司车险保费收入占比不足 50%（详见表 4-11）。

表 4-11　2016 年国内财险公司车险业务占比情况

公司名称	车险保费收入（万元）	总保费收入（万元）	车险保费收入占比
人保财险	22550641	31045348	72.6%
平安产险	14850066	17790765	83.5%
太保产险	7617606	9607112	79.3%
国寿财险	4987769	5973598	83.5%
大地财产	2516824	3195785	78.8%
中华联合	2473170	3858725	64.1%
阳光财险	2162614	2839216	76.2%
太平保险	1456102	1818029	80.1%

续表

公司名称	车险保费收入（万元）	总保费收入（万元）	车险保费收入占比
天安财险	1127773	1387436	81.3%
华安财险	861266	1003487	85.8%
安盛天平	754711	797132	94.7%
永安财险	735677	903559	81.4%
安邦财险	476576	537090	88.7%
华泰保险	450634	701094	64.3%
英大财产	427436	832974	51.3%
永诚财险	421408	634907	66.4%
紫金财产	409524	494475	82.8%
都邦财险	352862	401874	87.8%
浙商财产	303157	347971	87.1%
安诚财险	281942	371061	76.0%
信达财险	276147	324880	85.0%
渤海财险	267795	296286	90.4%
亚太财险	248266	285484	87.0%
中银保险	245910	502535	48.9%
长安责任	228298	306926	74.4%
安华农业	202337	440981	45.9%
鼎和财产	176750	318909	55.4%
富德财产	166333	182646	91.1%
众诚保险	106084	117800	90.1%
中煤财产	101829	125794	80.9%
泰山财险	98959	134744	73.4%
锦泰财产	92972	145305	64.0%
北部湾财产	89660	149685	59.9%
利宝互助	85970	122963	69.9%
富邦财险	78703	96622	81.5%
华海财产	76563	118955	64.4%
华农财险	74253	84022	88.4%
国元农业	71711	404161	17.7%

续表

公司名称	车险保费收入（万元）	总保费收入（万元）	车险保费收入占比
诚泰财产	65887	89526	73.6%
燕赵财产	51908	62142	83.5%
国泰财产	47461	65120	72.9%
长江财产	46170	82465	56.0%
中航安盟	43414	183452	23.7%
恒邦财险	41096	46650	88.1%
三星财险	35303	81765	43.2%
阳光农业	32455	303119	10.7%
鑫安汽车	23915	41166	58.1%
中意财险	20607	46284	44.5%

数据来源：保监会。该表仅选取了2016年车险保费收入超过1亿元的财险公司。

三、商业车险费率市场化改革进展

2016年是车险费率市场化改革全面推进的第一年，根据保监会统计，费改后商业车险车均保费较改革前下降8%，商业三责险平均责任限额提升20%。

（一）改革进程从试点推向全国

经国务院批准，2015年2月保监会印发《中国保监会关于深化商业车险条款费率管理制度改革的意见》，正式启动商业车险费率市场化改革工作。从2015年6月至2016年6月，先后分三个批次在不同省市陆续实施商业车险费率市场化改革试点并逐步推广至全国。2016年1月1日，在黑龙江、山东、广西、重庆、陕西、青岛等6个首批试点地区基础上，新增天津、内蒙古、吉林、安徽、河南、湖北、湖南、广东、四川、青海、宁夏、新疆等12个第二批试点地区；2016年7月1日，保监会在北京、河北、山西、辽宁、上海、江苏、浙江、福建、江西、海南、贵州、云南、西藏、甘肃、深圳、大连、宁波、厦门等18个地区推动实施商业车险费率市场化改革，意味着商业车险费率市场化改革在全国范围内推广实施。

（二）改革内容涉及条款与费率

商业车险费率市场化改革以保护消费者利益为出发点，以“建立健全市场化的商业车险条款费率形成机制，激发财产保险公司发展创新的活力与动力，引导财产保险公司在商业车险品牌、管理、渠道、价格、服务等方面开展全方位、多层次、差异化的市场竞争，提升财产保险行业准确评估标的风险、有效管控经营成本、持续改善服务质量的能力”为落脚点，稳步建立市场化的商业车险条款费率形成机制。主要包括如下方面：

一是修订商业车险示范条款，鼓励保险公司创新条款。新的商业车险综合示范条款扩大了保险范围，将原条款中的5个附加险责任、家庭成员人身伤害和台风冰雹等自然灾害责任并入主险责任范围。新条款简化了理赔流程，增加车损险代位追偿等约定，强化保险公司的说明义务，减少后期理赔争议与诉讼纠纷。在保险条款创新方面，目前已经批准“机动车钥匙丢失或损失费用补偿保险”和“机动车油污责任险”等创新型条款。

二是建立行业基准纯风险保费的形成、调整机制，逐步扩大财产保险公司费率厘定自主权。建立了行业分车型纯风险保费费率体系，确定了统一的“基准保费”；基于实际情况按照行业统一标准确定“出险次数因子”和“交通违法因子”，鼓励安全驾驶行为；引入“渠道费率调整系数”和“自主核保调整系数”，赋予财产保险公司在0.85～1.15的幅度范围内自主确定两大调整系数。同时，对车损险保费定价由按保额或新车购置价厘定转为按车型、车价、安全性和维修经济性等综合因素确定。

（三）改革成效与问题并存

首轮改革整体过渡平稳，取得阶段性成果。试点基本实现平稳过渡，客户普遍获益，未发生大范围客户退保、投诉等情况，车险市场保持稳定发展，行业承保利润同比上升。从消费者来看，大部分地区驾驶习惯良好的低风险车主享受商业车险最低折扣率已由改革前的0.7下调到0.4335，车均保费较改革前下降5.3%，车主共少交保费250亿元，“高保低赔”“无责不赔”“家庭成员人身伤害不赔”等顽症得到根除，车险投诉量占财产险投诉量的比重下降3.5个百分点，消费者获得感显著提高。从财险公司来看，商业车险投保率为77%，同比提升4个百分点，车险保费收入6834.55亿元，同比增长10.25%；承保盈利65.58亿元，同比提高19.8%。总体来看，商业车险费率市场化改革实现了车型定价，将车损险保费由原来的单一保额或新车购置价决定转变为综合考虑某一车型的车辆价值、安全性和维修经济性等多种风险因素确定，缓解了困扰社会公众多年的“高保低赔”问题，促进了汽车安全性和易维修性的提高；建立了车险费率与风险水平挂钩的“奖优罚劣”机制，促使车主谨慎驾驶，提升了交通安全水平；扩大了保险公司定价自主权，促进了商业车险费率的市场竞争，提高了车险市场活跃度。

改革在取得明显成效的同时，也存在一些值得关注的问题，最为突出的是综合成本率的结构有所变化，市场竞争加剧呈现“低赔付，高费用”状态。在费率改革的前几年，车险赔付率在63%至64%之间波动，2015年车险综合赔付率快速下降至60.34%，2016年继续下降至57.89%。赔付成本下降转化为销售费用投入的增长，市场综合费用率从2015年的39.04%上升2.14个百分点至2016年的41.18%，为历史最高值。这反映费改一年，行业整体运营效率仍然不高。2016年全行业仅有14家保险公司实现车险承保盈利，总计实现车险承保盈利128.97亿元，其中人保财险、平安产险和太保产险三家贡献车险承保利润近110亿元；全行业近八成保险公司车险业务承保亏损，合计亏损63亿多元，最高亏损额度接近10亿元。这说明财产保险公司在商业车险开展全方位、多层次、差异化市场竞争的手段和能力仍然不足。针对转变车险行业竞争模式的问题，从短期来看，保监会致力于通过加大监管力度来治标，强化“放开前端，管住后端”，确保市场平稳。2016年，保监会建立了商业车险费率回溯修订机制、现场检查与非现场测评联动工作机制，全年累计下发181份监管提示函，责令39家次保险公司停用或修改条款费率。从长期来看，监管当局将通过深化改革来治本，进一步赋予保险公司更多的自主竞争手段。市场预计车险二次费改将进一步下调车险费率调整系数，继续提高保险公司定价自主权。

第三节　主要非车险业务发展

2016年非车险业务中，与国计民生密切相关的农业保险、责任保险保持良好发展势头。2016年农业保险、责任保险原保险保费收入分别为417.7亿元和362.4亿元，同比分别增长11.4%和20.0%，占产险业务的比例分别为4.8%和4.2%，分别较2015年上升0.1和0.4个百分点。健康险业务高速增长，实现原保险保费收入4042.5亿元，同比增长67.7%。

一、农业保险

自2007年起，农业保险已连续十年写入“中央一号”文件当中，累计共有27条提及农业保险，其中，2016年“中央一号”文件《关于落实发展新理念　加快农业现代化实现全面小康目标的若干意见》在延续此前“扩大农业保险覆盖面、增加保险品种、提高风险保障水平”的基础上，增加了更多首次提及的内容，包括探索农业保险保单质押贷款，探索收入保险、天气指数保险试点，稳步扩大“保险+期货”试点，鼓励和支持保险资金开展支农融资业务创新试点，推进病死畜禽无害化处理与养殖业保险联动机制建设等。农业保险在国民经济发展和社会民生改善中发挥着越来越重大的作用，已经成为国家在农村金融制度创新、社会化服务提供、新型主体培育以及国家食品安全、粮食安全、生态保护等重大问题决策部署中进行宏观调控的重要抓手。

（一）农业保险全国保费规模及增速

2016年，我国农业保险保持高速发展，实现保费收入417.7亿元，同比增长11.4%。中央财政拨付农业保险保费补贴资金158.3亿元，同比增长7.5%，是2007年的7倍多。农业保险保费收入在产险业务中占比达到4.8%，较2015

年提升 0.1 个百分点，总计为 2.0 亿户次农户提供风险保障高达 2.2 万亿元（见图 4-7）。

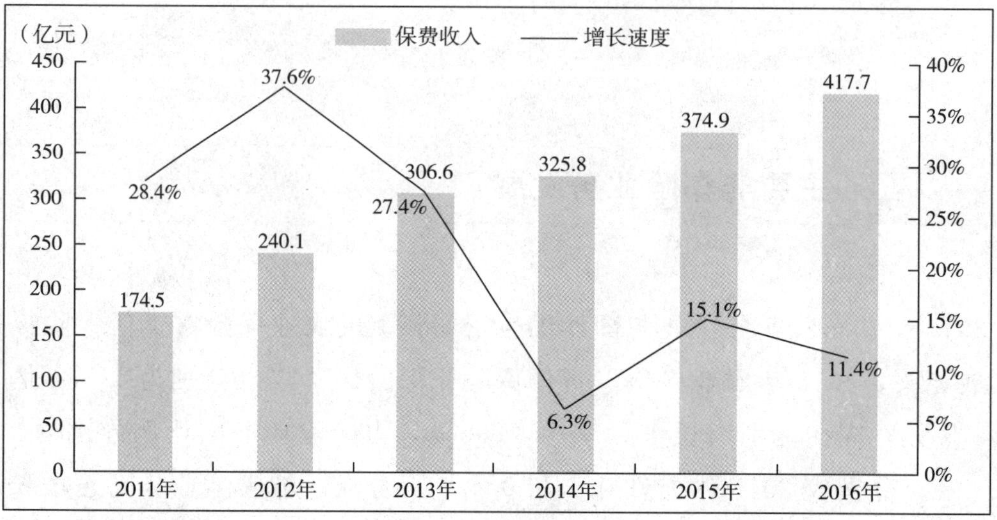

图 4-7　2011—2016 年我国农业保险保费收入及增速

2006 年，我国农业保险保费收入仅为 8.8 亿元，自 2007 年中央首次将农业保险写入“中央一号”文件以来，农业保险已取得了长足的发展。2016 年农业保险保费收入为 2006 年的 47.5 倍，年均增长速度达到 47.1%，远高于同期产险保费收入增长速度，农业保险在全国产险业务中保费收入占比也由 2006 年的 0.6%增长到 2016 年的 4.8%。农业保险的快速发展为我国农业供给侧结构性改革、农村现代化建设以及国家精准扶贫提供了有效的风险保障。

（二）农业保险区域保费规模及增速

从地区发展情况来看，2016 年我国东北、华北、华中、西南等重要的农业主产区农业保险业务发展较快，沿海及工业发达地区农业保险保费收入相对较低。2016 年，我国新疆、内蒙古、黑龙江、四川等 4 个地区农业保险保费收入超过 30 亿元，新疆以 36.1 亿元保费收入居全国首位；河南、湖南、河北、安徽 4 个地区农业保费收入在 20 亿～30 亿元；山东、江苏、辽宁、吉林、云南、广东 6 个地区农业保费收入在 10 亿～20 亿元；广西、甘肃、江西、浙江、贵州、陕西、山西、上海、北京、湖北、福建、宁夏、海南、重庆、天津、青海、大连、西藏、宁波、青岛、厦门、深圳 22 个地区农业保险保费收入不足 10 亿元

(详见表 4-12)。

表 4-12 2015 年、2016 年我国各地区农业保险保费收入增长及占比情况

地区	保费收入及增速（百万元）			在财产保险总保费收入中占比		
	2015 年	2016 年	增速	2015 年	2016 年	占比变动（百分点）
北京	574	600	4.5%	1.7%	1.6%	-0.1
天津	257	293	14.1%	2.1%	2.3%	0.2
河北	2202	2287	3.9%	5.5%	5.2%	-0.3
山西	566	635	12.2%	3.5%	3.6%	0.1
内蒙古	3135	3206	2.3%	21.0%	19.7%	-1.3
辽宁	1408	1565	11.1%	6.8%	7.1%	0.3
大连	217	239	10.2%	3.1%	3.3%	0.2
吉林	1108	1483	33.9%	9.2%	11.1%	1.9
黑龙江	2895	3184	10.0%	21.7%	21.4%	-0.3
上海	478	608	27.2%	1.3%	1.6%	0.3
江苏	1652	1694	2.6%	2.5%	2.3%	-0.2
浙江	710	681	-4.1%	1.4%	1.2%	-0.2
宁波	149	180	20.9%	1.2%	1.4%	0.2
安徽	1952	2196	12.5%	7.1%	7.0%	-0.1
福建	441	440	-0.2%	2.2%	2.1%	-0.1
厦门	3	2	-29.1%	0.0%	0.0%	0.0
江西	773	811	5.0%	4.8%	4.4%	-0.4
山东	1653	1865	12.8%	3.5%	3.6%	0.1
青岛	121	127	5.2%	1.3%	1.2%	-0.1
河南	1741	2791	60.4%	5.4%	7.5%	2.1
湖北	646	559	-13.5%	2.7%	2.1%	-0.6
湖南	2368	2641	11.5%	9.7%	9.7%	0.0
广东	907	1079	19.0%	1.4%	1.5%	0.1
深圳	4	1	-72.1%	0.0%	0.0%	0.0
广西	634	888	40.1%	4.3%	5.4%	1.1
海南	360	371	3.0%	8.1%	7.8%	-0.3
重庆	304	314	3.2%	1.9%	1.9%	0.0

续表

地区	保费收入及增速（百万元）			在财产保险总保费收入中占比		
	2015 年	2016 年	增速	2015 年	2016 年	占比变动（百分点）
四川	2949	3124	5.9%	7.0%	6.8%	-0.2
贵州	518	662	27.8%	3.9%	4.3%	0.4
云南	1195	1172	-1.9%	5.9%	5.2%	-0.7
西藏	173	229	32.3%	15.5%	16.5%	1.0
陕西	540	648	19.9%	3.1%	3.4%	0.3
甘肃	769	844	9.7%	8.5%	8.4%	-0.1
青海	208	281	35.0%	8.0%	9.5%	1.5
宁夏	329	396	20.5%	8.0%	8.6%	0.6
新疆	3505	3614	3.1%	24.5%	23.6%	-0.9
全国	**37444**	**41714**	**11.4%**	**4.7%**	**4.8%**	**0.1**

数据来源：根据保监会公布数据整理。广东、浙江、山东、福建和辽宁五省均不含其计划单列市深圳、宁波、青岛、厦门和大连。

从 2016 年我国农业保险保费收入增速来看，河南、广西、青海、吉林、西藏、贵州、上海、宁波、宁夏、陕西、广东、天津 12 个地区农业保险保费增速高于全国农业保险保费平均增速。其中，河南以 60.4%的增速位居全国第一；山东、安徽、山西、湖南、辽宁、大连、黑龙江、甘肃、四川、青岛、江西、北京、河北、重庆、新疆、海南、江苏、内蒙古、福建、云南、浙江、湖北、厦门、深圳 24 个地区农业保险保费增速低于全国农业保险保费平均增速，其中，福建、云南、浙江、湖北、厦门、深圳 6 个地区 2016 年农业保险保费收入出现下滑。

从 2016 年农业保险保费收入在财产保险保费总收入中占比情况来看，新疆、黑龙江、内蒙古、西藏、吉林 5 个地区农业保险占比超过 10.0%；湖南、青海、宁夏、甘肃、海南、河南、辽宁、安徽、四川、广西、云南、河北 12 个地区农业保险占比为 5.0%～10.0%；江西、贵州、山西、山东、陕西、大连、江苏、天津、湖北、福建、重庆、上海、北京、广东、宁波、青岛、浙江、厦门、深圳 19 个地区农业保险占比低于 5.0%。

（三）主要财产保险公司农业保险发展情况

农业保险作为重要的支农手段，能够有效增强广大农户的风险保障水平，提高灾后复产能力，降低因灾致贫风险。2016 年，全国农业保险参保农户 2.0 亿户次，提供风险保障达 2.2 万亿元，总计为 3822.7 万户次农户支付赔款 299.2 亿元，同比增长 26.2%。国内三大财产保险公司中，人保财险农业保险保费收入 195.4 亿元，同比增长 3.1%，占国内农业保险总保费收入的 46.8%，较 2015 年下降 3.8 个百分点；平安产险、太保产险农业保险保费收入分别为 8.0 亿元、21.1 亿元，同比增长 17.9%、86.7%（见图 4-8）。

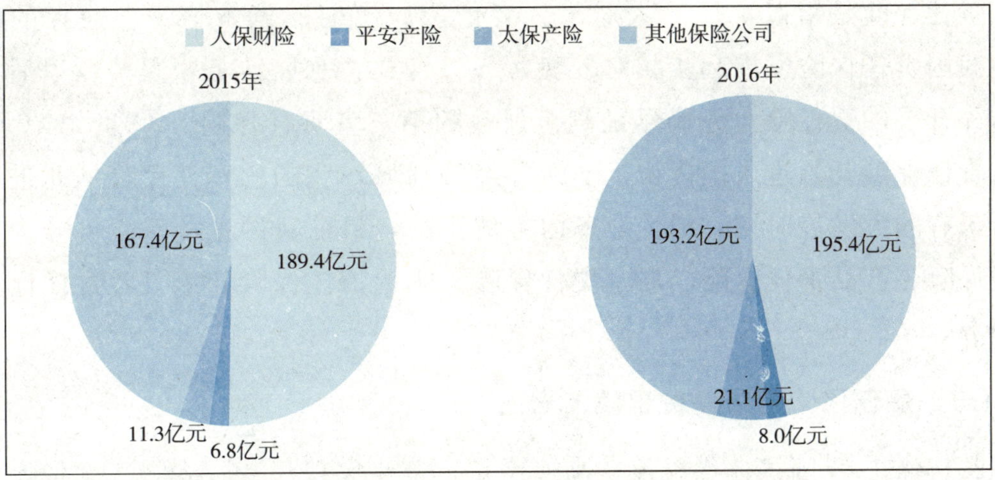

图 4-8 三大财险公司 2015 年、2016 年农业保险保费收入

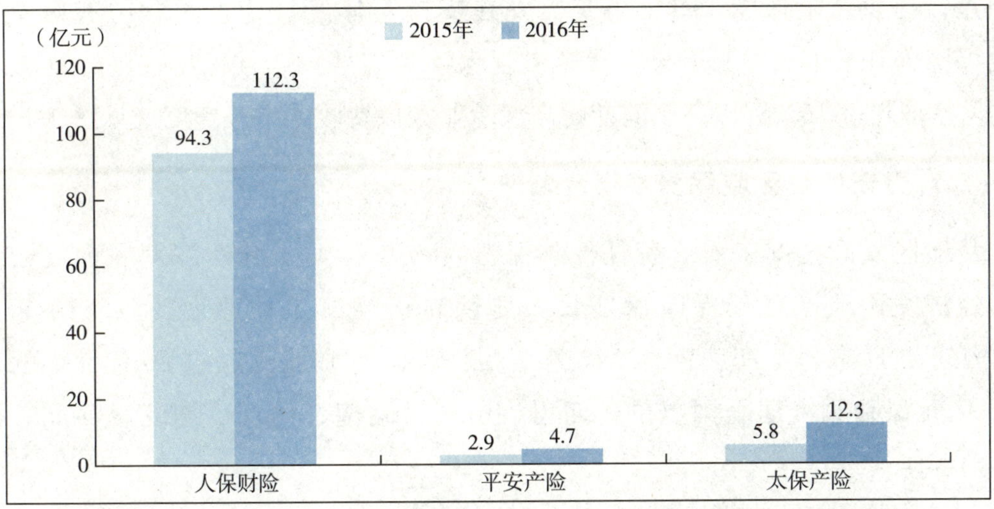

图 4-9 2015 年、2016 年国内三大财险公司农业保险赔付支出

2016年，受自然灾害频发影响，国内三大财险公司农业保险综合赔付率较2015年均出现较大幅度上升。其中，人保财险农业保险赔付支出112.3亿元，同比增长19.2%，农业保险综合赔付率高达57.5%，较2015年增加7.7个百分点；平安产险农业保险赔付支出4.7亿元，同比增长65.6%，农业保险综合赔付率高达58.9%，较2015年增加17.0个百分点；太保产险农业保险赔付支出12.3亿元，同比增长112.1%，农业保险综合赔付率高达58.3%，较2015年增加7.0个百分点[①]（见图4-9）。

二、责任保险

责任保险是指以被保险人对第三者依法应负的赔偿责任为保险标的的保险。我国责任保险发展起步相对较晚，1979年国内保险业务恢复经营以后，国内首先开展的责任险业务仍然是汽车保险的第三者责任保险。20世纪80年代末，责任保险开始进入国内市场非涉外经济领域，我国的责任保险从此进入了前所未有的大发展时期。根据业务内容的不同，目前我国责任保险可分为公众责任保险、产品责任保险、雇主责任保险、职业责任保险和第三者责任保险五类业务。

（一）责任保险全国保费规模及增速

2016年，我国责任保险保持高速增长，全年实现保费收入362.3亿元，同比增长20.0%，在产险业务保费收入中占比达到4.2%，较2015年增加0.4个百分点；提供风险保障118.2万亿元，在支持实体经济建设过程中有效发挥了风险保障作用。自2011年起，我国责任保险保费收入长期保持较快的增长速度，年均增速均超过15.0%，高于同期财产保险业务保费收入增长速度（见图4-10）。

（二）责任保险区域保费规模及增速

从地区发展情况来看，责任保险保费收入与我国区域经济发展程度密切相关，经济发达地区责任保险保费收入显著高于经济欠发达地区。2016年，北京、江苏、广东、上海、浙江5个地区责任保险保费收入超过20亿元，北京以35.2亿元保费收入居全国首位；四川、山东、湖南、深圳、湖北、河北、河南

① 2016年太保产险农业保险保费收入及支出包含安信农险相关数据。

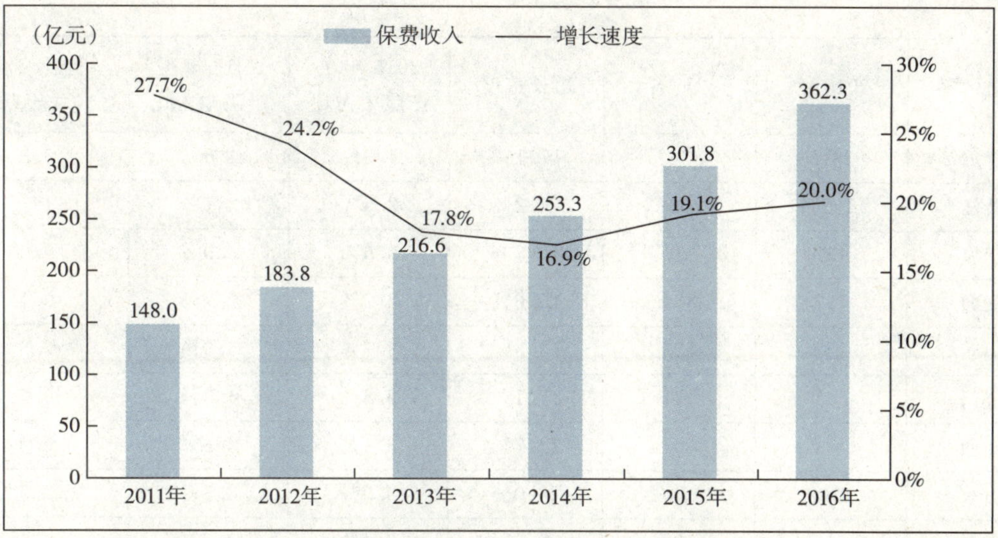

图 4-10　我国责任保险 2011—2016 年保费收入

7 个地区责任保险保费收入在 10 亿～20 亿元；安徽、福建、新疆、辽宁、贵州、重庆、云南、陕西、江西、广西、山西、宁波、甘肃、内蒙古、天津、青岛、吉林、黑龙江、大连、厦门、宁夏、海南、青海、西藏 24 个地区责任保险保费收入不足 10 亿元（详见表 4-13）。

表 4-13　2015 年、2016 年我国各地区责任保险保费收入及变化情况

单位：百万元

地区	2015 年	2016 年	增长速度	2015 年在产险中占比	2016 年在产险中占比	同比变化（百分点）
北京	2471	3518	42.3%	7.2%	9.5%	2.4
天津	398	430	8.2%	3.3%	3.4%	0.1
河北	805	1017	26.4%	2.0%	2.3%	0.3
山西	548	568	3.7%	3.4%	3.3%	-0.1
内蒙古	366	431	17.7%	2.5%	2.6%	0.2
辽宁	663	773	16.6%	3.2%	3.5%	0.3
大连	259	281	8.6%	3.6%	3.8%	0.2
吉林	367	353	-4.0%	3.0%	2.6%	-0.4
黑龙江	312	338	8.3%	2.3%	2.3%	0
上海	2608	3019	15.8%	7.3%	8.1%	0.8

续表

地区	2015 年	2016 年	增长速度	2015 年在产险中占比	2016 年在产险中占比	同比变化（百分点）
江苏	2873	3364	17.1%	4.3%	4.6%	0.3
浙江	1321	2089	58.2%	2.5%	3.7%	1.2
宁波	437	510	16.8%	3.6%	4.0%	0.4
安徽	737	859	16.6%	2.7%	2.7%	0.1
福建	728	825	13.3%	3.7%	3.9%	0.3
厦门	231	271	17.1%	3.8%	4.3%	0.5
江西	494	607	22.7%	3.1%	3.3%	0.3
山东	1360	1740	28.0%	2.9%	3.3%	0.5
青岛	315	403	28.0%	3.4%	3.8%	0.4
河南	864	1003	16.1%	2.7%	2.7%	0.0
湖北	947	1075	13.5%	4.0%	4.1%	0.1
湖南	1143	1362	19.1%	4.7%	5.0%	0.3
广东	2770	3068	10.8%	4.2%	4.3%	0.2
深圳	1034	1317	27.3%	4.8%	5.5%	0.7
广西	524	586	11.9%	3.6%	3.5%	0.0
海南	141	149	5.5%	3.2%	3.1%	−0.1
重庆	651	702	7.8%	4.2%	4.2%	0.1
四川	1693	1869	10.4%	4.0%	4.1%	0.1
贵州	536	732	36.6%	4.0%	4.8%	0.8
云南	587	661	12.5%	2.9%	2.9%	0.0
西藏	96	118	22.2%	8.7%	8.5%	−0.2
陕西	580	651	12.3%	3.3%	3.4%	0.1
甘肃	402	454	13.0%	4.5%	4.5%	0.1
青海	111	143	29.0%	4.3%	4.8%	0.6
宁夏	139	168	21.4%	3.4%	3.6%	0.3
新疆	660	778	17.9%	4.6%	5.1%	0.5
全国	**30184**	**36235**	**20.0%**	**3.80%**	**4.20%**	**0.4**

数据来源：根据保监会公布数据整理。广东、浙江、山东、福建和辽宁五省均不含其计划单列市深圳、宁波、青岛、厦门和大连。

从 2016 年我国责任保险保费增长速度来看，浙江、北京、贵州、青海、青岛、山东、深圳、河北、江西、西藏、宁夏11个地区责任保险保费增长速度高于全国平均增长速度，均达到20.0%以上。其中，浙江以58.2%的增长速度位居全国第一；湖南、新疆、内蒙古、厦门、江苏、宁波、安徽、辽宁、河南、上海、湖北、福建、甘肃、云南、陕西、广西、广东、四川18个地区责任保险保费增长速度在10.0%～20.0%；大连、黑龙江、天津、重庆、海南、山西6个地区责任保险保费增长速度不足10.0%。吉林2016年责任保险保费收入同比下降4.0%，是全国唯一出现责任保险保费下滑的地区。

从2016年责任保险保费收入在财产保险保费总收入中占比情况来看，责任保险在全国各地区财产保险业务中占比仍然不高，仅有北京、西藏、上海、深圳、新疆、湖南等6个地区责任保险占比超过5.0%。其中，北京责任保险占比达到9.5%，居全国首位；青海、贵州、江苏、甘肃、广东、厦门、重庆等地区责任保险占比高于全国平均水平；四川、湖北、宁波、福建、大连、青岛、浙江、宁夏、广西、辽宁、陕西、天津、山东、江西、山西、海南、云南、安徽、河南、吉林、内蒙古、河北、黑龙江23个地区责任保险占比低于全国平均水平。此外，从责任保险占比变化情况来看，仅有海南、山西、西藏、吉林4个地区责任保险占比有所下降，其他地区均出现不同程度的上升。总体而言，2016年责任保险在全国大多数地区呈现出良好的发展势头。

（三）主要财产保险公司责任保险发展情况

2016年，人保财险、平安产险、太保产险等国内三大财险公司责任保险保费收入合计227.0亿元，占全国责任保险保费总收入的62.6%。其中，人保财险责任保险保费收入137.0亿元，同比增长18.6%，占国内责任保险保费总收入的37.8%，较2015年减少0.5个百分点；平安产险责任保险保费收入51.8亿元，同比增长25.8%，占国内责任保险保费总收入的14.3%，较2015年增加0.6个百分点；太保产险责任保险保费收入38.2亿元，同比增长1.4%，占国内责任保险保费总收入的10.5%，较2015年减少1.9个百分点（见图4-11）。

2016年，人保财险责任保险赔付支出57.7亿元，同比增长18.7%，责任保险综合赔付率达到42.1%，较2015年增加0.1个百分点；平安产险责任保险赔付支出18.4亿元，同比增长16.5%，责任保险综合赔付率达到35.5%，较2015年减少2.8个百分点；太保产险责任保险赔付支出22.9亿元，同比增长15.1%，责任保险综合赔付率达到59.9%，较2015年增加7.1个百分点（见图4-12）。

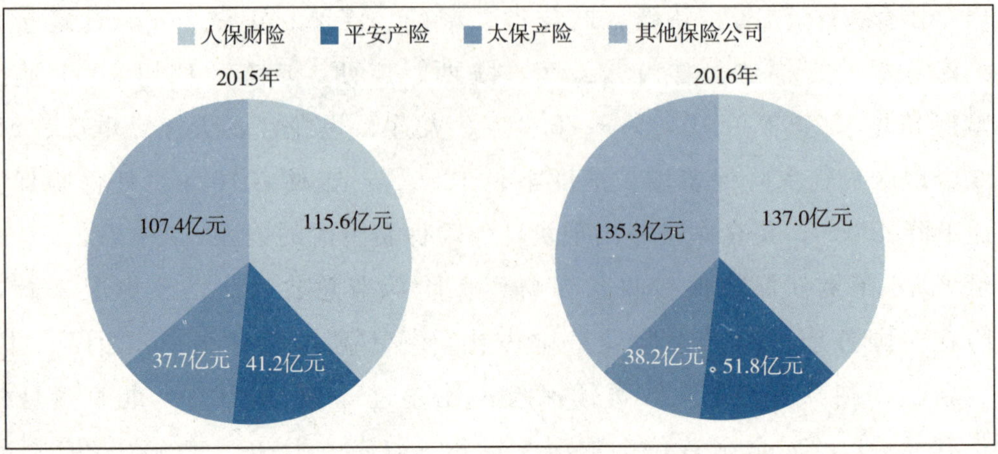

图4-11 2015年、2016年国内三大财险公司责任保险保费收入

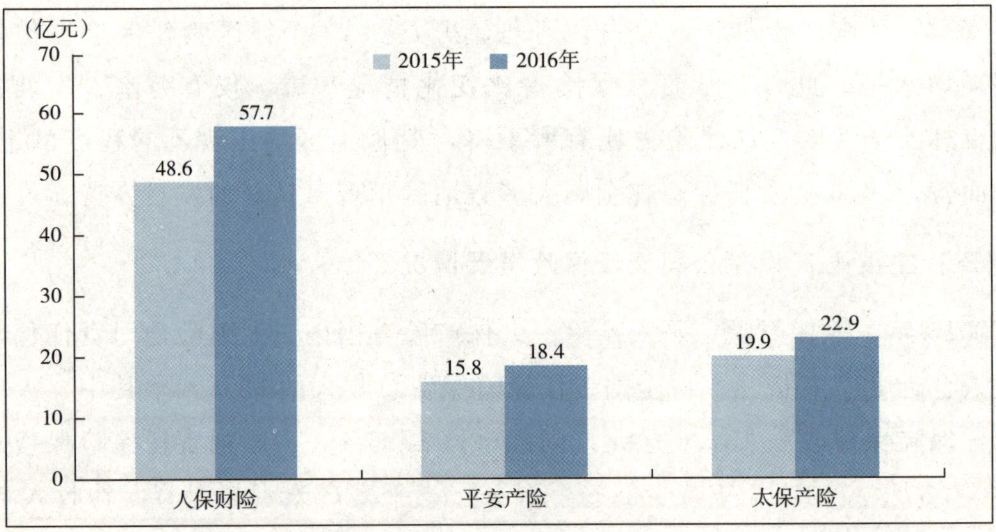

图4-12 2015年、2016年国内三大财险公司责任保险赔付支出

三、健康保险

党的十八大以来，国务院相继出台了《关于促进健康服务业发展的若干意见》《关于加快发展现代保险服务业的若干意见》《关于加快发展商业健康保险的若干意见》等文件，商业健康险作为重要发展内容被提上工作日程。2016

年，我国税优健康险正式开始试运行，已有23家保险机构被纳入经营税优健康险的阵容，税优健康险产品销售件数逐月上升，呈现出快速发展的趋势。所谓个人健康保险税收优惠，是指纳税人在购买商业健康险后，可以在当年（月）计税时予以税前抵扣的部分。目前扣除限额为2400元/年，即200元/月，同时每人最多只能购买一份商业健康险。各企事业单位统一组织为员工购买的商业健康险产品的支出，应计入员工个人工资薪金，视同个人购买，并按照2400元的上限予以扣除。个人税优健康保险产品采取万能险方式，包含医疗保险和个人账户积累两项责任。2016年，保险公司在北京、上海、天津、重庆等31个试点城市销售税优健康险，试点一年来，总保费收入为1.18亿元（保单67272件，每单平均1760元）。

（一）健康保险保费规模及增速

随着国民经济的持续快速发展，人们生活质量不断提高，健康意识显著增强，对健康保险产品的需求也逐渐增长，我国健康险市场呈现出良好的发展态势。自2012年起，我国健康保险保费收入增长速度保持在20.0%以上，且呈现逐年加快的趋势，2016年健康保险保费收入达到4042.5亿元，同比增长67.7%，是2011年的5.8倍，年均增长速度达到42.3%，增速远高于其他保险业务（图4-13）。

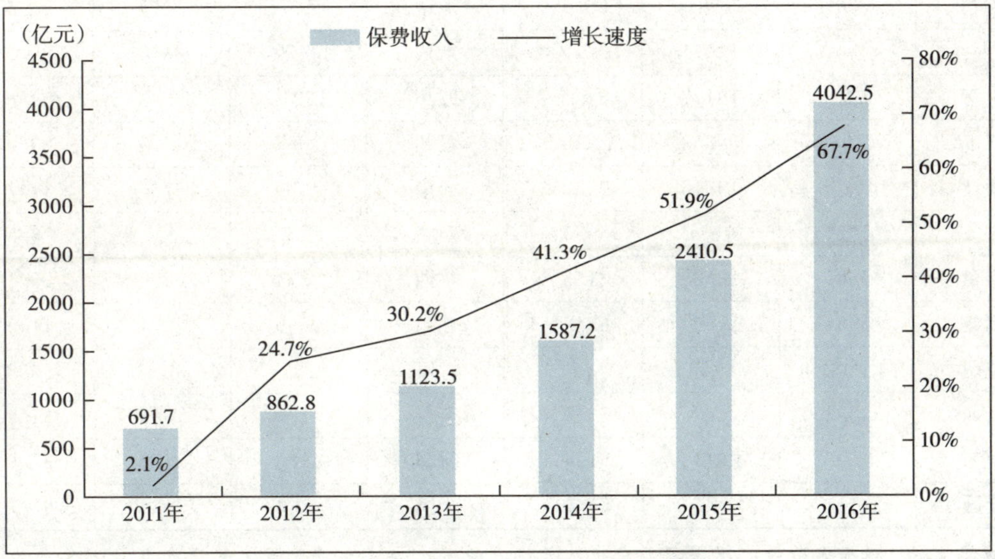

图4-13　2011—2016年我国健康保险保费收入与增速

（二）健康保险区域保费规模及增速

从地区发展情况来看，我国健康保险保费收入主要集中在人口稠密以及经济发达地区。其中，广东、江苏、北京、山东、四川、浙江、上海、河南、河北、深圳、湖北、福建、黑龙江、安徽、辽宁 15 个地区 2016 年健康保险保费收入超过 100 亿元，广东以 588.4 亿元保费收入居全国首位；湖南、重庆、陕西、云南、江西、山西、新疆、内蒙古、广西、吉林、青岛、天津、甘肃、贵州、大连、厦门、宁夏、宁波、海南 19 个地区健康保险保费收入在 10 亿～100 亿元；青海、西藏 2 个地区健康保险保费收入不足 10 亿元（详见表 4-14）。

表 4-14 2015 年、2016 年我国各地区健康保险保费规模及增长情况

单位：百万元

地区	2015 年	2016 年	增长速度	地区	2015 年	2016 年	增长速度
北京	24332	32318	32.8%	青岛	2017	4513	123.7%
天津	3394	4470	31.7%	河南	11144	15110	35.6%
河北	9845	13947	41.7%	湖北	8797	12841	46.0%
山西	4085	5990	46.6%	湖南	6001	9539	59.0%
内蒙古	3467	5185	49.5%	广东	23410	58840	151.4%
辽宁	8672	10378	19.7%	深圳	7642	13545	77.2%
大连	1883	2375	26.1%	广西	3797	4791	26.2%
吉林	3367	4581	36.0%	海南	821	1399	70.5%
黑龙江	4，475	11071	147.4%	重庆	6470	8348	29.0%
上海	11643	19177	64.7%	四川	12214	22575	84.8%
江苏	17958	38853	116.4%	贵州	1687	2784	65.0%
浙江	10258	19816	93.2%	云南	4589	6780	47.7%
宁波	1021	1531	50.0%	西藏	125	220	76.5%
安徽	5861	10628	81.3%	陕西	5274	6808	29.1%
福建	6964	11298	62.2%	甘肃	2596	2904	11.9%
厦门	1602	1743	8.9%	青海	587	821	39.8%
江西	4084	6528	59.9%	宁夏	1190	1606	34.9%
山东	15567	25132	61.4%	新疆	4186	5759	37.6%
全国	241047	404250	67.7%	**全国**	241047	404250	67.7%

数据来源：根据保监会数据整理。广东、浙江、山东、福建和辽宁五省均不含其计划单列市深圳、宁波、青岛、厦门和大连。

从2016年健康险保费增长速度来看，广东、黑龙江、青岛、江苏4个地区健康保险保费增长速度均超过100%，其中，广东以151.4%的增速位居全国首位；浙江、四川、安徽、深圳、西藏、海南、贵州、上海、福建、山东、江西、湖南、宁波13个地区增速在50.0%～100.0%；内蒙古、云南、山西、湖北、河北、青海、新疆、吉林、河南、宁夏、北京、天津、陕西、重庆、广西、大连、辽宁、甘肃18个地区增速在10.0%～50.0%；仅厦门1个地区增速低于10.0%。总体而言，健康保险在全国范围内呈现出快速发展的态势（详见表4-14）。

（三）主要财产保险公司健康保险发展情况

2016年，人保财险健康及意外伤害保险保费收入234.3亿元，同比增长26.2%；平安产险健康及意外伤害保险保费收入49.5亿元，同比增长21.0%。整体而言，由于财险公司只能经营短期健康险，其保费收入增长速度低于行业平均增速，健康保险保费收入仍然集中在寿险公司及专业健康保险公司之中，财险公司在健康险业务中占比相对较低。

从赔付支出来看，2016年，人保财险健康及意外伤害保险赔付支出176.5亿元，同比增长28.8%，综合赔付率达到89.0%，较2015年降低1.1个百分点；平安产险健康及意外伤害保险赔付支出14.4亿元，同比增长19.0%；太保产险健康及意外伤害险赔付支出27.1亿元，同比增长1.1%。

从市场总体发展情况来看，目前国内财产保险公司所经营的短期健康保险是指保险期间在一年及一年以下且不含有保证续保条款的健康保险，与长期健康保险相比，具有保费低、保障责任广、灵活性高等优点，能够满足不同投保人的保险需求。目前，我国短期健康保险保费收入约占国内健康保险保费收入的10%左右。为满足市场需求，部分财险公司设立专门的健康保险部门，针对健康保险业务进行分类处理，提供更专业高效的健康保险服务。此外，财险公司还在销售渠道上寻求突破，通过互联网渠道不断推出健康保险产品，获取市场份额。例如，作为众安保险最重要的业务组成部分之一，众安健康险坚持企业级团险和个人险两条腿走路，2016年业务取得了爆发式增长，健康保险保费收入达到2.1亿元，同比增长1476.9%。其中，众安健康险国民医保系列产品中的“尊享e生”上线四个月就吸引了20万家庭投保，且在2016年“双十一”

创造了互联网健康险单一产品日销量纪录。短期健康保险已成为部分财险公司占据市场份额、获得客户资源的重要渠道，也是财险公司保费收入的主要来源之一。

四、企业财产保险和家庭财产保险

我国企业财产保险（以下简称企财险）主要以企业固定资产和流动资产为保险标的，为企业运营提供风险保障。2016 年 12 月，保监会发布《企业财产保险标的分类（JR/T0150—2016）》行业标准，为企业财产保险科学厘定费率、强化风险管控提供了重要依据。家庭财产保险（以下简称家财险）主要以个人和家庭有形资产为投保标的，为居民或家庭遭受的财产损失提供及时的经济补偿，有利于居民生活安定，保障社会稳定。

（一）企财险和家财险保费规模及增速

2016 年，我国企财险保费收入 381.5 亿元，同比减少 1.2%，自 2015 年以来持续下降，在财产险总保费收入中占比 4.4%，较 2015 年减少 0.4 个百分点。家财险保费收入 52.1 亿元，同比增长 25.1%，在财产险总保费收入中占比 0.6%，较 2015 年增加 0.1 个百分点，自 2011 年以来，家财险保费收入除 2014 年下降 11.1%外，其他年份均保持在 20.0%以上的增长速度（见图 4-14）。

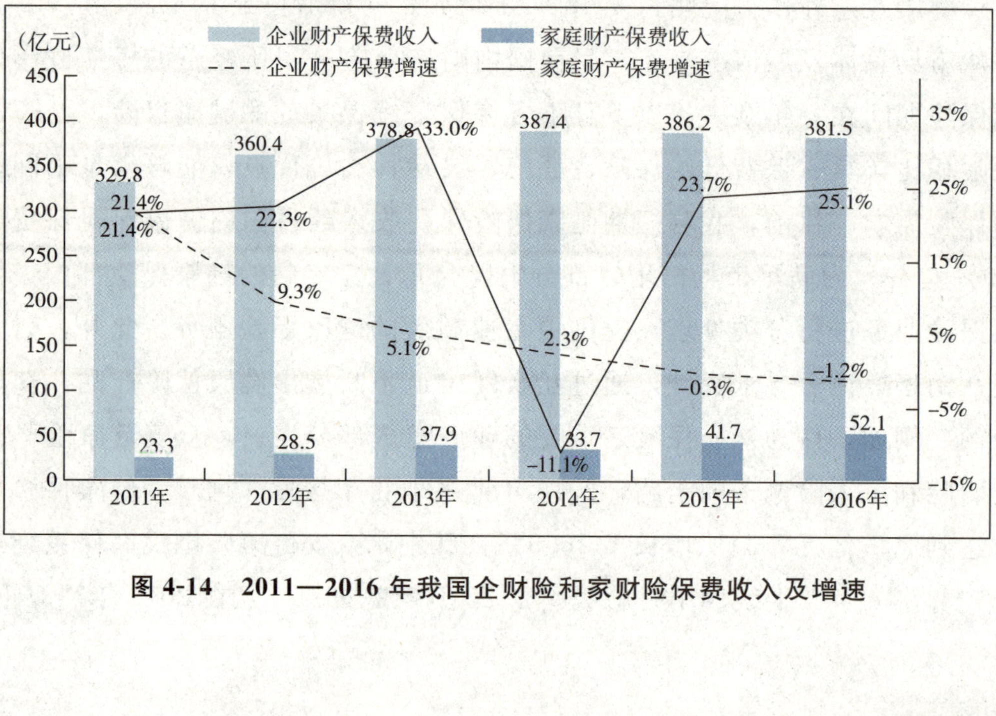

图 4-14　2011—2016 年我国企财险和家财险保费收入及增速

（二）区域保费规模及增速

1. 企财险区域保费规模及增速

如表 4-15 所示，2016 年，我国企财险保费收入 381.5 亿元，其中，江苏、广东、北京、上海、浙江 5 个地区企业财产保险保费收入超过 20 亿元，江苏以 41.1 亿元位居全国首位；山东、深圳、四川、湖北、河北 5 个地区企业财产保险保费收入在 10 亿～20 亿元；湖南、福建、宁波、辽宁、陕西、山西、内蒙古、河南、云南、安徽、新疆、天津、吉林、广西、黑龙江、大连、重庆、青岛、江西、贵州、甘肃、厦门、海南、青海、宁夏、西藏 26 个地区企业财产保险保费收入不足 10 亿元。

表 4-15　2015 年、2016 年我国各地区企财险保费收入增长及占比情况

单位：百万元

地区	2015 年	2016 年	增长速度	2015 年在产险中占比	2016 年在产险中占比	同比变化（百分点）
北京	3489	3300	-5.4%	10.1%	8.9%	-1.2
天津	645	651	0.9%	5.4%	5.1%	-0.3
河北	1101	1050	-4.6%	2.8%	2.4%	-0.4
山西	798	741	-7.1%	5.0%	4.3%	-0.7
内蒙古	725	700	-3.4%	4.9%	4.3%	-0.6
辽宁	901	864	-4.1%	4.4%	3.9%	-0.5
大连	504	492	-2.4%	7.1%	6.7%	-0.4
吉林	546	565	3.5%	4.5%	4.2%	-0.3
黑龙江	489	501	2.5%	3.7%	3.4%	-0.3
上海	2932	2988	1.9%	8.2%	8.1%	-0.2
江苏	4185	4110	-1.8%	6.2%	5.6%	-0.6
浙江	2746	2699	-1.7%	5.2%	4.7%	-0.5
宁波	869	866	-0.3%	7.2%	6.8%	-0.4
安徽	671	662	-1.3%	2.5%	2.1%	-0.3
福建	945	887	-6.1%	4.7%	4.2%	-0.5
厦门	295	298	1.0%	4.8%	4.7%	-0.1
江西	439	437	-0.5%	2.7%	2.4%	-0.3

续表

地区	2015年	2016年	增长速度	2015年在产险中占比	2016年在产险中占比	同比变化（百分点）
山东	1862	1792	-3.8%	3.9%	3.4%	-0.5
青岛	570	489	-14.2%	6.1%	4.6%	-1.5
河南	734	695	-5.3%	2.3%	1.9%	-0.4
湖北	1101	1189	8.0%	4.6%	4.5%	-0.1
湖南	918	935	1.9%	3.8%	3.4%	-0.3
广东	3703	3810	2.9%	5.6%	5.4%	-0.2
深圳	1628	1677	3.0%	7.6%	7.1%	-0.5
广西	560	539	-3.8%	3.8%	3.3%	-0.6
海南	190	238	25.3%	4.3%	5.0%	0.7
重庆	586	490	-16.4%	3.8%	3.0%	-0.8
四川	1255	1305	4.0%	3.0%	2.9%	-0.1
贵州	393	383	-2.5%	2.9%	2.5%	-0.4
云南	704	689	-2.1%	3.5%	3.1%	-0.4
西藏	28	36	28.6%	2.5%	2.6%	0.1
陕西	754	823	9.2%	4.3%	4.3%	0.0
甘肃	367	314	-14.4%	4.1%	3.1%	-0.9
青海	151	135	-10.6%	5.8%	4.6%	-1.2
宁夏	126	125	-0.8%	3.1%	2.7%	-0.3
新疆	685	658	-3.9%	4.8%	4.3%	-0.5
全国	**38594**	**38153**	**-1.2%**	**4.8%**	**4.4%**	**-0.4**

数据来源：保监会。广东、浙江、山东、福建和辽宁五省均不含其计划单列市深圳、宁波、青岛、厦门和大连。

从企财险保费增长速度来看，2016年西藏、海南、陕西、湖北、四川、吉林、深圳、广东、黑龙江、上海、湖南、厦门、天津13个地区企财险保持增长态势，其中，西藏以28.6%的增长速度位居全国首位；其余地区企财险保费收入均出现下滑。

从2016年企财险在产险业务保费收入中占比来看，全国36个省、自治区、直辖市和计划单列市中，北京、上海、深圳、宁波、大连、江苏、广东、天津、海南9个地区企财险在产险业务保费收入中占比超过5.0%。其中，北京以8.9%位居全国首位；其余27个地区企财险在产险业务保费收入中占比均低于5.0%。与此同时，仅有西藏和海南2个地区企财险在产险业务保费收入中占比较2015年有所提升，其他34个地区占比均出现下降。

2. 家财险区域保费规模及增速

如表4-16所示，2016年，我国家财险保费收入52.1亿元，其中，广东、浙江、江苏、上海、广西、深圳、北京、河北、山东、四川、湖北、湖南、福建、宁波、云南、新疆、贵州、辽宁18个地区家财险保费收入超过1.0亿元，广东以5.4亿元位居全国第一位；18个地区家财险保费收入不足1.0亿元。

表4-16　2015年、2016年我国各地区家财险保费收入增速及占比情况

单位：百万元

地区	2015年	2016年	增长速度	2015年在产险中占比	2016年在产险中占比	同比变化（百分点）
北京	156	240	54.2%	0.5%	0.7%	0.2
天津	17	16	-5.7%	0.1%	0.1%	0.0
河北	159	225	41.3%	0.4%	0.5%	0.1
山西	39	33	-14.0%	0.2%	0.2%	-0.1
内蒙古	60	59	-1.0%	0.4%	0.4%	0.0
辽宁	99	105	5.7%	0.5%	0.5%	0.0
大连	36	35	-3.4%	0.5%	0.5%	0.0
吉林	71	62	-12.2%	0.6%	0.5%	-0.1
黑龙江	79	86	9.7%	0.6%	0.6%	0.0
上海	268	383	43.0%	0.8%	1.0%	0.3
江苏	433	499	15.4%	0.6%	0.7%	0.0
浙江	419	531	26.8%	0.8%	0.9%	0.1
宁波	109	138	26.2%	0.9%	1.1%	0.2
安徽	94	95	0.5%	0.3%	0.3%	0.0
福建	117	140	19.4%	0.6%	0.7%	0.1
厦门	23	9	-60.2%	0.4%	0.2%	-0.2
江西	106	99	-6.9%	0.7%	0.5%	-0.1
山东	187	220	17.5%	0.4%	0.4%	0.0
青岛	44	56	26.7%	0.5%	0.5%	0.1

续表

地区	2015年	2016年	增长速度	2015年在产险中占比	2016年在产险中占比	同比变化（百分点）
河南	41	60	45.6%	0.1%	0.2%	0.0
湖北	144	175	22.1%	0.6%	0.7%	0.1
湖南	179	160	-10.5%	0.7%	0.6%	-0.1
广东	286	535	87.1%	0.4%	0.8%	0.3
深圳	89	263	197.3%	0.4%	1.1%	0.7
广西	270	273	1.0%	1.8%	1.6%	-0.2
海南	16	6	-64.9%	0.4%	0.1%	-0.3
重庆	37	38	2.8%	0.2%	0.2%	0.0
四川	149	188	26.4%	0.4%	0.4%	0.1
贵州	100	113	13.2%	0.8%	0.7%	0.0
云南	139	130	-6.5%	0.7%	0.6%	-0.1
西藏	31	32	5.7%	2.8%	2.3%	-0.4
陕西	36	38	3.5%	0.2%	0.2%	0.0
甘肃	21	46	125.7%	0.2%	0.5%	0.2
青海	6	6	8.1%	0.2%	0.2%	0.0
宁夏	5	5	2.7%	0.1%	0.1%	0.0
新疆	106	114	7.6%	0.7%	0.8%	0.0
全国	**4169**	**5214**	**25.1%**	**0.5%**	**0.6%**	**0.1**

数据来源：保监会。广东、浙江、山东、福建和辽宁五省均不含其计划单列市深圳、宁波、青岛、厦门和大连。

从2016年家财险保费收入增长速度来看，深圳、甘肃2个地区增长速度高于100%，其中，深圳以197.3%的增速位居全国第一位；北京、广东、河南、上海、河北、浙江、青岛、四川、宁波9个地区家财险保费收入增速高于全国水平；湖北、福建、山东、江苏、贵州、黑龙江、青海、新疆、辽宁、西藏、陕西、重庆、宁夏、广西、安徽15个地区家财险保费收入保持增长趋势，但增速低于全国水平；内蒙古、大连、天津、云南、江西、湖南、吉林、山西、厦门、海南10个地区家财险保费收入出现下滑。

从2016年家财险保费收入在产险业务保费收入中占比情况来看，西藏、广西、深圳、宁波、上海5个地区占比均超过1.0%。其中，西藏以2.3%位居全国首位；浙江、广东、新疆、贵州、江苏、湖北、福建、北京、湖南、黑龙江、云南、江西、青岛、河北 14 个地区占比在 0.5%～1.0%；其余 17 个地区占比不足 0.5%。

（三）主要财产保险公司企财险业务发展情况

2016 年，国内三大财险公司企财险保费收入合计 222.8 亿元，在全国企财险保费收入中占比达 58.4%。其中，人保财险企财险保费收入 123.2 亿元，同比增长 9.9%，在全国企财险保费收入中占比 32.3%，较 2015 年增加 3.4 个百分点；平安产险企财险保费收入 48.6 亿元，同比减少 0.7%，在全国企财险保费收入中占比 12.7%；太保产险企财险保费收入 51.0 亿元，同比减少 6.1%，在全国企财险保费收入中占比 13.4%，较 2015 年减少 0.7 个百分点（见图 4-15）。

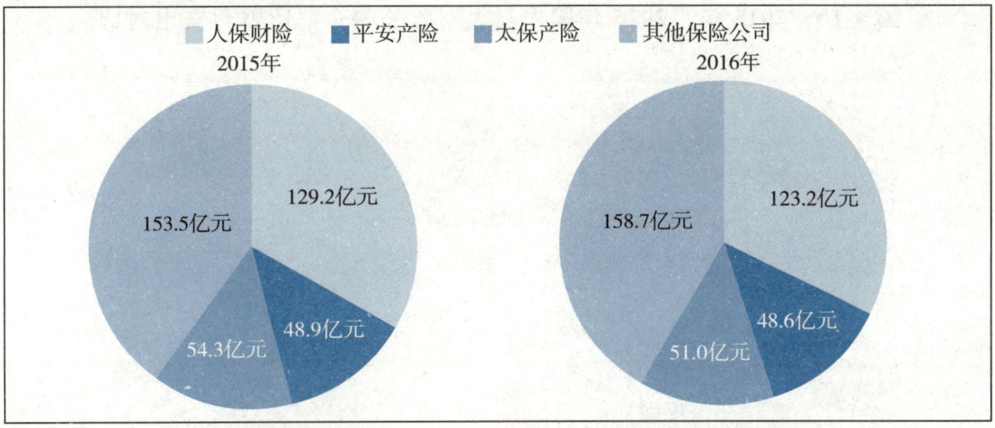

图 4-15　2015 年、2016 年国内三大财险公司企财险保费收入对比

2016 年，人保财险企财险赔付支出 57.4 亿元，同比增长 9.5%，综合赔付率为 46.6%，较 2015 年增加 2.0 个百分点；平安产险企财险赔付支出 29.0 亿元，同比增长 18.4%，综合赔付率为 59.7%，较 2015 年增加 9.6 个百分点；太保产险企财险赔付支出 36.1 亿元，同比增长 10.1%，综合赔付率为 70.8%，较 2015 年增加 10.4 个百分点。总体来看，国内三大财险公司 2016 年企财险赔付支出及综合赔付率均呈上升趋势[①]（见图 4-16）。

① 此处综合赔付率计算公式均为：综合赔付率＝已发生净赔付/保费收入。

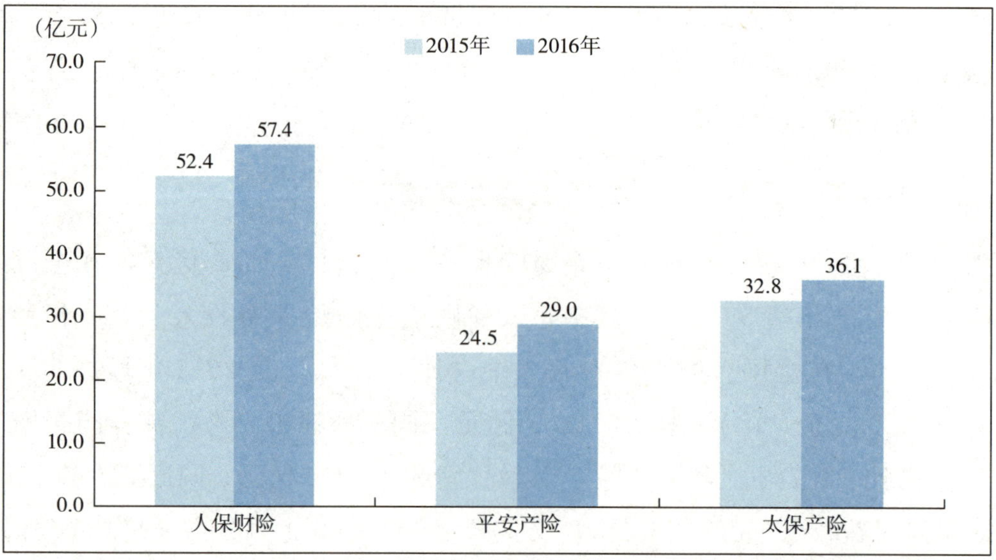

图 4-16　2015 年、2016 年国内三大财险公司企财险赔付支出对比

第五章

中国非寿险市场投融资情况

【内容提要】 2016年保监会在鼓励保险资金拓宽投资渠道的同时，进一步加大对保险资金运用的监管力度，监管政策呈现出“收放有道”的特点。允许保险资金参与沪港通试点，扩大保险资金间接投资基础设施项目范围，并且明确了保险资金可投资PPP项目，鼓励保险公司在新三板挂牌；与此同时，进一步规范信息披露，对保险资金举牌加强监管，并进一步强化社会监督，建立监管公开质询制度。

截至2016年末，保险公司整体偿付能力充足率达到247%，且所有财险公司偿付能力均达标。为适应偿付能力和业务发展的多种需求，2016年我国共有14家财险公司进行了增资，主要为中小财险公司，多数财险公司增资完成后注册资本在20亿元左右。2016年以来获批发行资本补充债券的保险公司包括平安人寿、富德生命人寿、阳光人寿、阳光财险、建信人寿、人保财险、长安责任保险、中华联合财险等。获批的多为10年期可赎回资本补充债券，票面年利率在3%～4.8%，总发行额度约为600亿元。2016年，人保财险、中华联合、长安责任三家财险公司通过发行资本补充债券的方式，在全国银行间债券市场公开发行10年期可赎回资本补充债券。

2016年末，我国保险资金运用余额达到13.4万亿元，较年初增长19.8%。从投资渠道来看，保险资金运用以固定收益类投资为主，2016年固定收益类投资占比77.5%，其中，权益类资产占比22.5%，股权投资中绝大多数以财务投资为主。受资本市场低迷影响，2016年保险业投资收益7071.1亿元，同比下降9.4%，较2015年减少732.5亿元，全年保险资金平均投资收益率为5.66%，较2015年下滑1.9个百分点。在低利率环境叠加“资产荒”的形势下，保险公司在投资策略上加大了对另类投资的配置力度，另类投资配置比例首度超过1/3，保险公司将投资重点转向对接实体经济，服务国家战略实施，不断探索保险资金配置的新蓝海。

2016年，我国主要财产保险公司投资资产规模持续增长，国内9家主要财险公司全部实现投资盈利。其中，投资收益居首位的是人保财险，实现投资收益188.7亿元。2016年人保财险在投资资产稳步增长的同时，根据资本市场状况和自身风险偏好，适时调整投资资产结构，提高投资组合质量，实现收益与风险的平衡。近两年来，中国平安明显加快了海外投资的步伐，投资范围从中国香港拓展到全球，从公开市场到私募、不动产甚至夹层债等创新品种。低利率的市场环境下，平安产险相应减少了定期存款等利率较低的固定收益类投资持有比例，加大了对收益较高的基金以及股票等其他权益类项目的投资。但受整个资本市场低迷的影响，平安产险2016年总投资收益依旧有所下滑，同比减少15.9亿元，下降幅度达15.1%。2016年，太保产险除基金股息收入和出售债券投资收益略有增加外，其他项目投资收益均有所下降。

第一节 保险资金运用监管新政

2016年保监会在鼓励保险资金拓宽投资渠道的同时，进一步加大对保险资金运用的监管力度，监管政策呈现出“收放有道”的特点。“放”宽保险资金运用的政策包括：6月，保监会发文允许保险资金参与沪港通试点，进一步增加了保险资金参与中国香港股票市场的投资方式；7月，保监会下发《保险资金间接投资基础设施项目管理办法》，该办法删除了保险机构、独立监督人的资质审批、“自筹资金”和“项目资本金”要求，将可投资项目范围扩大，并且明确了保险资金可投资PPP项目；8月，保监会发文鼓励保险公司在新三板挂牌，健全公司价值发现机制，拓宽市场化资本补充渠道。目前已有11家保险领域企业挂牌新三板，包括2家保险公司（永诚保险和众诚保险）、9家保险中介公司、公估和销售公司。“收”紧监管力度一方面表现为规范信息披露，2016年保监会三度发文规范险资大额不动产、未上市股权投资信息披露、关联交易信息披露；另一方面表现为对保险资金举牌加强监管，并进一步强化社会监督，建立监管公开质询制度。

一、保监会出台《保险资金间接投资基础设施项目管理办法》

为进一步满足保险资金长期配置需求，加强投资风险管控，提升保险业服务经济社会能力，2016年6月，保监会对《保险资金间接投资基础设施项目试点管理办法》进行了修订，发布《保险资金间接投资基础设施项目管理办法》（保监会令2016年第2号，以下简称《办法》），自8月1日起开始实施，进一步加强对保险资金间接投资基础设施项目的管理，防范和控制管理运营风险，确保资金安全。本次修订的主要内容包括：一是简化行政许可。将受托人等相关当事人的业务资质由审批调整为能力评估，将投资计划产品发行由事前备案调整为行业协会注册，将保险公司购买投资计划由审批调整为事后报告。修订后，《办法》已无行政许可事项，保监会作为监管者，重在防范系统性区域性风险，不对保险公司投资具体项目进行审批。二是拓宽投资空间。在防范风险的前提下，放宽保险资金可投资基础设施项目的行业范围，将可投项目范围拓展至一切基础设施项目，项目领域不仅限于交通、通讯、能源、市政、环保，项目级别不再限于国家级重点项目；增加政府和社会资本合作（即 PPP 模式）等可行投资模式，明确保险资金可投资 PPP 项目，并对拟投 PPP 项目提出要求，进一步分散保险资金投资风险；放宽拟投项目条件；委托人中增加“其他合格投资者”。三是强化风险管控。适度完善了相关当事人职责，建立受托人风险责任人机制、净资本管理机制和风险准备金机制，加强对法律、财务等中介服务机构的监督管理，落实主体风险责任。四是完善制度规范。结合实际情况，调整完善相关条款表述，同时整合信息披露内容和披露主体的要求，规范信息披露行为。

二、保监会发布《关于保险资金参与沪港通试点的监管口径》

2016 年 9 月，保监会发布《关于保险资金参与沪港通试点的监管口径》（以下简称《监管口径》），标志着保险资金可参与沪港通试点业务。《监管口径》要求保险机构投资港股通股票应当遵循审慎和安全原则，加强内控管理，建立健全相关制度，配备专业人员，有效防范市场风险和投资风险。主要内容包括：一是明确保险机构直接开展沪港通股票投资应当具备股票投资能力，不具备股票投资能力的保险机构应委托符合条件的投资管理人开展运作；二是明确保险资产管理机构发起设立的组合类保险资产管理产品，可以投资港股通试点股票；三是明确保险机构应当将投资港股通股票的账面余额纳入权益类资产计算，并明确了保险资产管理机构发起组合类保险资产管理产品投资沪港通股票时，在账户开立、投资交易、清算核算等环节的要求。此前，保监会在 2007 年和 2014 年先后发布了《保险资金境外投资管理暂行办法》及《保险资金境外投资管理暂行办法实施细则》，允许保险机构投资香港股票及其他发达市场权益类资产，此次《监管口径》允许保险资金参与沪港通试点，进一步增加了保险资金参与香港股票市场的投资方式，不仅有利于保险机构更为灵活地选择投资标的，缓解资产配置压力，而且有利于保险机构借助境内和境外两个市场，优化资产配置结构，防范和化解投资风险，提升投资收益，服务保险主业发展。

三、保监会发文规范保险公司信息披露

2016 年 5—7 月，保监会三度发文规范保险公司大额不动产、未上市股权投资、关联交易以及股权信息披露，旨在提高保险资金投资运作透明度，约束重点公司和重大投资行为。2016 年 5 月，保监会印发《保险公司资金运用信息披露准则第 4 号：大额未上市股权和大额不动产投资》（保监发〔2016〕36 号，以下简称《4 号准则》），进一步规范保险公司大额未上市股权和大额不动产投资的信息披露行为，防范投资风险。《4 号准则》共十六条，主要内容包括：一是明确信息披露范围和标准，保险资金直接投资境内外单一未上市企业股权和不动产金额达到规定大额标准的，均需按要求进行披露。二是分时段披露和持续披露，保险机构应按照签署投资协议和资金出资两个阶段进行披露，以提高信息披露的及时性和准确性。披露要素发生变动的，保险机构还应持续披露变动情况。三是加强与上市公司有关政策的衔接，上市保险公司已披露的信息可免于重复披露，后续需定期披露的，按照上市公司有关规定执行。投资标的涉及上市公司需披露的，由相关上市公司依规办理。四是加强对一致行动人的信息披露管理，保险公司与关联企业或一致行动人共同投资，达到规定标准的，应当披露相关信息。

为进一步规范保险公司关联交易行为，增强信息公开透明度，防范保险经营风险，7 月，保监会印发《关于进一步加强保险公司关联交易信息披露工作有关问题的通知》（保监发〔2016〕52 号，以下简称《关联交易通知》），重点对关联交易的识别、报告、信息披露和法律责任等方面予以明确和规范，主要内容包括：一是扩大披露范围，明确保险公司需在规定时限内，按照交易类型、交易金额分类，对重大关联交易、资金运用类关联交易及一般关联交易进行逐笔或合并信息披露，并对逐笔、合并披露的适用范围和条件分别予以明确。二是细化披露内容，明确各类关联交易需披露的具体要素、渠道和方式，保险公司需完整准确披露相关信息。三是提高披露标准，明确重大关联交易与保险公司总资产的比例关系或单笔交易金额标准，对重大关联交易的认定范围进一步扩大。四是强化法律责任，明确保险公司董事会对公司关联交易合规性

负最终责任，董事会秘书是关联交易信息披露责任人，并分别对保险公司、信息披露责任人等明确了相应的监管措施。《关联交易通知》的发布是保监会利用市场化监管措施规范保险公司关联交易行为、完善公司治理结构的又一重要举措。

随后，保监会7月又印发了《关于进一步加强保险公司股权信息披露有关事项的通知》（保监发〔2016〕62号，以下简称《股权通知》），充分利用信息预披露机制，督促保险公司规范股权变更行为，主要内容包括：保险公司变更注册资本和股东的，应当对资金来源、关联关系、股权结构等信息进行预披露；新设保险公司筹建申请的有关情况，由保监会在官方网站或指定统一信息平台进行公开披露。信息披露的内容有：决策程序，包括股东大会议案及表决情况等；增资方案或股东变更的具体情况；资金来源，对自有资金作出声明承诺；股东之间关联关系的说明，并上溯一级披露股权结构等。《股权通知》规定，信息披露的义务人为保险公司股东，股东应当确保提交披露内容真实完整；信息披露的平台主要是公司官方网站和中国保险行业协会网站；信息披露的时间是股东大会或董事会通过相关决议后的10个工作日。

四、保监会印发《关于加强组合类保险资产管理产品业务监管的通知》

2016年6月，保监会印发《关于加强组合类保险资产管理产品业务监管的通知》（保监资金〔2016〕104号，以下简称《业务通知》），加强保险资产管理产品业务监管，规范市场行为，强化风险管控。《业务通知》在2013年发布的《关于保险资产管理公司开展资产管理产品业务试点有关问题的通知》（以下简称《试点通知》）基础上，进一步明确了保险资产管理公司开展产品业务的相关规范，主要内容包括：一是明确公司申请产品业务试点应当具备的条件，对公司内控管理、部门设置等提出要求，确保符合相关条件方可开展产品业务。二是明确产品基础资产范围应当严格按照《试点通知》的规定执行。三是明确产品发行与登记服务原则，通过保监会指定的资产交易平台为产品提供登记、发行等业务服务，以规范产品业务行为，有效保护相关当事人合法权益。四是明确产品业务的具体监管要求，包括产品分类标准、产品业务的禁止情形等。

五、保监会印发《关于保险公司在全国中小企业股份转让系统挂牌有关事项的通知》

2016 年 8 月 15 日，保监会印发了《关于保险公司在全国中小企业股份转让系统挂牌有关事项的通知》（保监发〔2016〕71 号，以下简称《挂牌通知》），支持符合条件的保险公司在新三板挂牌，健全公司价值发现机制，拓宽市场化资本补充渠道，进一步完善公司治理。《挂牌通知》指出，保监会支持符合条件的保险公司在全国股份转让系统挂牌，鼓励挂牌保险公司采取做市方式或竞价方式进行挂牌股份转让；保险公司在全国股份转让系统挂牌，应当符合中国保监会有关审慎监管指标，最近三年内无重大违法违规行为。此外，《挂牌通知》要求：投资人通过全国股份转让系统持有挂牌保险公司已发行的股份达到5%以上的，应当在该事实发生之日起 15 日内，由保险公司报中国保监会批准；股份不足 5%的，应当在该事实发生之日起 15 日内，由保险公司报中国保监会备案；以做市方式或竞价方式受让挂牌保险公司股份不足 5%的，参照上市保险公司监管要求，不再履行备案手续。近年来，新三板市场快速健康发展，挂牌公司数量、融资规模和融资能力显著提升，挂牌新三板已成为中小保险公司登陆资本市场、健全市场化资本补充机制、完善公司治理的重要途径。

六、保监会起草《关于建立监管公开质询制度有关事项的通知（征求意见稿）》以及《保险公司股权管理办法（征求意见稿）》

为进一步强化社会监督，建立监管公开质询制度，保监会于 2016 年 12 月 28 日起草了《关于建立监管公开质询制度有关事项的通知（征求意见稿）》（以下简称《意见稿》）。《意见稿》明确质询范围为社会媒体关注、涉及公众利益或可能引发重大风险的事项，分为以下四类：一是公司治理类，包括保险公司股权、股东关联关系、入股资金、关联交易、治理运作和董事、监事及高级管理人员履职行为等有关问题；二是业务经营类，包括保险产品设计、业务模式、销售理赔行为等有关问题；三是资金运用类，包括保险资金举牌、收购、境外投资，以及与关联方之间开展的保险资金运用等有关问题；四是监管机构关注的其他问题。质询对象包括：保险公司，保险公司的实际控制人、股东、投资人及其关联方和一致行动人，保险公司的董事、监事和高级管理人员，其他利益相关方。

为进一步规范险资举牌，加强股权监管，12 月 29 日，保监会就《保险公司股权管理办法（征求意见稿）》向全社会公开征求意见，保监会将从股东准入标准、股权结构监管、股东监管、资本真实性核查、审查措施和问责力度等五个角度加强监管，这也是保监会 2016 年发布的最后一份规范性文件和监管措施。

第二节 非寿险市场融资情况

截至 2016 年末，保险公司整体偿付能力充足率达到 247%，且所有财险公司偿付能力均达标。为适应偿付能力和业务发展的多种需求，2016 年我国共有 14 家财险公司进行了增资，主要为中小财险公司，多数财险公司增资完成后注册资本在 20 亿元左右。2016 年以来获批发行资本补充债券的保险公司包括平安人寿、富德生命人寿、阳光人寿、阳光财险、建信人寿、人保财险、长安责任保险、中华联合财险等。获批的多为 10 年期可赎回资本补充债券，票面年利率在 3%～4.8%，总发行额度约为 600 亿元。2016 年，人保财险、中华联合、长安责任三家财险公司通过发行资本补充债券的方式，在全国银行间债券市场公开发行 10 年期可赎回资本补充债券。

一、财险公司偿付能力状况

2016 年“偿二代”正式落地实施，“偿二代”以风险为导向，使得不同风险的业务对资本金的要求出现了显著的变化，进而对保险公司的资产和负债配置策略产生重要影响。“偿二代”对保险公司提出了更高的风险管控要求，特别是在当前各类风险不断积聚的情况下，要求保险公司更要牢牢守住不发生系统性风险的底线，促进保险业健康稳定发展。截至 2016 年末，保险公司整体偿付能力充足率达到 247%，且所有财险公司偿付能力均达标，在保监会对 80

家财险公司[①]的风险综合评级中，所有财险公司均获得B级及以上的评级，其中，有40家财险公司获得最高的A级评级，40家财险公司获得B级评级（见表5-1），这表明国内财险公司风险管理状况良好，行业整体风险可控。

表5-1　2016年末国内财险公司偿付能力状况

公司名称	净资产（万元）	核心偿付能力充足率	综合偿付能力充足率	风险综合评级
建信财产	96280	4661%	4661%	A
诚泰财产	485988	2240%	2240%	B
前海联合	93563	1915%	1915%	B
合众财产	34711	1881%	1881%	B
安心财产	92502	1626%	1626%	B
阳光渝融	92070	1522%	1522%	A
珠峰财险	92895	1338%	1338%	B
恒邦财产	202196	1176%	1176%	B
富德财产	327440	1174%	1174%	A
铁路自保	209514	1106%	1106%	A
燕赵财产	163624	1054%	1054%	B
中路财产	94967	1000%	1000%	B
泰康在线	90151	994%	994%	B
东海航运	97575	956%	956%	B
久隆财产	95725	803%	803%	B
海峡金桥	148341	784%	784%	A
众安财产	698266	727%	727%	B
日本兴亚	26631	719%	719%	A
易安财产	99789	704%	704%	B
鑫安汽车	105061	701%	701%	A
安诚保险	471394	692%	692%	A
华农保险	118589	616%	616%	B
中石油专属	574250	543%	543%	B
亚太财险	269412	515%	515%	B

① 因中信保网站未公布偿付能力报告，故无法统计其偿付能力状况。

续表

公司名称	净资产（万元）	核心偿付能力充足率	综合偿付能力充足率	风险综合评级
国泰财险	79364	507%	507%	B
泰山财险	189395	469%	469%	B
安邦财险	7854722	379%	434%	B
劳合社	104823	421%	421%	A
信达财险	292174	403%	403%	B
瑞再企商	36822	382%	382%	B
中原农业	101448	368%	368%	A
长江财产	110624	365%	365%	A
史带财产	93545	358%	358%	B
华泰财险	517013	351%	351%	A
国元农业	287168	350%	350%	A
众诚保险	101924	345%	345%	B
爱和谊	46281	331%	331%	A
华安保险	478919	297%	323%	A
中意财产	95319	323%	323%	B
锦泰财产	92545	314%	314%	B
信利保险	12947	312%	312%	B
北部湾财产	110433	307%	307%	A
乐爱金	25133	307%	307%	B
华海财险	74730	304%	304%	B
中银保险	488071	301%	301%	A
永安保险	498220	299%	299%	B
紫金财产	255775	299%	299%	A
太保产险	3524053	266%	296%	A
安信农业	129357	296%	296%	B
鼎和财产	339613	293%	293%	B
中华联合	1352667	204%	291%	B
大地财产	1354305	289%	289%	A
人保财险	11837731	232%	287%	B
安盛天平	389205	264%	282%	A

续表

公司名称	净资产（万元）	核心偿付能力充足率	综合偿付能力充足率	风险综合评级
平安产险	6355632	237％	267％	B
阳光财产	980784	177％	254％	B
美亚	11075	252％	252％	A
国寿财险	1985077	243％	248％	A
中航安盟	101668	248％	248％	A
东京海上	42679	245％	245％	A
永诚保险	250754	175％	229％	B
阳光农业	215798	227％	227％	B
长安责任	96759	128％	208％	A
太平保险	580252	181％	206％	A
渤海保险	141977	205％	205％	A
现代财产	45996	205％	205％	A
三井住友	72377	200％	200％	A
安达保险	17788	188％	188％	A
都邦保险	123651	183％	183％	B
苏黎世	83705	182％	182％	A
富邦财险	33431	180％	180％	A
安联保险	38194	178％	178％	A
利宝互助	30170	168％	168％	A
浙商财产	71126	96％	157％	A
英大财产	368889	155％	155％	A
三星财产（中国）	74042	152％	152％	A
中煤财产	27811	152％	152％	A
日本财产	33984	147％	147％	B
天安财险	3201936	109％	136％	B
安华农业	119891	113％	113％	A

数据来源：根据各财险公司偿付能力报告摘要整理。

在国内三大财险公司中，太保产险核心偿付能力和综合偿付能力均为最高，分别达到266％和296％；人保财险综合偿付能力为287％，核心偿付能力为232％；平安产险核心偿付能力和综合偿付能力分别为237％和267％。在国内十大财险公司中，华安财险核心偿付能力和综合偿付能力均为最高，分别达到 297%和 323%；天安财险核心偿付能力和综合偿付能力均为最低，分别为 109%和 136%。在保监会对财险公司的风险综合评级中，太保产险、太平财险、国寿财险、大地财险、华安财险均获得 A 级评级；人保财险、平安产险、中华联合、阳光财险、天安财险均获得 B 级评级。

二、财产保险公司增资情况

为适应偿付能力和业务发展的多种需求，2016 年我国共有 14 家财险公司进行了增资，主要为中小财险公司，多数财险公司增资完成后注册资本在 20 亿元左右。在 14 家增资财险公司中，天安财险增资额度最大，通过两次增资，天安财险注册资本由年初的 125.3 亿元达到年末的 177.6 亿元，增资额度达到 52.3 亿元。其他财险公司增资额度均在 20 亿元以内（见表 5-2）。

表 5-2 2016 年国内财产保险公司增资情况 单位：亿元

公司名称	年初注册资本	增资后注册资本		增资额度	年末注册资本
		第一次	第二次		
大地财险	64.3	83.4	—	19.1	83.4
天安财险	125.3	125.3	177.6	52.3	177.6
永安财险	26.6	30.1	—	3.5	30.1
太平保险	45.7	50.7	—	5.0	50.7
安信农险	5.0	7.0	—	2.0	7.0
渤海财险	13.8	16.25	—	2.5	16.25
华农财险	5.0	10.0	—	5.0	10.0
英大财险	21.0	31.0	—	10	31.0
诚泰财险	20.0	40.0	—	20	40.0
恒邦财险	6.6	20.6	—	14	20.6
合众财险	2.0	4.0	—	2	4.0
华海财险	10.8	12.0	—	1.2	12.0
国泰财险	8.0	16.3	—	8.33	16.3
安联财险	7.2	8.1	—	0.9	8.1

数据来源：根据保监会网站公布信息整理。

2016 年增资额度超过 10 亿元的财险公司有 5 家，分别为天安财险、诚泰财险、大地财险、恒邦财险和英大财险。其中，天安财险通过两次增资将注册资本变更为177.6亿元，股东达到26家公司，从持股比例来看，内蒙古西水创业股份有限公司为第一大股东，持股比例35.9%；其后依次为上海银炬实业发展有限公司（持股比例11.9%）、北京绵世方达投资有限责任公司（持股比例11.9%）、深圳市德景新投资有限公司（持股比例11.7%），其余各家公司持股比例均低于5%。诚泰财险为扩大公司资本实力，为未来业务发展提供充足的资本支持，也引进战略投资者，增资20亿元，注册资本变更为40亿元。大地财险增资资金主要来源于中再保险（集团）股份有限公司和宁波开发投资集团有限公司，增资完成后，中再保险（集团）股份有限公司持股比例为93.2%，宁波开发投资集团有限公司持股比例为4.4%，大唐国际发电股份有限公司持股比例为2.0%，北京松联科技有限公司持股比例为0.4%。恒邦财险2016年8月完成14.0亿元的增资，增资完成后江西赣粤高速公路股份有限公司与中国中铁股份有限公司共同成为恒邦财险第一大股东，持股比例均为20.0%，其余持股比例超过5%的公司依次为中植企业集团有限公司（持股比例16.8%）、江西省金融控股集团有限公司（持股比例13.6%）、江西省行政事业资产集团有限公司（持股比例6.4%）。英大财险于2016年11月增资10.0亿元，注册资本达到31.0亿元，本次增资全部为公司股东以现金方式出资，认购的股份占公司股份总额的100%。

此外，国泰财险、太平财险、华农财险、永安财险、渤海财险、安信农险、合众财险、华海财险以及安联财险为满足业务发展和偿付能力监管需求，也分别进行了不同程度的增资。其中，国泰财险增资8.3亿元，增资后注册资本达到16.3亿元，国泰世纪产物保险股份有限公司、国泰人寿保险股份有限公司、浙江蚂蚁小微金融服务集团有限公司对国泰财险的持股比例分别为24.5%、24.5%、51.0%。太平财险增资5.0亿元，注册资本达到50.7亿元，其中，中国太平保险控股有限公司出资额为50.7亿元，占比99.99%；龙璧工业区管理（深圳）有限公司出资额为50.7万元，占比0.01%。华农财险增资5.0亿元，注册资本达到10.0亿元，其主要股东为：华邦控股集团有限公司（持股比例20.0%）、北京汇欣亚投资管理有限公司（持股比例19.5%）、西部同泰建设集团有限公司（持股比例19.0%）、上云南金志农林投资有限责任公司（持股比例18.3%）。永安财险增资3.5亿元，注册资本达到30.1亿元，其主要股东为：陕西延长石油（集团）有限责任公司（持股比例20.0%）、上海杉控投资有限公司（持股比例19.8%）、上海复星工业技术发展有限公司（持股比例16.2%）、陕西兴化集团有限责任公司（持股比例6.0%）、陕西有色金属控股集团有限责任公司（持股比例5.2%）、金堆城钼业集团有限公司（持股比例5.2%）、陕西化建工程有限责任公司（持股比例5.0%）。渤海财险增资2.5亿元，注册资本达到16.3亿元，其主要股东为：天津市泰达国际控股（集团）有限公司（持股比例40.6%）、Insurance Australia Group Limited（澳大利亚保险集团有限公司）（持股比例16.9%）、天津滨海高新区资产管理有限公司（持股比例15.4%）、北方国际信托股份有限公司（持股比例13.5%）、天津联津投资有限公司（持股比例6.8%）、津联集团（天津）资产管理有限公司（持股比例6.78%）。太保产险通过增持安信农险股份，实现并表经营，目前安信农险主要股东为：中国太平洋财产保险股份有限公司（持股比例52.1%）、上海富利农投资总公司（持股比例11.0%）、上海市闵行资产投资经营有限公司（持股比例7.7%）、上海农发资产管理中心（持股比例6.0%）。合众财险增资2.0亿元，注册资本达到4.0亿元，增资后合众人寿保险股份有限公司仍然为合众财险控股股东，持股比例达到99.5%。华海财险由青岛神州万向文化传播有限公司和青岛乐保互联科技有限公司作为增资方，总计增资1.2亿元，注册资本达到12.0亿元，主要股东为：莱州诚源盐化有限公司（持股比例10.0%）、青岛益佳海业贸易有限公司（持股比例10.0%）、山东祥光集团有限公司（持股比例10.0%）、七台河市鹿山优质煤有限责任公司（持股比例10.0%）、新泰市宏泰煤炭有限公司（持股比例10.0%）、龙口嘉元东盛热电有限公司（持股比例10.0%）、莒南天马岛旅游发展有限公司（持股比例10.0%）、滨化集团股份有限公司（持股比例5.0%）、汇龙森国际企业孵化（北京）有限公司（持股比例5.0%）、山东滨化投资有限公司（持股比例5.0%）、青岛神州万向文化传播有限公司（持股比例5.0%）、青岛乐保互联科技有限公司（持股比例10.0%）。

三、财产保险公司债券融资情况

2014年11月，保监会下发《保险公司资本补充管理办法（征求意见稿）》，保险公司的资本补充渠道从过去较为单一的股东增资、公开市场发行股票和多发性次级债，增加至包括“普通股、优先股、资本公积、留存收益、债务性资本工具、应急资本、保单责任证券化产品、财务再保险”等8项工具。2015年1月，中国人民银行、中国保监会联合发布公告《保险公司发行资本补充债券有关事宜》，允许保险公司在全国银行间债券市场发行资本补充债券。资本补充债券是指保险公司发行的用于补充资本、发行期限在五年以上（含五年）、清偿顺序列于保单责任和其他普通负债之后、先于保险公司股权资本的债券。申请公开发行资本补充债券的保险公司必须满足五项要求：良好的公司治理机制；连续经营超过3年；上年末和最近一季度净资产不低于10亿元；偿付能力充足率不低于100%；最近3年没有重大违法违规行为。推进保险公司在银行间债券市场发行资本补充债券，一方面有利于拓宽保险公司资本补充渠道，提高保险公司偿付能力和抵御风险能力；另一方面有利于扩大银行间债券市场发行主体，丰富市场投资品种。

保监会及中国债券信息网公开信息统计结果显示，2016年以来获批发行资本补充债券的保险公司包括平安人寿、富德生命人寿、阳光人寿、阳光财险、建信人寿、人保财险、长安责任保险、中华联合财险等。获批的多为10年期可赎回资本补充债券，票面年利率在3%～4.8%，总发行额度约为600亿元，而2015年总发行额度约为800亿元。2016年，人保财险、中华联合、长安责任三家财险公司通过发行资本补充债券的方式，在全国银行间债券市场公开发行10年期可赎回资本补充债券，其中，保监会批复人保财险发行规模不超过人民币150亿元，中华联合发行规模不超过人民币60亿元，长安责任保险发行规模不超过人民币5亿元（见表5-3）。

表5-3　2016年国内财险公司发行资本债券情况　　单位：亿元

公司名称	注册资本	债券类型	最大发行规模
人保财险	148.3	10年期可赎回资本补充债券	150
中华联合	146.4	10年期可赎回资本补充债券	60
长安责任	16.2	10年期可赎回资本补充债券	5

数据来源：根据保监会网站相关信息整理。

第三节 非寿险行业资金运用总体情况

2016年末，我国保险资金运用余额达到133910.7亿元，较年初增长19.8%，增幅达到22115.2亿元。从投资渠道来看，保险资金运用以固定收益类投资为主，2016年固定收益类投资占比77.5%，其中，权益类资产占比22.5%，股权投资中绝大多数以财务投资为主。受资本市场低迷影响，2016年保险业投资收益7071.1亿元，同比下降9.4%，较2015年减少732.5亿元，全年保险资金平均投资收益率为5.7%，较2015年下滑1.9个百分点。2016年，在低利率环境叠加“资产荒”的形势下，保险公司在投资策略上加大了对另类投资的配置力度，另类投资配置比例首度超过1/3，保险公司将投资重点转向对接实体经济，服务国家战略实施，不断探索保险资金配置的新蓝海。

一、保险资金运用总体情况

2016年末，我国保险资金运用余额达到133910.7亿元，较年初增长19.8%，增幅达到22115.2亿元，较2012年翻了一番（见图5-1）。

从投资渠道来看，保险资金运用以固定收益类投资为主，2016年固定收益类投资占比77.5%，其中，权益类资产占比22.5%，股权投资中绝大多数以财务投资为主，控股投资非常少。从保险投资收益率来看，受资本市场低迷影响，2016年保险业投资收益7071.1亿元，同比下降9.4%，较2015年减少732.5亿元，其中，股票和证券投资基金投资收益较2015年减少约2300亿元，2016年全年保险资金平均投资收益率为5.7%，较2015年下滑1.9个百分点，但仍高于2013年和2012年投资收益率水平（见图5-2）。从近五年情况来看，保险资金投资收益率2012年至2015年呈逐年上升趋势，2016年由于受到股债双跌和低利率环境的影响，投资收益率下降到5.7%，2013—2016年保险资金平均投资收益率为 6.1%，投资收益的不断提升，成为保险主业发展的有力支撑。

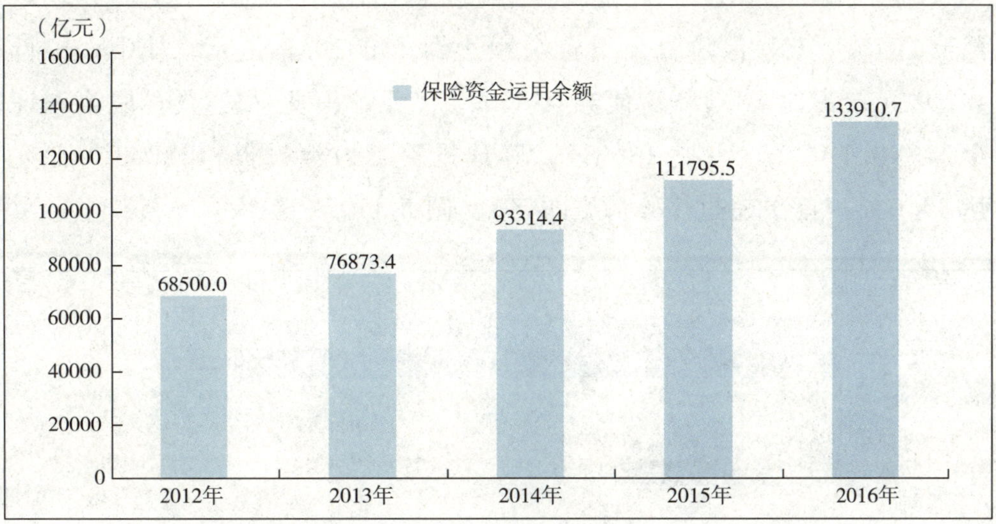

图 5-1　2012—2016 年国内保险业资金运用余额

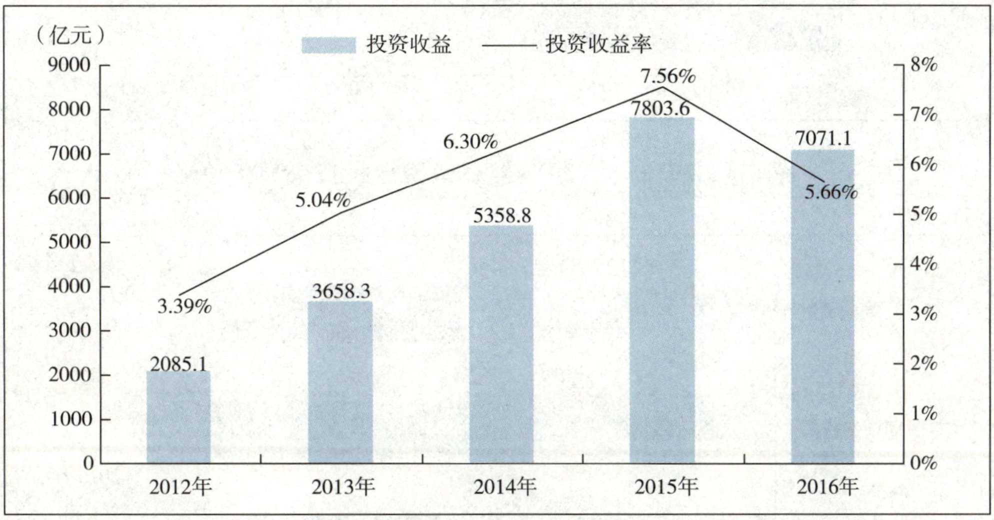

图 5-2　2012—2016 年保险资金投资收益情况

二、保险资金投资渠道

2016 年随着资产荒和利率下滑，保险公司在投资策略上加大了对另类投资的配置力度，另类投资配置比例首度超过 1/3，保险公司将投资重点转向对接实体经济，服务国家战略实施，不断探索保险资金配置的新蓝海。

（一）保险资金投资规模与结构

截至2016年末，保险资金投资余额达到133910.7亿元。其中，银行存款24844.2亿元，占比18.6%；债券43050.3亿元，占比32.2%；股票和证券投资基金17788.1亿元，占比13.3%；其他投资（另类投资）48228.1亿元，占比高达36.0%，首次超过1/3（见图5-3、图5-4）。

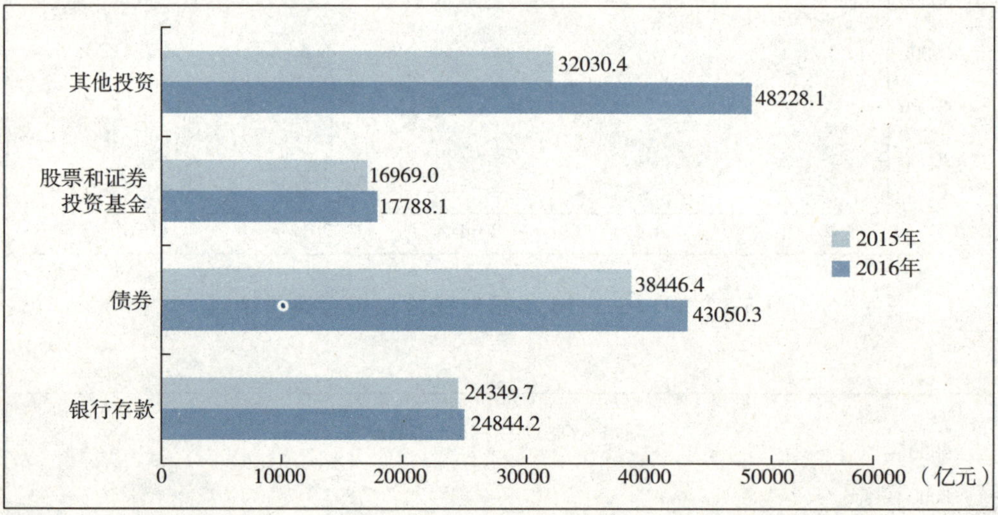

图5-3 2015年、2016年保险资金投资余额变动

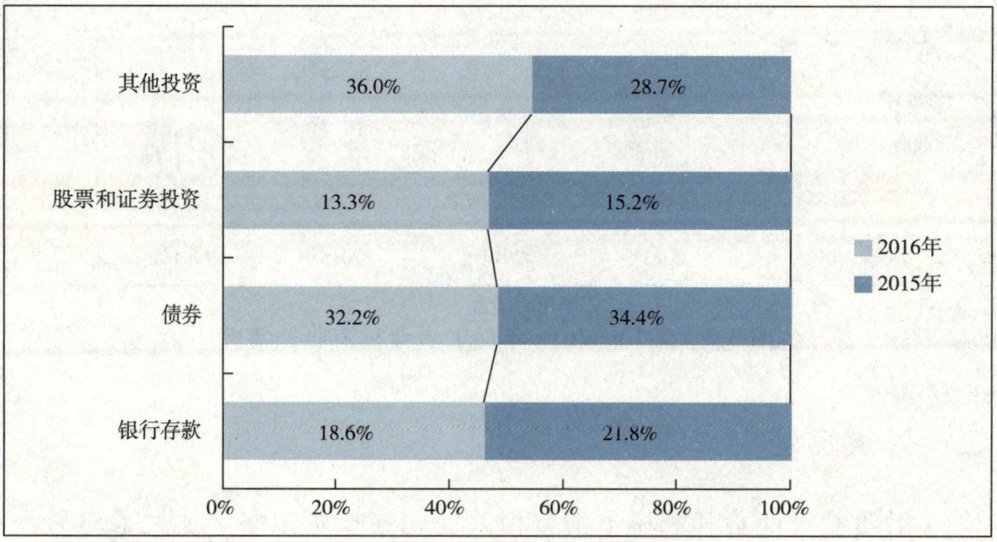

图5-4 2015年、2016年保险资金运用结构变化

从保险资金运用渠道来看，近两年来，保险公司银行存款和债券持续下降，而另类投资持续上升，权益类资产波动向上。2016 年银行存款、债券投资等固定收益类配置比例分别较 2015 年下降 3.2 和 2.2 个百分点；另类投资配置比例则较 2015 年大幅上升 7.4 个百分点（见图 5-5）。

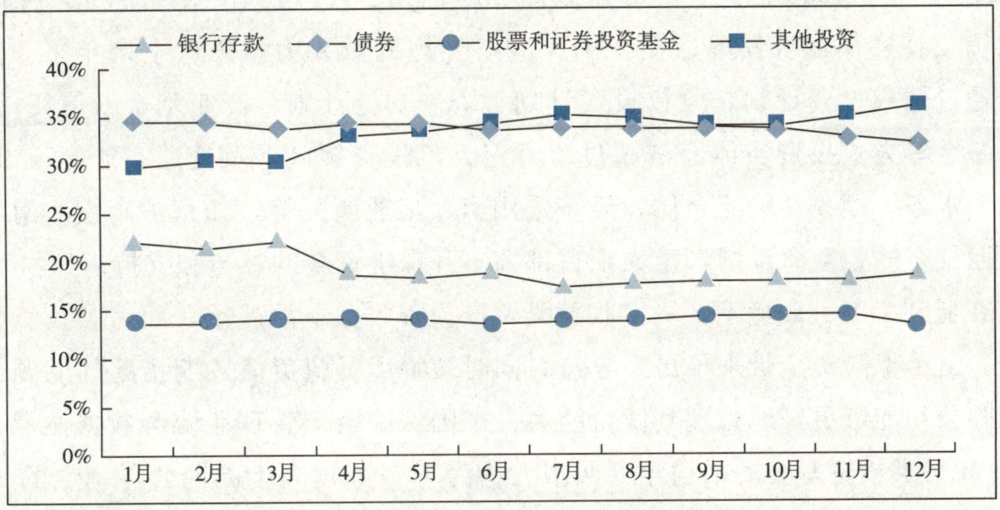

图 5-5　2016 年 1—12 月国内保险业资金运用配置结构变动趋势

整体上看，我国保险资金运用渠道以债券和其他投资（另类投资）为主，其他投资配置占比继 2015 年超越银行存款配置占比后，2016 年再次超越债券配置占比，到 2016 年末成为保险资金最主要的配置渠道。

（二）保险公司资金运用特点分析

2016 年，在低利率环境叠加“资产荒”的形势下，各家保险公司在投资策略上加大了另类投资比例。自保监会 2014 年发布《关于加强和改进保险资金运用比例监管的通知》（以下简称《通知》）以来，保险公司对另类资产的投资热情逐步提高。根据一般性定义，保险另类投资范围即《通知》中的不动产类资产和其他金融资产两大类。其中，不动产类资产包括基础设施债权计划、不动产债权计划及不动产（国内外）；其他金融资产包括集合信托计划、银行理财、项目资产支持计划及其他保险资产管理产品。简言之，另类投资即除银行存款、债券、股票、基金等传统投资之外的投资品种，主要包括基础设施投资计划、不动产、长期股权以及信托金融产品等。

2016年保险资金投资于银行存款和债券的比例较前两年已出现明显下降，资金配置重点转向另类投资，尤其是对接实体经济发展方面。截至2016年末，仅从项目融资看，保险资金投资“一带一路”、绿色金融、长江经济带、棚户区改造、京津冀协同发展、振兴东北老工业基地等国家战略领域的资金分别达到5923亿元、5258亿元、1509亿元、989亿元、736亿元、276亿元，保险资金成为支持实体经济发展、支持国家战略实施的重要力量。近十余年来，保险资金通过债权投资计划、股权投资计划、资产支持计划、产业基金、信托计划、私募基金等方式投资实体经济超过4万亿元，投资领域涉及交通、能源、市政、环保、水务、棚改、物流仓储、经济适用房、工业园区等，如京沪高铁、南水北调、西气东输、上海世博等重大项目都离不开保险资金的参与和支持。

在低利率的大环境下，固定收益类资产投资收益下滑严重，而另类投资相对安全，也给保险资金带来了更多收益，同时缓解了资产负债久期错配的问题，使得保险公司能够更好地管理其偿付能力。中国保险资产管理业协会数据显示，过去30年另类投资基金的平均年度回报大约为24%，远高于同期公募基金的11%和对冲基金的14%。稳定的高收益正不断吸引保险资金将另类投资作为资金配置的重要渠道。例如，平安、阳光、泰康、安邦等保险公司持续加大对英国、美国、日本等国家优质不动产以及国内不动产项目的投资力度。2016年3月，安邦保险斥资65亿美元收购美国私人股本集团黑石旗下豪华酒店Strategic Hotels & Resorts；2016年1月，平安产险以11.22亿元底价买入深圳福田中心区定向保险业总部企业地块B116—0028；4月，太保产险买入位于深圳市福田区深业上城T2塔楼高区4个整层，至此，太平洋保险在深业上城T2塔楼已经购入14个整层。尽管低利率时代保险资金配置难度明显加大，但大多数保险公司仍坚持承保和投资双轮驱动的保险经营基本逻辑，沿着资本市场稳定器、实体经济助推器的投资方向进行积极的资产配置，确保企业的良性循环和稳健发展。例如，中国人民保险创新推出保险资金支农支小业务，在提供农业保险的同时，解决农户和农业生产企业的融资问题，为“三农”提供一站式综合金融服务，最终实现比其他金融机构更精准有效、成本更低的支农融资服务。目前，中国人民保险开展支农融资业务试点规模为250亿元，提供给农户的支农融资成本要比市场平均水平低2个点左右。截至2016年末，中国人民保险支农支小融资累计放款36.5亿元，服务贫困户在内的“三农”和小微企业5.6万户，覆盖全国27个省（市、区），平均单笔融资规模6.5万元。

第四节　国内主要财产保险公司资金运用情况

2016年，我国主要财产保险公司投资资产规模持续增长，国内9家主要财险公司全部实现投资盈利。其中，投资收益居首位的是人保财险，实现投资收益188.7亿元。2016年人保财险在投资资产稳步增长的同时，根据资本市场状况和自身风险偏好，适时调整投资资产结构，提高投资组合质量，实现收益与风险的平衡。在严控风险、确保本息偿还安全性的前提下，积极把握市场操作机会，适时调整权益类投资持仓比重，加大对理财产品和基础设施债权计划的配置力度，谨慎配置高信用评级、高资质的公司债券，拓展资金运用渠道，提高投资收益。近两年来，中国平安明显加快了海外投资的步伐，投资范围从中国香港拓展到全球，从公开市场到私募、不动产甚至夹层债等创新品种。低利率的市场环境下，平安产险相应减少了定期存款等利率较低的固定收益类投资持有比例，加大了对收益较高的基金以及股票等其他权益类项目的投资。但受整个资本市场低迷的影响，平安产险2016年总投资收益依旧有所下滑，同比减少15.9亿元，下降幅度达15.1%。2016年，太保产险除基金股息收入和出售债券投资收益略有增加外，其他项目投资收益均有所下降。

一、国内主要财产保险公司投资规模

2016年，我国主要财险公司投资资产规模持续增长。国内9家主要财险公司中有7家投资规模均有所上升，仅阳光财险和太平财险投资资产出现负增长，较上年分别减少4.7%和1.5%；天安财险投资规模增速居全国财险公司之首，增速高达78.4%；人保财险投资规模增速10.5%，居第二位；其余7家财险公司投资规模增速均不到10%。相较于2015年，9家财险公司投资资产增速均明显放缓（见表5-4）。

表 5-4 2015 年、2016 年国内主要财险公司投资资产总额

公司简称	投资资产（亿元）		增速
	2016 年末	2015 年末	
人保财险	3799.8	3440.3	10.5%
平安产险	1631.5	1546.3	5.5%
太保产险	895.8	889.4	0.7%
天安财险	2886.3	1617.6	78.4%
国寿财险	486.3	456.7	6.5%
阳光财险	234.3	245.9	-4.7%
中华联合	349.0	323.5	7.9%
大地财险	264.5	245.9	7.6%
太平财险	120.8	122.6	-1.5%

数据来源：各公司 2016 年度信息披露报告或年报，根据“投资资产＝货币资金＋交易性金融资产＋买入返售金融资产＋保户质押贷款＋债券计划投资＋定期存款＋可供出售金融资产＋持有至到期投资＋存出资本保证金”计算投资资产数据；计算结果可能与上市公司年度披露的投资资产数据略有差异，但不影响此处对比分析的结论。

从投资资产的绝对值来看，国内 9 家主要财险公司中，投资规模超过 3000 亿元（含）的公司仅有人保财险 1 家，投资总额达到 3799.8 亿元；投资规模在 2000 亿元（含）到 3000 亿元之间的是天安财险，投资总额 2886.3 亿元；投资规模在 1000 亿元（含）到 2000 亿元之间的是平安产险，投资总额 1631.5 亿元；投资规模在 500 亿元（含）到 1000 亿元之间的是太保产险，投资总额 895.8 亿元；其余 5 家财险公司投资规模不足 500 亿元。投资规模排名前四位的财险公司依次是人保财险、天安财险、平安产险、太保产险，与 2015 年排名基本相同。

二、国内主要财产保险公司资金运用分析

2016 年，国内 9 家主要财险公司全部实现投资盈利。其中，投资收益居首位的是人保财险，实现投资收益 188.7 亿元；居第二位的天安财险，投资收益 179.1 亿元，仅比人保财险低 9.6 亿元；平安产险居第三位，投资收益 89.5 亿元；太保产险居第四位，投资收益 57.3 亿元；其余 5 家财险公司投资收益均不足 30 亿元（见表 5-5）。

表 5-5　2015 年、2016 年国内主要财险公司投资收益

公司简称	投资收益（亿元）		增速
	2016 年	2015 年	
人保财险	188.7	207.8	-9.2%
平安产险	89.5	105.4	-15.1%
太保产险	57.3	71.7	-20.1%
天安财险	179.1	105.2	70.2%
国寿财险	26.4	32.4	-18.5%
阳光财险	11.7	29.3	-60.1%
中华联合	18.5	32.0	-42.2%
大地财险	13.8	23.7	-41.8%
太平财险	8.3	9.9	-16.2%

数据来源：各财险公司 2016 年年报及信息披露报告利润表中的"投资收益"项。

2016 年，国内 9 家主要财险公司除天安财险实现投资收益增长以外，其余 8 家财险公司投资收益均出现不同程度下滑。相较于 2015 年，天安财险投资收益增长 73.9 亿元，增速达 70.2%；人保财险投资收益减少 19.1 亿元，同比下降 9.2%；平安产险投资收益减少 15.9 亿元，同比下降 15.1%；太平财险投资收益减少 1.6 亿元，同比下降 16.2%；太保产险投资收益减少 14.4 亿元，同比下降 20.1%。大地财险、中华联合和阳光财险 2016 年投资收益下降幅度均超过 40%，其中阳光财险投资收益下滑幅度最大，达 60.1%。2016 年国内主要财险公司投资收益均呈现下降趋势，主要原因在于：一是整体低利率环境导致固定收益率产品收益下降；二是资本市场的震荡和低迷状态，尤其是股票和证券投资收益下降幅度超过 2000 亿元，导致行业整体收益下降。

（一）人保财险资金运用分析

2016 年人保财险在投资资产稳步增长的同时，根据资本市场状况和自身风险偏好，适时调整投资资产结构，提高投资组合质量，实现收益与风险的平衡。在严控风险、确保本息偿还安全性的前提下，积极把握市场操作机会，适时调整权益类投资持仓比重，加大对理财产品和基础设施债权计划的配置力度，谨慎配置高信用评级、高资质的公司债券，拓展资金运用渠道，提高投资收益。

1. 投资资产不断增长，投资资产占总资产的比重在高位中维持稳定

2016 年人保财险投资资产 3799.8 亿元，同比增长 10.5%，占总资产的比重为 79.8%，同比减少 2 个百分点，投资资产增长速度与总资产增长速度基本持平（见图 5-6）。自 2010 年人保财险投资资产占总资产比重首次超过 70%开始，这一比值就在小幅波动中上升。经历了近 10 年的不断增长，人保财险投资资产占总资产比重近三年来一直维持在 80%左右，2016 年虽然出现小幅下滑，但整体来看相对平稳，投资资产占总资产比重在高位中维持稳定。

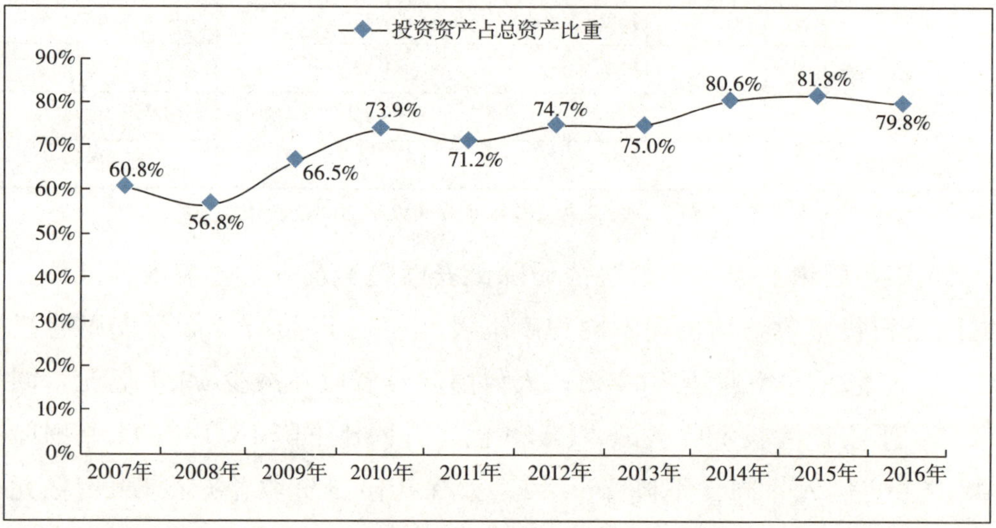

图 5-6　2007—2016 年人保财险投资资产变化趋势

2. 资产配置中定期存款比重显著下降，贷款及应收款投资、联营公司投资比重上升幅度较大

如表 5-6 所示，2016 年，人保财险定期存款 682.9 亿元，较 2015 年减少 293.7 亿元，在总投资资产中占比 18.0%，同比下降 10.7 个百分点；分类为贷款及应收款的投资 638.6 亿元，较 2015 年增加 338.1 亿元，占总投资资产的 16.8%，同比上升 8.1 个百分点；联营公司投资 370.5 亿元，较 2015 年增加 284.7 亿元，在总投资资产中的比重为 9.8%，同比增加 7.3 个百分点；债权类证券投资金额 1106.5 亿元，在总投资资产中占比 29.1%，投资金额较 2015 年略有增加，所占比重下降 2.1 个百分点；权益类证券和共同基金投资 670.4 亿元，较 2015 年减少 16.7 亿元，占总投资资产的比重为 17.6%，同比下降 2.4

个百分点。此外，现金及现金等价物、投资物业以及其他投资资产在总投资资产中的比重基本保持不变，分别为6.6%、1.3%和0.8%。2016年，人保财险投资资产配置的变化，在一定程度上体现了低利率时代人保财险投资策略的转变：一是减少低收益的定期存款持有比例，同时增加同样为固定收益类但收益率较高的贷款及应收款类投资；二是受二级市场低迷的影响，相应缩减权益类投资在总投资中的比重。

表 5-6　人保财险 2015 年、2016 年各类投资占比

投资结构	2016年		2015年	
	投资金额（亿元）	占比	投资金额（亿元）	占比
现金及现金等价物	251.4	6.6%	228.3	6.6%
定期存款	682.9	18.0%	986.6	28.7%
债权类证券	1106.5	29.1%	1074.0	31.2%
权益类证券和共同基金	670.4	17.6%	687.1	20.0%
分类为贷款及应收款的投资	638.6	16.8%	300.5	8.7%
投资物业	49.0	1.3%	47.8	1.4%
联营公司投资	370.5	9.8%	85.8	2.5%
其他投资资产	30.6	0.8%	30.0	0.9%
合计	**3799.8**	**100.0%**	**3440.3**	**100.0%**

数据来源：中国人民财产保险股份有限公司2016年年报。

3. 已实现投资收益大幅下降，净投资收益率略有下滑

如表5-7所示，2016年，人保财险已实现投资收益11.8亿元，较2015年减少了51.6亿元，下降81.8%；未实现投资损失3亿元，已实现及未实现投资净收益合计9.2亿元，同比减少56.4亿元。受整个投资市场的影响，人保财险2016年投资收益率出现小幅下滑，其中，净投资收益率4.2%，同比下降0.3个百分点；总投资收益率5.2%，同比下降1.5个百分点。

表 5-7 人保财险 2015 年、2016 年已实现及未实现投资净收益（损失）

单位：亿元

	2016 年	2015 年
已实现投资收益	11.8	63.4
未实现投资损失/收益	-3.0	0.7
减值损失	-1.0	—
投资物业公允价值变动收益	1.5	1.5
已实现及未实现投资净收益合计	9.2	65.6
净投资收益率	4.2%	4.5%
总投资收益率	5.2%	6.7%

数据来源：中国人民财产保险股份有限公司 2016 年年报。

4. 股息收入大幅上涨，投资物业租赁收入略有增加，利息收入基本维持不变

如表 5-8 所示，2016 年，人保财险股权投资带来的股息收入稳定增长，由 2015 年的 16.3 亿元增长到 24.7 亿元，增长率高达 50.9%；财务性投资和不动产投资显现成效，投资物业租赁收入 2.6 亿元，较 2015 年增加 0.5 亿元，涨幅达 22.5%；利息收入 123.5 亿元，与 2015 年基本持平。

表 5-8 人保财险 2015 年、2016 年利息、股息和租金收入 单位：亿元

	2016 年	2015 年	增长率
投资物业租赁收入	2.6	2.1	22.5%
利息收入	123.5	124.3	-0.6%
股息收入	24.7	16.3	50.9%
利息股息和租金收入	150.7	142.7	5.6%

数据来源：中国人民财产保险股份有限公司 2016 年年报。

（二）平安产险资金运用分析

近两年来，中国平安明显加快了海外投资的步伐，投资范围从中国香港拓展到全球，从公开市场到私募、不动产甚至夹层债等创新品种。截至 2016 年末，中国平安的海外投资占比约 5%，主要集中在港股市场（约 4%），以及包括私募股权、不动产、基建和私募债等全球非资本市场。2016 年，平安正式收购汽车之家这一全球访问量最大的汽车网站，标志着平安打造覆盖选车、买

车、用车等环节的完整生命周期的汽车服务生态圈已迈出坚实步伐。2016 年，平安产险下调存款持有比例，基金、股票及其他权益投资股息收入大幅上涨，总投资收益率下滑。2016 年，平安产险存款利息收入 19.0 亿元，同比减少 7.1 亿元，下降 27.2%；基金股息收入 40.2 亿元，较 2015 年增加 18.4 亿元，涨幅 84.4%；股票及其他权益投资股息收入 9.9 亿元，同比增加 7.5 亿元，增长率 312.5%；占联营公司和合营公司净收益 3.9 亿元，同比增加 2.5 亿元，上涨 178.6%；已实现损失 36.7 亿元，与 2015 年相比，已实现损失较大。2016 年平安产险总投资收益率 4.8%，较 2015 年下降 1.7 个百分点。低利率的市场环境下，平安产险相应减少了定期存款等利率较低的固定收益类投资持有比例，加大了对收益较高的基金以及股票等其他权益类项目的投资。但受整个资本市场低迷的影响，平安产险 2016 年总投资收益依旧有所下滑，同比减少 15.9 亿元，下降幅度达 15.1%（见表 5-9）。

表 5-9　平安产险 2015 年、2016 年投资收益情况　单位：亿元

	2016 年	2015 年
债权投资利息收入	53.8	43.9
存款利息收入	19.0	26.1
信托及理财产品利息收入	0.01	0.02
其他利息收入	2.0	1.0
基金股息收入	40.2	21.8
信托及理财产品股息收入	0.3	0.1
股票及其他权益投资股息收入	9.9	2.4
已实现收益（损失）	−36.7	9.7
占联营公司和合营公司净收益	3.9	1.4
卖出回购证券利息收入（损失）	−2.7	−0.9
投资收益	89.5	105.4
净投资收益率	6.8%	6.3%
总投资收益率	4.8%	6.5%

数据来源：表中净投资收益率与总投资收益率数据来源于中国平安保险（集团）股份有限公司 2016 年报，其他数据根据中国平安财产保险股份有限公司 2016 年度信息披露报告整理。

（三）太保产险资金运用分析

2016 年，太保产险除基金股息收入和出售债券投资收益略有增加外，其他

项目投资收益均有所下降。2016年太保产险基金股息收入4.3亿元，较2015年增加2.5亿元，同比上涨138.9%；出售债券投资净收益1.5亿元，同比增长1.4亿元。除上述两项以外，其他各项投资收益均下降，其中，出售股票投资净收益下降幅度最大，由2015年的18.6亿元降至2016年的2.3亿元，降幅达87.6%；其次是债权型投资利息收入，由2015年的28.0亿元下降到2016年的19.4亿元，同比减少8.6亿元，降幅30.7%；出售基金投资净收益同比减少2.3亿元，其他固定息投资利息收入减少1.5亿元。

表5-10 太保产险2015年、2016年投资收益情况 单位：亿元

	2016年	2015年
出售股票投资净收益	2.3	18.6
出售基金投资净收益	4.1	6.4
出售债券投资净收益	1.5	0.1
买入返售金融资产利息收入	0.07	0.2
债权型投资利息收入	19.4	28.0
其他固定息投资利息收入	14.5	16.0
基金股息收入	4.3	1.8
股票股息收入	0.1	0.2
对联营企业和合营企业投资净收益	0.3	0.4
其他	0.8	0.1
投资收益	57.3	71.7

数据来源：中国太平洋财产保险股份有限公司2016年度信息披露报告。

第六章

中国非寿险市场经营绩效

【内容提要】 2016年，中国保险业务保持高速增长，国内财险公司保费收入9266.2亿元，同比增长10.0%；赔付支出4726.2亿元，同比增长12.7%；财险公司总资产达23744.1亿元，同比增长28.5%，财产险业务保持良好发展势头。但受国内保险市场竞争不断加剧和国内资本市场投资不利因素影响，多数保险公司经营绩效较2015年出现下滑。一方面，由于国内保险市场竞争不断加剧，财险公司综合成本率增长速度明显加快。2016年，国内财险公司综合成本率达到99.5%，较2015年增长0.9个百分点，承保利润率下降到不足1.0%，仅为0.5%。另一方面，受资本市场低迷影响，保险业净利润自2013年以来首次出现下滑，2016年保险业实现净利润接近2000亿元，较2015年的2800亿元大幅下降近30%，甚至低于2014年的2047亿元，国内十大财险公司实现净利润410.6亿元，同比下滑17.5%，也是自2013年以来首次出现下滑。

2016年，国内77家被保监会纳入SARMRA评估范围的财险公司平均得分为70.7分，低于寿险公司平均得分，多数财险公司偿付能力、风险管理能力还需要进一步加强。随着国内非寿险市场竞争进一步加剧，三大财险公司综合成本率均有所增长，其中，人保财险实现承保利润50.2亿元，同比下滑41.6%，综合成本率达到98.1%，较2015年上升1.6个百分点；平安产险实现承保利润63.0亿元，同比增长6.6%，综合成本率达到95.9%，较2015年上升0.3个百分点；太保产险实现承保利润6.7亿元，同比增长305.5%，综合成本率达到99.2%，较2015年下降0.6个百分点。

2016年受承保利润和投资收益双重下滑影响，财产保险公司的净利润表现未能尽如人意。从总体盈利情况来看，2016年已披露偿付能力报告的66家财险公司中，有28家财险公司陷入亏损，占比超过四成；有38家财险公司实现了盈利，净利润超过1亿元的仅有12家公司。国内市场份额排名前十位的财产保险公司中，仅天安财险和平安产险净利润出现增长，其余8家公司净利润均出现明显下滑。2016年ROE值排名前六位的财险公司为长安责任、现代财险、永安财险、国元农业、阳光财险、阳光农业，其ROE分别为133%、64%、17%、13%、12%以及10%，表明公司盈利能力较强，其中有5家均为特色财险。2016年，国内十大财险公司净资产收益率和总资产收益率均出现不同程度的下滑。

第一节　国内主要财险公司偿付能力状况

2016 年 1 月 1 日，《保险公司偿付能力监管规则（第 1 号一第 17 号）》正式开始全面实施，标志着我国第二代偿付能力监管制度体系（简称偿二代）正式运行。同以规模为导向的“偿一代”相比，“偿二代”更加强调以风险为导向，其对于保险经营过程中各个层次、财务、区域等进行细化区分，使得不同风险的业务对资本金的要求出现了显著的变化，从而影响保险公司的资产和负债策略。“偿二代”在采纳国际通行的三支柱框架的同时，在风险分层理论、三支柱的逻辑关联、资产负债评估框架、寿险合同负债评估、风险管理要求与评估（SARMRA）、风险综合评级（IRR）、市场约束机制等多个方面，充分体现了中国新兴保险市场的特征，具有中国的原创性贡献。“偿二代”的正式实施促进了我国保险行业的转型升级，督促保险公司在业务发展的同时，更加注重风险管理，有利于监管机构对行业风险早发现、早预警、早处置，保障了保险业的稳定发展。

一、实际资本

2016 年，三大财险公司实际资本合计 2509.3 亿元，其中，人保财险实际资本 1407.9 亿元，核心一级资本 1138.6 亿元；平安产险实际资本 714.4 亿元，核心一级资本 634.4 亿元；太保产险实际资本 387.0 亿元，核心一级资本 347.0 亿元（见图 6-1）。

二、最低资本

2016 年末，人保财险最低资本为 490.7 亿元，其中保险风险最低资本、市场风险最低资本、信用风险最低资本分别为 331.5 亿元、197.4 亿元、148.0

亿元，占总体最低资本比例分别达到 67.5%、40.2%、30.2%；平安产险最低资本为 267.3 亿元，保险风险最低资本、市场风险最低资本、信用风险最低资本分别为 179.8 亿元、106.5 亿元、79.2 亿元，占总体最低资本比例分别达到 67.3%、39.9%、29.6%；太保产险最低资本为 130.7 亿元，保险风险最低资本、市场风险最低资本、信用风险最低资本分别为 105.1 亿元、18.8 亿元、46.3 亿元，占总体最低资本比例分别达到 80.4%、14.4%、35.5%（见图 6-2）。

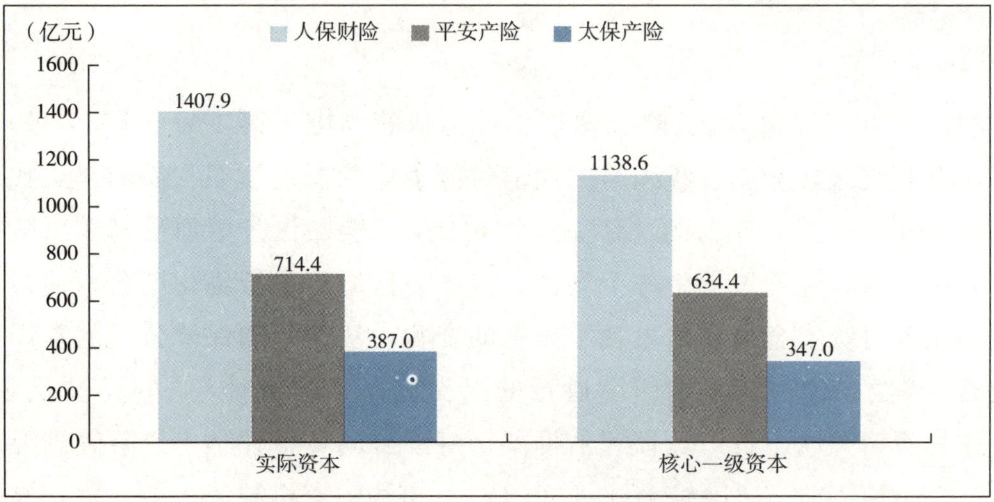

图 6-1 2016 年国内三大财险公司实际资本与核心一级资本

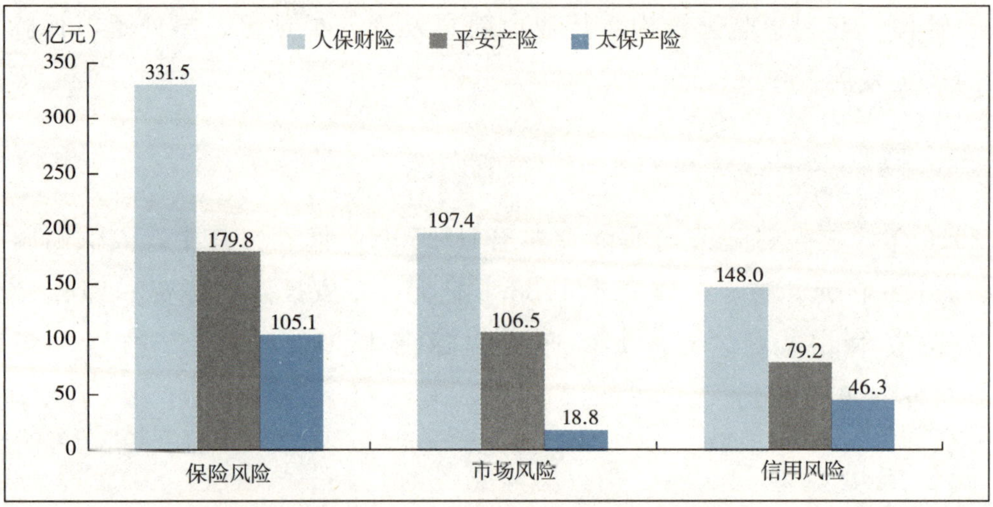

图 6-2 2016 年国内三大财险公司三类风险最低资本

从三类风险最低资本占总体最低资本比例来看，人保财险与平安产险各类风险占比结构类似，保险风险最低资本占比均为67%左右，市场风险最低资本占比均为40%左右，信用风险最低资本占比均为30%左右；太保产险保险风险最低资本占比高于人保财险和平安产险，达到80.4%，其市场风险最低资本占比较低，为14.4%，信用风险最低资本占比与人保财险和平安产险相当，为35.5%（见图6-3）。

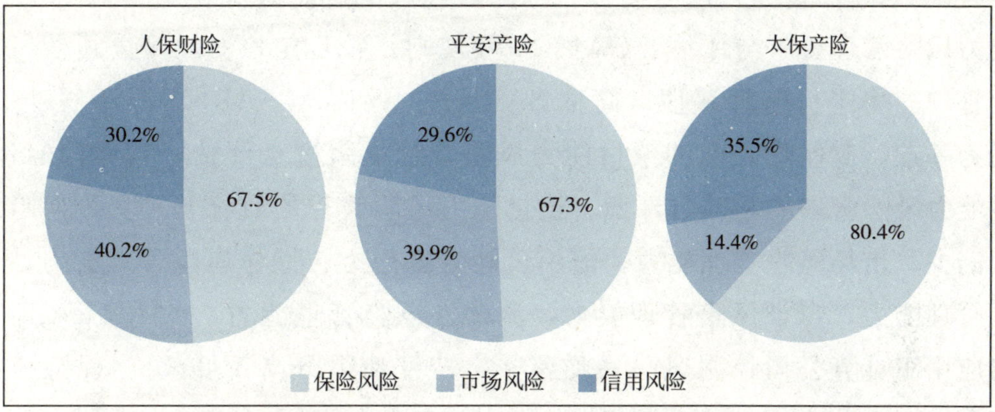

图6-3　国内三大财险公司三类风险最低资本占总体最低资本比例

三、偿付能力充足率

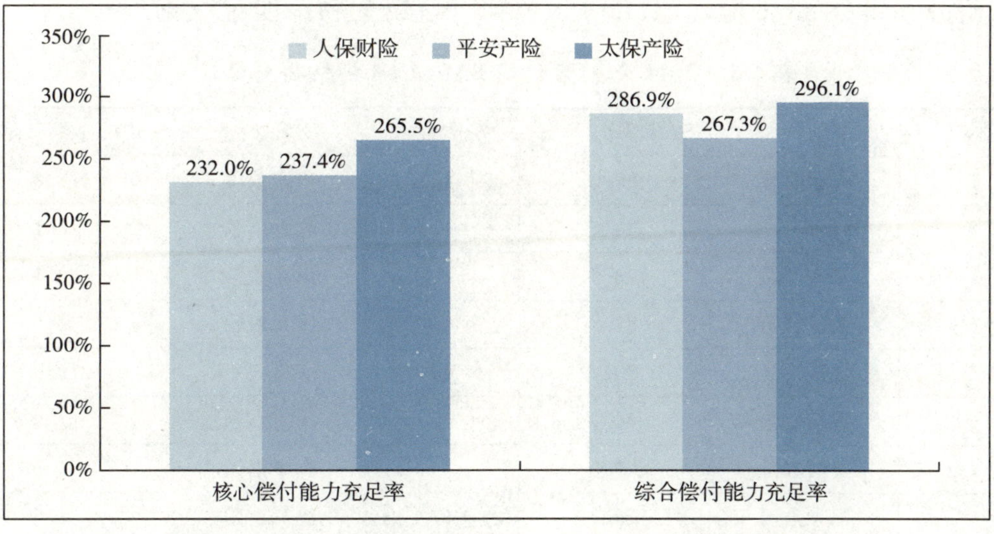

图6-4　国内三大财险公司2016年末偿付能力充足率

截至2016年末，国内81家财产保险公司偿付能力充足率均达标，其中人保财险核心偿付能力充足率232.0%，综合偿付能力充足率286.9%；平安产险核心偿付能力充足率237.4%，综合偿付能力充足率267.3%；太保产险核心偿付能力充足率265.5%，综合偿付能力充足率296.1%（见图6-4）。

四、SARMRA评估

自2016年1月起，保监会按照《保险公司偿付能力监管规则第11号：偿付能力风险管理要求与评估》（简称11号规则）等规定，对保险公司偿付能力风险管理能力进行监管评估（简称SARMRA评估）。SARMRA评估以11号规则为基础，对保险公司的偿付能力风险管理能力进行评估，具体内容包括：偿付能力风险管理的基础与环境、偿付能力风险管理的目标与工具、保险风险管理能力、市场风险管理能力、信用风险管理能力、操作风险管理能力、战略风险管理能力、声誉风险管理能力、流动性风险管理能力。SARMRA评估结果将应用于计算公司控制风险最低资本，若评估得分高于80分，保险公司可以享受最高10%的最低资本减幅，而低于80分的公司，将征收惩罚性的最低资本，幅度最高可达40%。2016年，保监会将77家财险公司纳入SARMRA评估范围，平均得分为70.7分，仅有6家财险公司SARMRA评分超过80分。国内三大财险公司中，人保财险得分85.0分，为行业最高分；平安产险、太保产险分别得分83.6分、81.8分，位列行业第三和第四位（见表6-1）。

表6-1 2016年财险公司SARMRA评估得分情况

排名	财险公司	SARMRA评分	排名	财险公司	SARMRA评分
1	人保财险	85.0	40	安诚财险	72.2
2	苏黎世保险	84.6	41	燕赵财险	72.1
3	平安产险	83.6	42	阳光农险	72.1
4	太保产险	81.8	43	国元农险	72.0
5	太平财险	80.0	44	安盛天平	72.0
6	富邦财险	80.0	45	华安财险	71.9
7	安信农险	79.6	46	国泰财险	71.8
8	阳光财险	79.3	47	渤海财险	71.6
9	国寿财险	78.9	48	泰山保险	71.6

续表

排名	财险公司	SARMRA 评分	排名	财险公司	SARMRA 评分
10	长安责任	78.9	49	永安财险	71.3
11	出口信保	78.8	50	诚泰财险	71.1
12	信利保险	78.8	51	泰康在线	70.6
13	安邦财险	78.7	52	长江财险	70.4
14	亚太财险	78.6	53	大地财险	70.2
15	安达保险	78.0	54	信达财险	70.1
16	中华联合	77.6	55	东海航运	70.0
17	三星财险	77.0	56	中原农险	69.7
18	英大财险	77.0	57	锦泰财险	69.3
19	中路财险	76.9	58	鼎和财险	68.7
20	鑫安汽车	76.8	59	史带保险	67.7
21	永诚财险	76.8	60	东京海上	67.3
22	天安财险	76.7	61	爱和谊	67.2
23	三井住友	76.3	62	众安财险	67.2
24	安华农险	76.0	63	易安财险	66.9
25	华海财险	75.9	64	中航安盟	65.8
26	日本财险	75.9	65	日本兴亚财险	63.4
27	珠峰财险	75.8	66	利宝互助	62.2
28	中银保险	75.2	67	美亚财险	62.2
29	众诚车险	74.9	68	乐爱金	61.8
30	华泰保险	74.5	69	中石油自保	61.2
31	富德财险	73.7	70	中铁自保	60.1
32	北部湾财险	73.6	71	紫金财险	60.0
33	浙商财险	73.5	72	现代财险	56.2
34	众安在线	73.5	73	华农财险	50.8
35	都帮财险	73.4	74	恒邦财险	50.4
36	久隆财产	73.4	75	海峡金桥	42.1
37	中煤财险	73.1	76	安心财险	34.3
38	安联财险	72.5	77	中意财险	23.6
39	瑞再企商	72.2			

数据来源：保监会。

2016 年，国内 77 家财险公司中，SARMRA 评估得分 80 分以上的仅有 6 家财险公司，49 家财险公司得分在 70（含）～80 分，16 家财险公司得分在 60（含）～70 分，6 家财险公司得分在 60 分以下（见图 6-5）。整体而言，国内多数财险公司 SARMRA 评分集中在 70（含）～80 分，表明多数财险公司偿付能力风险管理能力还需进一步加强。

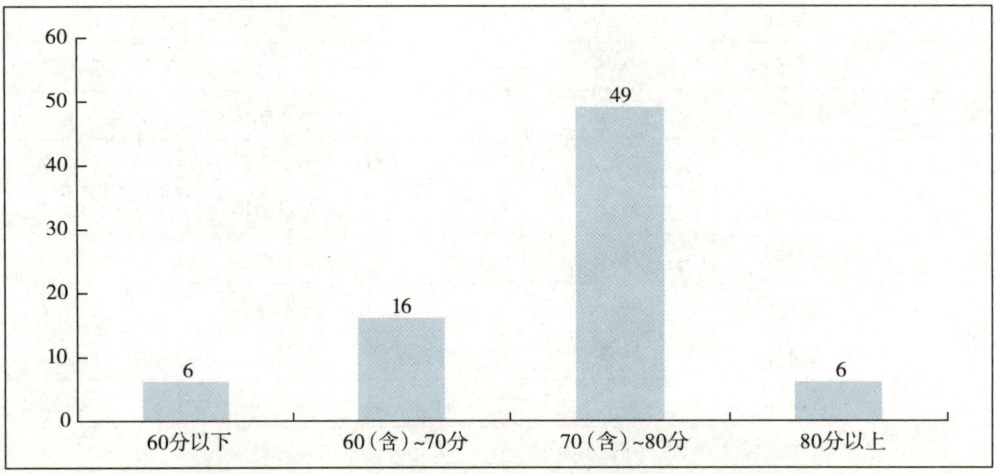

图 6-5　国内财险公司 2016 年 SARMRA 评分分布

第二节　国内主要财险公司承保绩效

2016 年，国内三大财险公司中，人保财险综合成本率为 98.1%，较 2015 年上升 1.6 个百分点，受自然灾害频发因素影响，人保财险 2016 年承保利润较 2015 年减少 35.8 亿元，仅为 50.2 亿元，同比减少 41.6%，为 2011 年以来的最低值；平安产险综合成本率为 95.9%，较 2015 年上升 0.3 个百分点，承保利润 62.9 亿元，同比上升 6.6%；太保产险综合成本率为 99.2%，较 2015 年下降 0.6 个百分点，是三家公司中唯一降低了成本的公司，承保利润 6.7 亿元，同比增长 3.1 倍。作为财险公司主要业务的车险整体盈利不佳，2016年财险公司车险保费收入合计达到6834.6亿元，同比增长10.3%，占财险公司总保费收入的73.8%，但车险保费的增长并未带来承保利润的同步增长，国内财险公司中仅有14家实现了车险业务的承保利润，利润总计129亿元，其中人保财险、平安产险、太保产险2016年车险业务承保利润总量高达110亿元，几乎承担了整个行业车险正向承保利润的85%的份额。中小财险公司则由于分公司数量限制、品牌效应不强等原因，在渠道上处于弱势，获客成本较高。2016年车险保费排名前60位的财险公司平均综合费用率为41%，达到了历史最高值。其中，仅有6家财险公司的综合费用率低于平均值。

一、承保绩效概述

影响财产保险公司经营效益的关键是业务端的综合成本率和投资端的投资收益率，而决定综合成本率的两大关键因素则是赔付率和费用率。受宏观经济环境的影响，在资本市场难以提供稳定的投资收益的情形下，财产险行业将回归综合成本率的竞争，承保能否获利对保持业务良性发展愈加关键。从综合成本率来看，2016年国内三大财险公司中，人保财险和平安产险的综合成本率均处于同比上升态势，仅太保产险的综合成本率同比有所下降。具体来看，人保财险综合成本率为98.1%，同比上升1.6个百分点；平安产险综合成本率为95.9%，同比上升0.3个百分点；太保产险综合成本率为99.2%，同比下降0.6个百分点，其中车险综合成本率为97.2%，同比下降了0.8个百分点，这得益于太保产险主动剔除连续3年赔付超过100%的劣质团车业务，同时通过调整渠道结构和提高服务水平，不断提升优质客户的留存率，3年未出险客户从2011年的55万增至2016年的258万，赔付率低的女性客户从154万人增至362万人。

从赔付率来看，平安产险2016年赔付率为54.4%，自2014年以来连续三年下降（2014年、2015年的赔付率分别为57.7%和56.7%）。人保财险2016年赔付率为63.5%，同比上升0.8个百分点。从具体险种来看，2016年人保财险的车险赔付率为59.5%，同比下降了1.0个百分点；非车险方面，仅有意外健康险的赔付率同比下降了1.1个百分点为89.0%，农业保险、企财险的赔付率都出现明显上升，其中，农险赔付率为77.9%，同比上升了13.1个百分点，企财险赔付率为76.3%，同比上升了9.9个百分点。太保产险2016年综合赔付率为61.2%，同比下降3.6个百分点。

从综合费用率来看，随着财险市场主体的增多，市场竞争日趋激烈，财险公司费用率呈现上升态势。2016 年，人保财险加大销售资源投入，导致整体费用率同比上升了 0.8 个百分点达到 34.6%，其中，承保费用率为 31.9%，同比上升了 1.2 个百分点；管理费用率为 2.7%，同比下降了 0.4 个百分点。2016 年平安产险综合费用率为 41.5%，同比上升 2.6 个百分点。太保产险 2016 年综合费用率为 38.0%，同比上升 3.0 个百分点。与 2015 年相比，三大财险公司综合费用率均有所上升（见图 6-6、图 6-7）。

从承保利润来看，受自然灾害频发因素影响，人保财险实现承保利润 50.2 亿元，同比减少 41.6%；平安产险实现承保利润 63.0 亿元，同比增长 6.6%；太保产险继 2015 年扭亏为盈后，承保利润持续增长，2016 年达到 6.7 亿元，同比增长 305.5%[①]（见图 6-8）。从分险种承保利润来看，2016 年，人保财险经营的七大商业险种中，仅有企财险和健康险处于营业亏损状态，其余险种均实现了承保盈利，其中车险的营业利润约为 71.8 亿元。平安产险 2016 年经营的五大商业险种中，仅有企财险承保利润为负，其余四大险种承保利润均为正，其中车险的承保利润为 27.04 亿元，保证保险的承保利润为 26.96 亿元。太保产险 2016 年经营的五大商业险种中，企财险和责任险的承保利润为负，商业车险、意外险和农业保险的承保利润均为正。

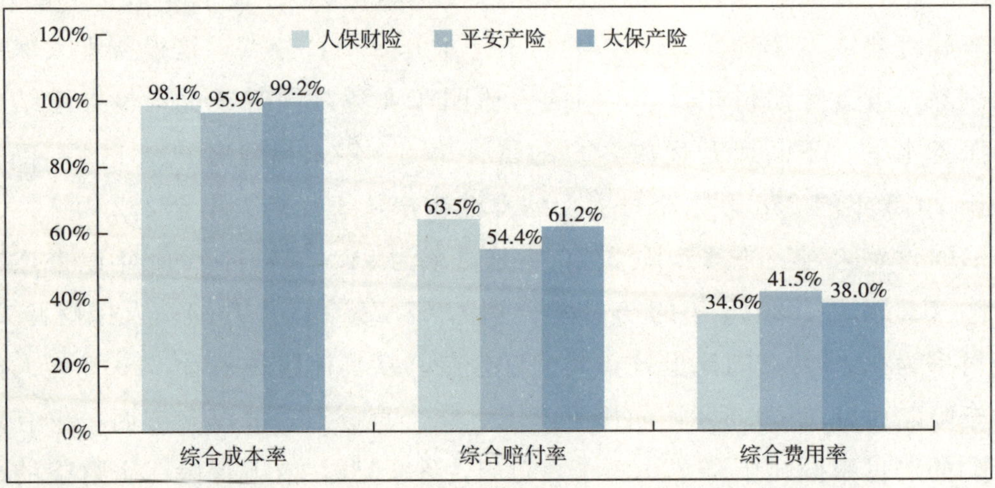

图 6-6 国内三大财险公司 2016 年综合成本率

① 人保财险承保利润数据来源于人保财险 2016 年度信息披露报告，平安产险、太保产险承保利润数据依据 2016 年度信息披露报告数据计算，计算公式为：承保利润＝已赚保费×（1－综合成本率）。

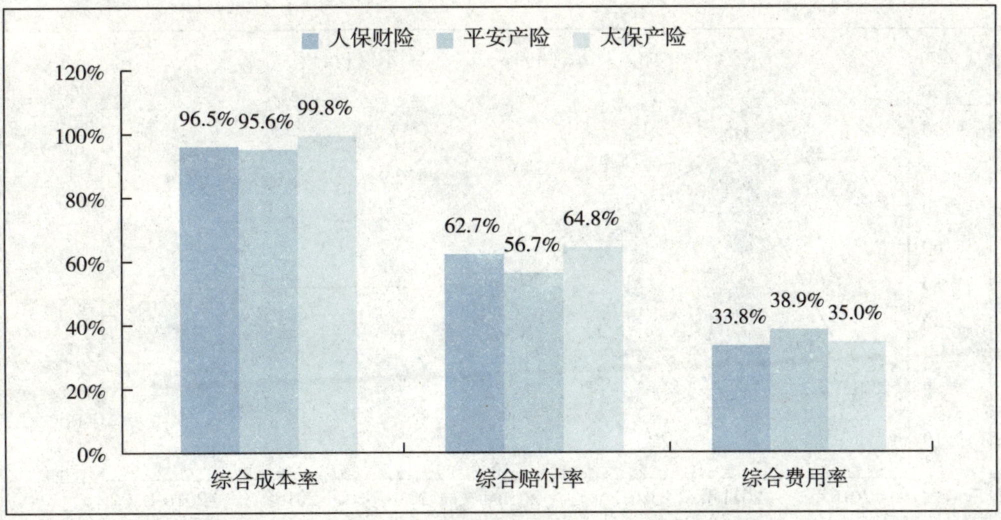

图 6-7 国内三大财险公司 2015 年综合成本率

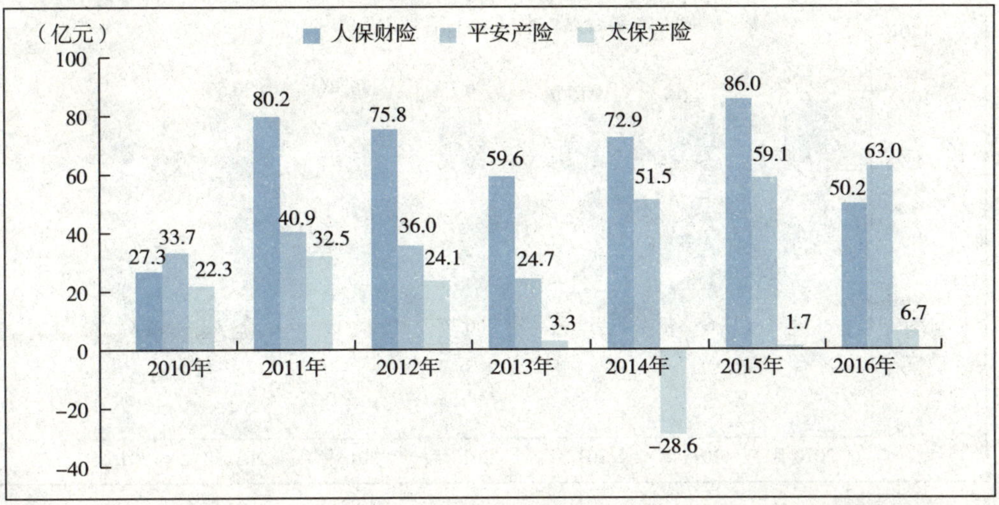

图 6-8 国内三大财险公司 2010—2016 年承保利润走势

(一) 人保财险承保绩效分析

受自然灾害频发因素影响，人保财险 2016 年承保利润较 2015 年减少 35.8 亿元，仅为 50.2 亿元，同比减少 41.6%，为 2011 年以来的最低值；承保利润率为 1.9%，较 2015 年下降 1.6 个百分点，承保利润率出现较大幅度下滑，为 2010 年以来的最低值（见图 6-9）。

从承保绩效指标分解来看，人保财险 2016 年共发生费用 934.8 亿元，较

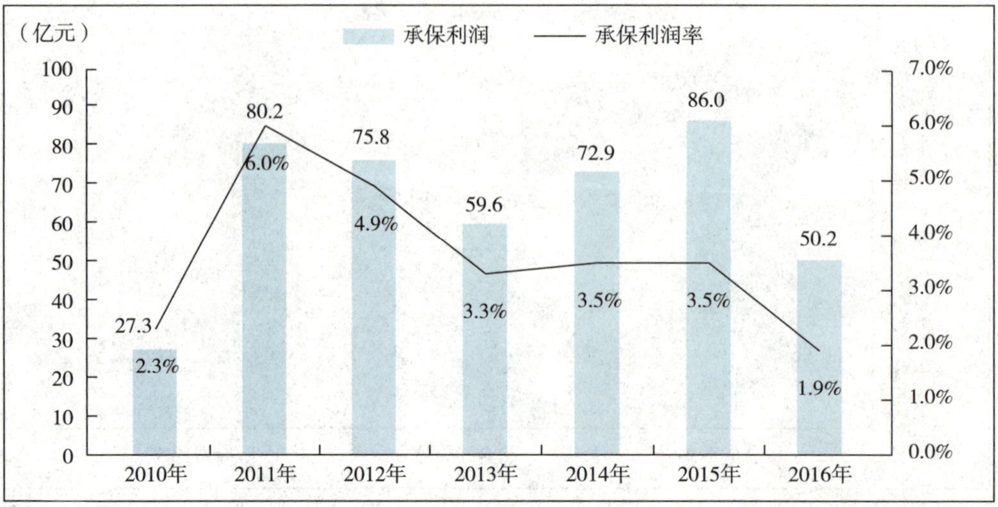

图 6-9　2010—2016 年人保财险承保利润变化趋势

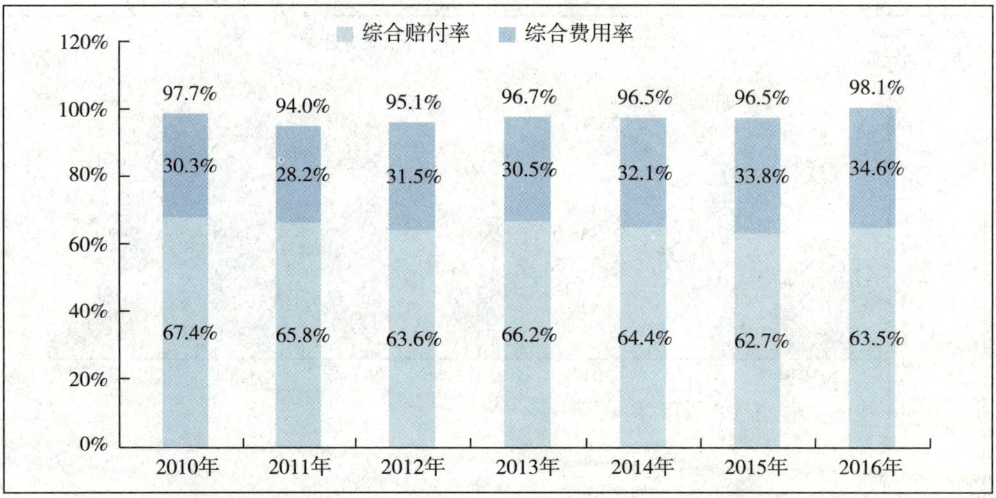

图 6-10　2010—2016 年人保财险承保绩效变化趋势

2015 年增加 109.3 亿元，同比增长 13.3%；综合费用率达到 34.6%，较 2015 年上升 0.8 个百分点；共发生净赔付 1717.6 亿元，较 2015 年增加 183.4 亿元，同比增长 12.0%；综合赔付率达到 63.5%，较 2015 年上升 0.8 个百分点。2016 年人保财险综合费用率和综合赔付率的共同上升导致其综合成本率达到 98.1%，为 2010 年以来的最高值，较 2015 年上升 1.6 个百分点（见图 6-10）。

（二）平安产险承保绩效分析

2016 年平安产险承保利润达到 63.0 亿元，较 2015 年增加 3.9 亿元，同比增长 6.6%；承保利润率为 4.1%，较 2015 年下降 0.3 个百分点（见图 6-11）。

从承保绩效指标分解来看，平安产险 2016 年共发生费用 637.3 亿元，较 2015 年增加 115.2 亿元，同比增长 22.1%；综合费用率达到 41.5%，较 2015 年上升 2.6 个百分点；共发生净赔付 843.6 亿元，较 2015 年增加 100.2 亿元，同比增长 13.5%；综合赔付率达到 54.4%，较 2015 年下降 2.3 个百分点。2016 年平安产险综合成本率达到 95.9%，较 2015 年上升 0.3 个百分点，自 2014 年以来综合成本率连续三年上涨（见图 6-12）。

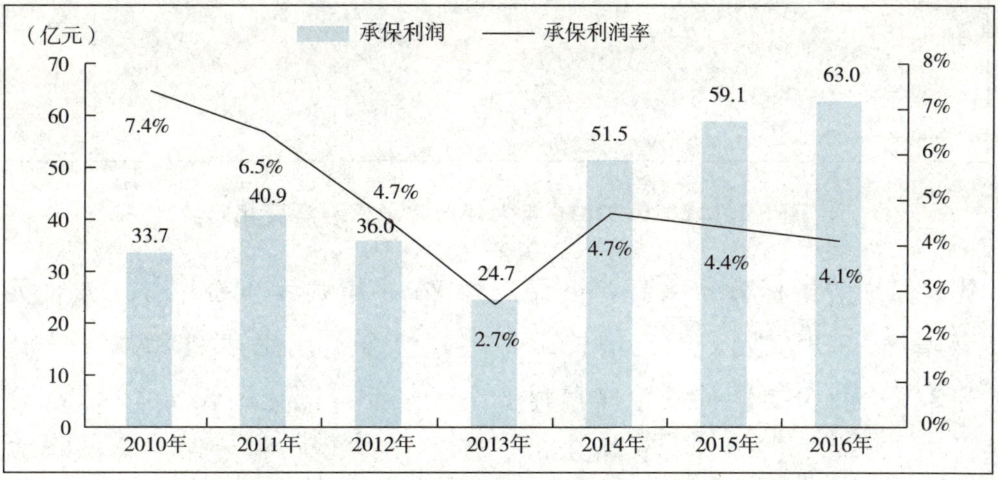

图 6-11　2010—2016 年平安产险承保利润变化趋势

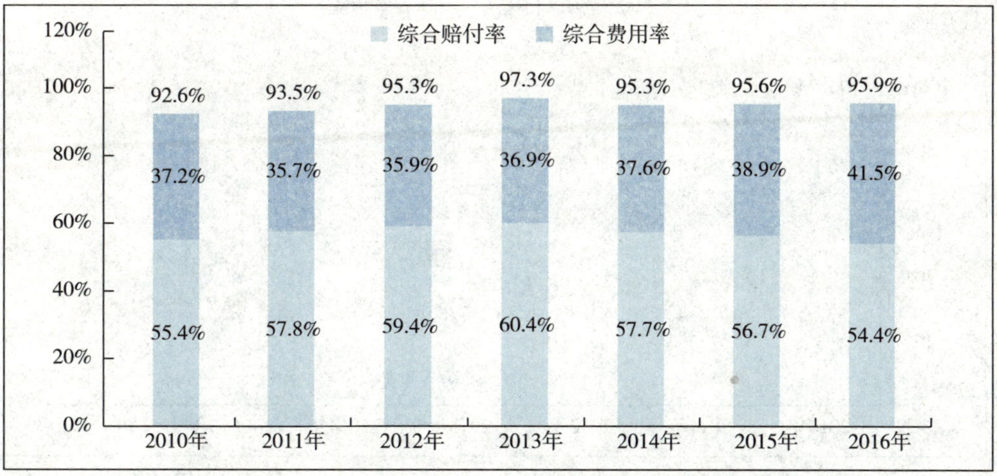

图 6-12　2010—2016 年平安产险承保绩效变化趋势

（三）太保产险承保绩效分析

2016 年太保产险实现承保利润 6.7 亿元，较 2015 年增加 5.0 亿元，同比增长 305.5%；承保利润率为 0.8%，较 2015 年上升 0.6 个百分点（见图 6-13）。

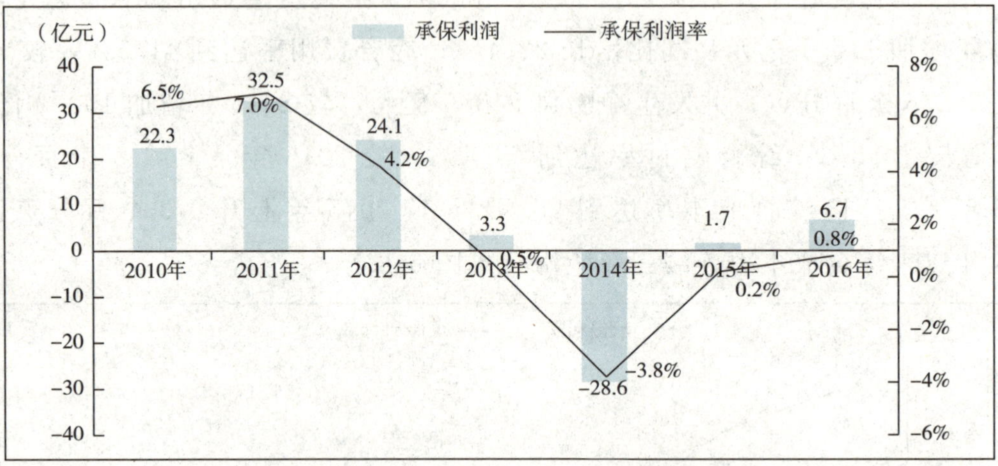

图 6-13　2010—2016 年太保产险承保利润变化趋势

从承保绩效指标分解来看，太保产险 2016 年共发生费用 317.6 亿元，较 2015 年增加 29.3 亿元，同比增长 10.2%；综合费用率达到 38.0%，较 2015 年上升 3.0 个百分点；共发生净赔付 587.8 亿元，同比增长 4.3%；综合赔付率达到 61.2%，较 2015 年下降 3.6 个百分点。2016 年太保产险综合成本率 99.2%，较 2015 年下降 0.6 个百分点（见图 6-14）。

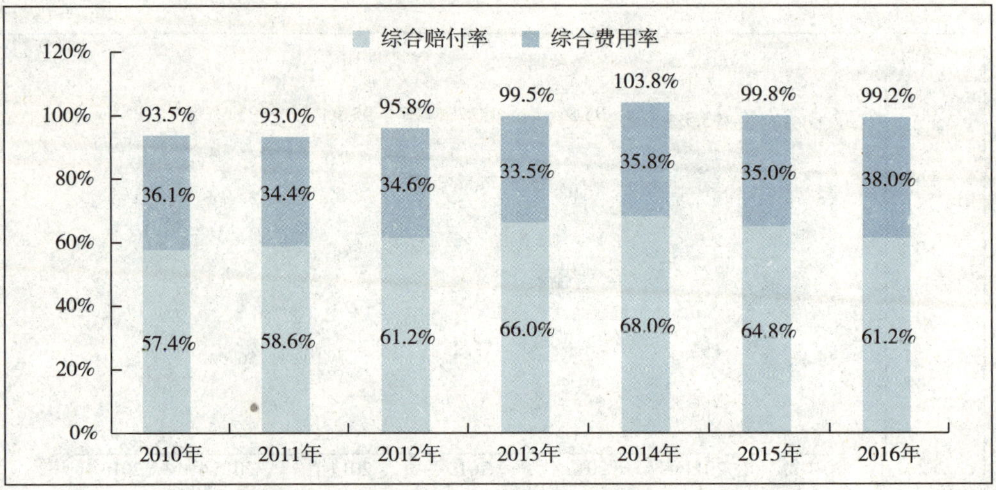

图 6-14　2010—2016 年太保产险承保绩效变化趋势

二、国内三大财险公司主要险种承保绩效

（一）人保财险主要险种承保绩效分析

1. 赔付情况

2016 年，人保财险已发生净赔款 1717.6 亿元，较 2015 年增长 183.4 亿元，同比增长 12.0%；赔付率为 63.5%，较 2015 年的 62.7%提高 0.8 个百分点。

分险种来看，2016 年，人保财险车险已发生净赔款 1247.2 亿元，同比增长 8.4%，占全年已发生净赔付额的 72.6%，赔付率由 2015 年的 60.5%降低 1.0 个百分点至 2016 年的 59.5%，这源于人保财险加强客户细分与风险管控，提高车险效益险种承保面和保全保足率，提高资源配置效率，业务结构进一步优化，商业车险费率市场化改革之后未出险客户占比提升，有效报案量和出险率明显下降。与此同时，人保财险加强理赔精细化管理，在车险物损、人伤成本、稽查追偿等方面着力加强管控；意外伤害及健康险已发生净赔款 176.5 亿元，同比增长 28.9%，赔付率为 89.0%，较 2015 年的 90.1%降低了 1.1 个百分点，这主要得益于人保财险加大力度改善意外伤害及健康险承保条件，严控承保质量，优化业务结构，不断强化风险调节和医疗管控能力。受寒潮、暴雨洪涝、台风、干旱等自然灾害损失程度同比大幅上升影响，人保财险农业保险已发生净赔款 112.3 亿元，同比增长 19.2%，农业保险赔付率达到 77.9%，较 2015 年的 64.8%上升 13.1 个百分点。受“莫兰蒂”台风、江苏盐城龙卷风及各地暴雨洪涝等自然灾害影响，企业财产险已发生净赔款 57.4 亿元，同比增长 9.5%，企业财产险大额赔案增多，赔付率 76.3%，较 2015 年的 66.4%提高 9.9 个百分点。由于第三者人伤赔付成本上升，雇主、承运人、医疗责任险赔付率处于较高水平，2016 年责任险赔付率达到 60.2%，较 2015 年上升 2.3 个百分点；责任险已发生净赔款 57.7 亿元，同比增长 18.7%。其他险种已发生净赔款 55.0 亿元，同比增长 39.0%，赔付率由 2015 年的 64.7%上升到 2016 年的 77.8%，上升了 13.1 个百分点。货物运输险已发生净赔款 11.5 亿元，同比减少 0.5%，赔付率 53.2%，较 2015 年的 49.1%上升 4.1 个百分点，主要原因在于 2016 年货运险市场竞争激烈，费率水平持续下降，货运险已结中小额案件增长较快，导致赔付率有所上升（详见表 6-2）。

表 6-2 人保财险 2015 年、2016 年主要险种赔付情况

主要险种	已发生净赔款（百万元）			赔付率（%）		
	2015 年	2016 年	同比变动	2015 年	2016 年	变化幅度
机动车辆险	115085	124718	8.4%	60.5	59.5	-1
意外伤害及健康险	13695	17649	28.9%	90.1	89.0	-1.1
农险	9425	11233	19.2%	64.8	77.9	13.1
企业财产险	5243	5741	9.5%	66.4	76.3	9.9
责任险	4857	5767	18.7%	57.9	60.2	2.3
其他险种	3959	5502	39.0%	64.7	77.8	13.1
货运险	1155	1149	-0.5%	49.1	53.2	4.1
全险种	**153419**	**171759**	**12.0%**	**62.7**	**63.5**	**0.8**

资料来源：根据人保财险 2015 年度报告、2016 年度报告整理。

2. 综合成本率

2016 年人保财险费用总额 934.8 亿元，较 2015 年增长 13.2%，费用率 34.6%，较 2015 年的 33.8%上升 0.8 个百分点。2016 年人保财险实施成本领先战略，落实全面预算管理，深化节约型机关建设，严控管理费用支出。行政及管理费用 73.8 亿元，较 2015 年减少 1.4 亿元，同比减少 1.8%；管理费用率 2.7%，较 2015 年下降 0.4 个百分点，成本精益管控能力明显提升。与此同时，人保财险有效应对商业车险费率市场化改革，强化市场对标，实施积极的财务政策和精准营销方案，费用率预算与业务质量联动调整，着力提升资源配置效率，提高优质业务获取能力，承保费用率 31.9%，较 2015 年上升 1.2 个百分点（详见表 6-3）。

表 6-3 人保财险 2015 年、2016 年主要险种的综合成本率、赔付率和费用率

	2015 年			2016 年		
	赔付率	费用率	综合成本率	赔付率	费用率	综合成本率
机动车辆险	60.5%	35.6%	96.1%	59.5%	37.2%	96.7%
企业财产险	66.4%	42.5%	108.9%	76.3%	47.1%	123.3%
意外伤害及健康险	90.1%	16.8%	106.9%	89.0%	12.5%	101.5%
责任险	57.9%	39.0%	96.9%	60.2%	34.2%	94.5%
货运险	49.1%	40.4%	89.5%	53.2%	36.3%	89.5%

续表

	2015 年			2016 年		
	赔付率	费用率	综合成本率	赔付率	费用率	综合成本率
农险	64.8%	18.4%	83.2%	77.9%	19.5%	97.4%
其他险种	64.7%	34.8%	99.5%	77.8%	37.5%	115.3%
全险种	**62.7%**	**33.8%**	**96.5%**	**63.5%**	**34.6%**	**98.1%**

资料来源：根据人保财险 2015 年度报告、2016 年度报告整理。

3. 承保利润情况

2016 年，人保财险承保利润为 50.2 亿元，较 2015 年的 86.0 亿元减少 35.8 亿元，同比减少 41.6%；承保利润率为 1.9%，较 2015 年的 3.5%降低 1.6 个百分点。具体来看，2016 年承保利润出现增长的险种只有责任险、意外伤害及健康险，其承保利润分别较 2015 年增长 2.7 亿元、7.6 亿元，其他 5 个险种承保利润均较 2015 年出现下滑，机动车辆险承保利润最高，达到 70.3 亿元；企业财产险承保亏损 17.6 亿元，承保亏损率达到 23.4%；其他险种承保亏损 10.8 亿元，较 2015 年 3100 万元的承保利润下滑 11.2 亿元，承保亏损率达到 15.3%（详见表 6-4）。

表 6-4 人保财险 2015 年、2016 年主要险种承保利润 单位：百万元

主要险种	2015 年		2016 年	
	承保利润/（亏损）	承保利润/（亏损）率	承保利润/（亏损）	承保利润/（亏损）率
车险	7386	3.9%	7025	3.3%
企业财产险	(701)	(8.9)%	(1756)	(23.4)%
意外伤害及健康险	(1062)	(6.9)%	(298)	(1.5)%
责任险	258	3.1%	528	5.6%
货运险	245	10.5%	227	10.5%
农险	2447	16.8%	382	2.6%
其他险种	31	0.5%	(1084)	(15.3)%
全险种	**8604**	**3.5%**	**5024**	**1.9%**

资料来源：根据人保财险 2015 年度报告、2016 年度报告整理。

（二）平安产险主要险种承保绩效

1. 赔付与费用情况

2016 年，平安产险赔付支出总额为 843.6 亿元，较 2015 年增加 100.2 亿

元，同比增长13.5%。分险种来看，2016年，车险赔付支出712.8亿元，同比增长12.6%，占全年已发生净赔付额的84.5%；信用保证保险已发生净赔付37.7亿元，同比增长11.2%；企业财产保险赔付支出29.0亿元，同比增长18.3%；意外伤害保险赔付支出8.7亿元，同比增长19.9%（见表6-5）。

表6-5　平安产险2015年、2016年分险种保费收入与赔付情况

产品	保费收入（百万元）			赔付支出（百万元）		
	2016年	2015年	同比增长	2016年	2015年	同比增长
机动车辆保险	148501	130984	13.4%	71283	63302	12.6%
信用保证保险	8470	13863	-38.9%	3771	3393	11.2%
企业财产保险	4856	4889	-0.7%	2904	2454	18.3%
责任保险	5183	4119	25.8%	1842	1585	16.3%
货物运输保险	1009	992	1.7%	523	487	7.4%
工程保险	1651	1725	-4.3%	790	747	5.7%
意外伤害保险	4157	3417	21.6%	867	723	19.9%
船舶保险	455	536	-15.0%	404	439	-7.9%
健康险	797	676	17.9%	569	490	16.2%
特殊风险保险	1365	1231	10.9%	715	290	146.2%
农业保险	801	680	17.9%	472	285	65.6%
家庭财产保险	751	574	30.9%	220	139	57.9%
合计	**177997**	**163688**	**8.7%**	**84359**	**74333**	**13.5%**

资料来源：根据平安产险2015年度、2016年度信息披露报告整理。

2. 承保利润情况

2016年，平安产险承保利润为63.0亿元人民币，较2015年增加3.9亿元，同比增长6.6%；承保利润率为4.1%[①]，较2015年的4.4%下降0.3个百分点。保费收入居前五位的险种为车险、信用保证保险、责任保险、企财险和意外伤害保险，其中车险承保利润较2015年增长1.05倍，意外伤害保险承保利润较2015年增长45.9%；信用保证保险、责任保险承保利润均出现下滑，企财险则出现承保亏损（见表6-6）。

① 此处承保利润计算公式为：承保利润＝已赚保费×（1－综合成本率），2015年、2016年平安产险综合成本率分别为95.6%、95.9%。

表 6-6　平安产险 2015 年、2016 年主要险种承保绩效

主要险种	保费收入（百万元）			承保利润/亏损（百万元）		
	2016 年	2015 年	同比增长	2016 年	2015 年	同比增长
机动车辆保险	148501	130984	13.4%	2704	1321	104.7%
信用保证保险	8136	13532	-39.9%	2696	3198	-15.7%
责任保险	5183	4120	25.8%	376	389	-3.3%
企业财产保险	4856	4889	-0.7%	-42	303	-113.9%
意外伤害保险	4157	3417	21.7%	1141	782	45.9%
其他险种	7458	7013	6.3%	-579	-94	516.0%
全险种	**178291**	**163955**	**8.7%**	**6296**	**5906**	**6.6%**

资料来源：根据平安保险（集团）2015 年度报告、2016 年度报告整理。

（三）太保产险主要险种承保绩效

1. 赔付与费用情况

2016 年，受理赔速度加快影响，太保产险赔付支出 587.8 亿元，同比增长 4.3%。其中，机动车辆保险赔付支出 463.7 亿元，同比增长 3.4%；非机动车辆保险赔付支出 124.1 亿元，同比增长 8.0%。受市场环境变化影响，2016 年手续费及佣金支出 140.5 亿元，同比增长 25.4%，手续费占保险业务收入的比重从 2015 年的 11.8%上升到 2016 年的 14.6%。其中，机动车辆保险手续费及佣金支出 115.9 亿元，同比增长 33.5%；非机动车辆保险手续费及佣金支出 24.6 亿元，同比减少 2.5%。2016 年太保产险业务及管理费 193.9 亿元，同比增长 19.9%，业务及管理费占保险业务收入的比重从 2015 年的 17.1%上升到 2016 年的 20.2%（见表 6-7）。

表 6-7　太保产险 2015 年、2016 年主要险种赔付及费用情况

主要险种	已发生净赔款（百万元）			综合成本率（%）		
	2015 年	2016 年	同比变动	2015 年	2016 年	变化幅度
机动车辆保险	44845	46374	3.4%	98.0	97.2	-0.8
企业财产保险	3254	3601	10.7%	113.5	116.5	3.0
责任保险	1983	2285	15.2%	114.8	116.8	2.0
意外伤害保险	1281	1233	-3.7%	109.3	94.9	-14.4

资料来源：根据太保集团 2015 年度报告、2016 年度报告整理。

2016年太保产险秉持“控品质、强基础、增后劲”的发展策略，聚焦车险核心渠道，提升优质客户服务能力，加快农险等新兴业务发展，综合成本率持续优化，较2015年下降0.6个百分点，达到99.2%。其中，综合费用率38.0%，较2015年的35.0%上升3.0个百分点；综合赔付率61.2%，较2015年的64.8%下降3.6个百分点。从业务结构来看，2016年太保产险不断改善车险业务品质，聚焦核心渠道和优质客户，加强品质管控，强化理赔减损，优化资源配置，2016年车险综合成本率为97.2%，较2015年下降0.8个百分点。受市场竞争加剧、自然灾害频发等因素影响，太保产险非车险综合成本率达到109.6%，较2015年上升0.7个百分点。其中，意外险通过剔除高赔付的劣质业务，改善业务结构，在非车险中率先实现承保盈利，综合成本率94.9%；农险继续扩大经营覆盖面，加大产品创新力度，全面推广“e农险”新技术，深化与安信农险的战略融合，加快提升市场竞争力，实现业务收入19.1亿元，同比增长65.2%，综合成本率96.8%，经营业绩持续向好。

2. 主要险种承保利润/亏损情况

2016年，太保产险保费收入排名前四位的险种是车险、企财险、责任险和意外险。其中，车险承保利润为19.3亿元人民币，较2015年增长40.7%；非车险业务中，意外险相较2015年扭亏为盈，实现承保利润1.2亿元，同比增长1.5倍；企财险和责任险则继续呈现承保亏损状态，且亏损幅度进一步扩大（见表6-8）。

表6-8 太保产险2015年、2016年主要险种承保利润

主要险种	保费收入（百万元）			承保利润/亏损（百万元）		
	2015年	2016年	同比变动	2015年	2016年	同比变动
机动车辆险	74961	76177	1.6%	1373	1932	40.7%
企财险	5433	5104	-6.1%	-469	-504	-7.5%
责任险	3768	3823	1.5%	-414	-477	-15.2%
意外险	2502	2275	-9.1%	-236	119	1.5倍

资料来源：根据太保集团2015年度报告、2016年度报告整理。

第三节　国内主要财险公司盈利能力分析

2016年受承保利润和投资收益双重下滑影响，财产保险公司的净利润表现未能尽如人意。从总体盈利情况来看，2016年已披露偿付能力报告的66家财险公司中，有28家财险公司陷入亏损，占比超过四成，其中亏损上亿元的有亚太财险、燕赵财险、华海财险、浙商财险、利宝互助、中煤财险以及安华农业，亏损额分别为4.5亿元、3.3亿元、2.8亿元、1.6亿元、1.4亿元、1.3亿元以及1.2亿元。亏损原因或源于成立时间较短，例如华海财险成立至今还不足两年半；或源于赔付支出增加，例如浙商财险等。有38家财险公司实现了盈利，都邦财险、中原农业等6家公司实现扭亏为盈，净利润超过1亿元的仅有12家公司，分别为：安邦财险（46亿元）、国寿财险（11.6亿元）、阳光财险（11.4亿元）、永安财险（8.3亿元）、中华联合（5.2亿元）、天安财险（5亿元）、华泰财险（4.5亿元）、国元农业（3.7亿元）、英大财险（3.5亿元）、现代财险（2.9亿元）、阳光农业（2.1亿元）、永诚保险（1.9亿元）。2016年ROE值排名前六位的财险公司为长安责任、现代财险、永安财险、国元农业、阳光财险、阳光农业，其ROE分别为133%、64%、17%、13%、12%以及10%，表明公司盈利能力较强。其中有5家均为特色财险，如长安责任保险是国内第一家责任险公司，经营险种包括道路客运承运人责任险、医疗责任险、食品安全责任险、环境污染责任险、安全生产责任险、电梯责任险等，还新开发了食安保、汽修保、财务保三款标准化的责任险产品，2016年仅用4000万元的净资产实现了5000多万元的利润。国元农业财险、阳光农业财险则是专注于农业的保险公司。国内市场份额排名前十位的财产保险公司中，仅天安财险和平安产险净利润出现增长，其余8家公司净利润均出现明显下滑。

一、净利润

2016年，国内市场份额排名前十位的财产保险公司保费收入合计达到7942.3亿元，占国内财险公司保费总收入的84.7%。受投资环境不利等因素的影响，国内财险公司盈利水平较2015年出现较大幅度下滑，2016年，十大财险公司净利润合计410.6亿元，同比减少17.5%。其中，人保财险、平安产险、太保产险和太平财险等四大上市财险公司实现净利润357.3亿元，同比减少11.8%；其余六家非上市财险公司实现净利润53.3亿元，同比减少42.5%（见表6-9）。

表6-9 国内主要财险公司2015年、2016年净利润

公司		净利润（百万元）		净利润增长率	
		2015年	2016年	2015年	2016年
上市公司	人保财险	21847	18021	46.1%	-17.5%
	平安产险	12650	12700	43.5%	0.4%
	太保产险	5331	4540	414.3%	-14.8%
	太平财险	659	467	69.5%	-29.1%
非上市公司	国寿财险	2258	1157	60.5%	-48.8%
	中华联合	2446	907	31.9%	-62.9%
	阳光财险	2089	1029	80.3%	-50.7%
	大地财险	1352	1247	54.8%	-7.8%
	天安财险	389	698	-2.2%	79.4%
	华安财险	742	292	130.0%	-60.7%
合计		**49763**	**41058**	**59.6%**	**-17.5%**

资料来源：根据各公司2016年报及2016年度信息披露报告整理。

2016年，国内十大财险公司中，除平安产险和天安财险净利润较2015年有所增长外，其他八家财险公司净利润均出现不同程度的下滑。2016年，仅有人保财险和平安产险两家公司净利润超过100亿元。其中，人保财险净利润180.2亿元，继续保持领先地位，但净利润较2015年减少38.3亿元；平安产险净利润127.0亿元，较2015年小幅上升0.4%；太保产险、大地财险、国寿财险、阳光财险四家公司净利润超过10亿元，位列第三至第六位；其他四家财险公司净利润均在10亿元以下。此外，天安财险实现净利润7.0亿元，增长幅度达到3.1亿元，同比增长79.4%，其增长幅度和增长速度在十大财险公司中均为最高。

二、净资产收益率

2016年末，国内十大财险公司除阳光财险和华安财险外，其他八家公司净资产均较期初有所增长，十大财险公司净资产合计3184.3亿元，较2016年初增长14.6%。其中，人保财险净资产为1193.1亿元，为国内唯一净资产超过千亿元的财产保险公司。十大财险公司实现净利润410.6亿元，平均净资产收益率为13.8%，较2015年下降6.3个百分点。其中，人保财险、平安产险、太保产险和大地财险四家公司净资产收益率超过10.0%，分别达到15.8%、20.8%、13.2%和10.2%；其余六家财险公司净资产收益率均低于10.0%。平安产险以20.8%的净资产收益率继续维持行业领先地位，人保财险、太保产险分列第二位和第三位（见表6-10）。

表6-10　国内主要财险公司2016年净资产收益率　　单位：百万元

公司	2016年净利润	净资产			净资产收益率		
		期初	期末	增长率	2015年	2016年	同比变动
人保财险	18021	108951	119312	9.5%	22.4%	15.8%	-3.9%
平安产险	12700	58251	63649	9.3%	24.7%	20.8%	-6.6%
太保产险	4540	33587	35241	4.9%	17.3%	13.2%	-6.5%
太平财险	467	5369	5803	8.1%	14.0%	8.4%	-4.1%
国寿财险	1157	19530	19851	1.6%	12.4%	5.9%	-5.6%
中华联合	907	13154	13537	2.9%	20.4%	6.8%	-13.6%
阳光财险	1030	10736	10610	-1.2%	23.4%	9.6%	-13.8%
大地财险	1247	10800	13543	25.4%	13.1%	10.2%	-2.9%
天安财险	698	12716	32019	151.8%	4.0%	3.1%	-0.9%
华安财险	292	4892	4869	-0.5%	15.1%	6.0%	-9.1%
小计	**41058**	**277985**	**318433**	**14.6%**	**20.1%**	**13.8%**	**-6.3%**

资料来源：根据各保险公司2016年报及2016年度信息披露报告整理计算，净资产收益率=净利润/（期初所有者权益+期末所有者权益）/2。

从净资产收益率变化情况来看，2016年，十大财险公司净资产收益率均较2015年有所下降。其中，中华联合和阳光财险下降幅度最快，均超过10.0个百分点，其2016年净资产收益率分别为6.8%和9.6%，较2015年分别下降13.6和13.8个百分点。

三、总资产收益率

2016 年末，国内财产保险公司总资产为 2.4 万亿元，较年初增长 28.5%；国内十大财险公司期末总资产为 14486.0 元，同比增长 20.8%，增长速度低于国内平均增长速度，占比仍然高达 61.2%。其中，人保财险期末总资产达到 4759.5 亿元，同比增长 13.2%，仍然保持国内财险公司总资产规模第一的位置；天安财险期末总资产达到 3025.8 亿元，同比增长 78.8%，其增长速度在十大财险公司中排名第一，期末总资产规模排名第二位；平安产险和太保产险期末总资产均超过 1000 亿元，分别为 2836.2 亿元和 1315.8 亿元，分别位列第三、第四位；其他六大财险公司期末总资产均在 1000 亿元以下（见表 6-11）。

表 6-11　国内主要财险公司 2016 年总资产收益率　　单位：百万元

公司	2016 年净利润	总资产			总资产收益率		
		期初	期末	增长率	2015 年	2016 年	同比变动
人保财险	18021	420420	475949	13.2%	5.6%	4.0%	-0.9%
平安产险	12700	252068	283623	12.5%	5.7%	4.7%	-1.5%
太保产险	4540	125011	131581	5.3%	4.5%	3.5%	-2.2%
太平财险	467	21490	23054	7.3%	3.5%	2.1%	-0.9%
国寿财险	1157	65349	73095	11.9%	3.8%	1.7%	-1.4%
中华联合	907	53034	59761	12.7%	5.1%	1.6%	-3.5%
阳光财险	1030	39665	43814	10.5%	5.7%	2.5%	-3.3%
大地财险	1247	38603	41011	6.2%	3.9%	3.1%	-0.8%
天安财险	698	169219	302584	78.8%	0.4%	0.3%	-0.1%
华安财险	292	13964	14125	1.2%	5.3%	2.1%	-3.3%
总计	**41058**	**1198822**	**1448598**	**20.8%**	**4.7%**	**3.1%**	**-1.6%**

资料来源：根据各保险公司 2016 年度信息披露报告整理计算。

从总资产收益率（ROA）来看，2016 年，十家财险公司总资产收益率均出现不同程度的下滑。其中，平安产险以 4.7%的总资产收益率居十家财险公司首位，较 2015 年下降 1.5 个百分点；人保财险、太保产险、大地财险总资产收益率分别为 4.0%、3.5%、3.1%，分别位列第二至第四位；其他六大财险公司总投资收益率均在 3.0%以下，其中天安财险总资产收益率最低，仅为 0.3%（较 2015 年下降 0.1 个百分点）。

第七章

中国非寿险行业服务国家宏观战略

【内容提要】 2016年，保险业积极发挥保险功能作用，着眼于服务国家治理体系和治理能力现代化，积极主动融入国家经济社会发展大局，推动保险服务能力再上新台阶。互联网、新媒体等新技术的应用，以及非寿险市场“偿二代”的实施、车险费率市场化改革的全面铺开等相关创新政策环境的影响，不断推动非寿险行业由渠道、产品创新向商业模式创新转变，保险公司积极创新产品和服务模式，以创新推动保险服务生态圈建设，搭建保险与其他行业的跨界融合，成为非寿险行业服务产业发展的新方向。

2016年，非寿险行业积极响应国家脱贫攻坚战略。在解决因病致贫返贫方面，积极参与国家新型医疗保障体系建设，提升贫困地区健康保障水平，开创了“和田模式”“江阴模式”等典型模式。在解决因灾致贫返贫方面，积极开展农业保险，提高贫困地区再生产能力，创新推出“脱贫保”“惠农保”等保险产品以及“河北阜平”扶贫模式。在保障民生方面，大力开展补位扶贫，为困难群众生产、生活风险托底，推广农房保险等典型做法。在开展金融产业扶贫方面，积极探索“保险+贷款”模式，为贫困地区引入金融“活水”，努力解决融资难、融资贵问题，积累了光伏扶贫、“投贷保”等经验。在服务教育扶贫方面，大力发展教育保险、加快扶贫教育工程，缓解能力贫困、提供就业机会，提高贫困地区人口脱贫技能。保险业积极履行保险助推脱贫攻坚的政治责任，积极利用互联网等新技术，扩大扶贫覆盖范围，创新扶贫产品和服务。

2016 年，巨灾保险已经在深圳、云南、广东、河北等地试点开展，中国城乡居民地震巨灾保险共保体的建立，《建立城乡居民住宅地震巨灾保险制度实施方案》的出台，进一步推动巨灾保险进入全面销售阶段。保险机制在灾害、风险共担、扩大巨灾保险保障覆盖面、整合社会资源、提升公众风险意识等方面发挥着重要作用。

2016 年，非寿险行业积极服务企业“走出去”，各保险机构积极探索服务“走出去”的路径，创新保险产品和服务，为中国企业“走出去”保驾护航。出口信用保险累计为 8.22 万家出口企业提供风险保障 4167 亿美元。截至 2016 年底，累计发起设立债权、股权和项目支持计划 659 项，合计备案注册规模 1.7 万亿元，为“一带一路”、长江经济带、京津冀协同发展等国家战略项目提供资金支持。

第一节　非寿险行业创新服务产业发展

随着大数据技术、移动互联等产业的迅猛发展，保险行业也进入关键转型时期，非寿险行业由渠道、产品创新向商业模式创新转变，国内各保险公司纷纷创新产品和服务模式，发挥保险业服务供给侧结构性改革的重要作用，服务农业产业发展、服务互联网催生的新生需求、服务科技企业创新发展。构建保险服务生态圈建设，搭建保险与其他行业的跨界融合，成为非寿险行业服务产业发展的新方向。

一、产品创新相关环境

（一）商业车险费率市场化改革全面铺开，创新经营成为车险业务新挑战

1. 商业车险费率市场化改革（以下简称商车费改）叠加“偿二代”正式实施，对财险业务格局的影响效应在不断放大

2016年1月，保监会正式施行《保险公司偿付能力监管规则（第1号—第17号）》，对接欧盟偿付能力监管标准II的新监管体系，正在深刻影响保险行业的发展。以商车费改为标志，车险市场化改革正走向深入。2015年4月1日保监会启动商车费改试点，标志着中国第二轮市场化改革正式启动。2016年6月，在北京、河北等地区开展第三批商业车险条款费率管理制度改革试点，标志着商业车险费率市场化改革在全国范围内全面铺开。

2. 商车费改不仅影响保险公司的定价、承保、理赔、客户服务等经营管理，甚至有可能颠覆市场原有竞争模式和竞争格局

市场竞争主体不断增多，保费收入下降，产品利润降低，盈利能力面临较大挑战，财险公司不断寻求费率改革下的业务调整和产品服务创新。新一轮商

车费改“倒逼”车险产品服务模式创新。如，车险理赔实现车损险向下先行赔付向“服务化”方向转变，提升客户体验成为对接车险客户精准营销、精准服务需求的新趋势，非结构化数据以及新技术应用将改变传统车险定价方式，市场向提供专属车险产品和服务方向细化。此外，新车险条款扩大了保险责任，将自然灾害、家庭成员人身死亡等情形也纳入保险保障范围，大幅提高了商业车险风险保障水平。同时，创新技术推动各大财险公司不断创新服务模式，进行差异化竞争。

（二）互联网颠覆客户传统需求，客户体验提升成为产品服务创新方向

互联网、新媒体等新技术应用推动互联网渠道快速发展，引致客户需求变化，并改变了过去以渠道为导向的传统经营模式，逐渐向以客户为中心转型，提升客户体验，增强客户粘性。

1. 互联网经济推动互联网保险方兴未艾

互联网成为数字经济时代重要的载体，网络经济总量呈逐年上升态势，为互联网保险的迅速发展夯实了基础。2016 年开展互联网保险业务的行业主体共计 117 家，其中财产险公司 56 家，占全部财产险公司的 70%。2016 年互联网保险实现签单保费 2347.97 亿元，占总保费收入的 7.57%。据相关研究机构核算，2011 年互联网保险渗透率仅为 0.22%，2015 年达到 9.20%，2016 年迎来保险新的爆发期，预计 2019 年这一数字将达到 12.5%。

2. 互联网改变了客户需求和消费偏好，注重更加方便、快捷、个性化的用户体验

大数据、云技术、区块链和人工智能、物联网等新技术的日趋成熟，有力地推动着保险机构提升数字化业务能力和客户体验，大数据分析、精准营销、客户画像等技术发展，使得消费者行为更加可视化，改善客户体验成为保险公司建立核心竞争优势的关键因素之一。如，安心保险充分发掘互联网技术优势，进行后移动互联时代低保费、高保额的产品创新，推出可随时保随时退的车险产品，按照开一天车付一天保费、不开随时退款的原则，通过操作便利性增强客户粘性，利用差异化产品对抗单纯手续费的竞争。

3. 微信等移动平台的应用，推动交互模式的社交关系营销，极大增强了与客户的互动，成为保险公司与消费者交流的重要载体

2016 年，移动互联网接入流量消费达 93.6 亿 G，同比增长 1.24 倍，其中

通过手机上网的流量占比为90%。截至2016年12月，我国使用网上支付的用户规模达到4.75亿，同比增加5831万人，年增长率为14.0%，中国网民使用网上支付的比例从60.5%提升至64.9%。其中，手机支付用户规模增长迅速，达到4.69亿，年增长率为31.2%，网民手机网上支付的使用比例由57.7%提升至67.5%（见图7-1）。

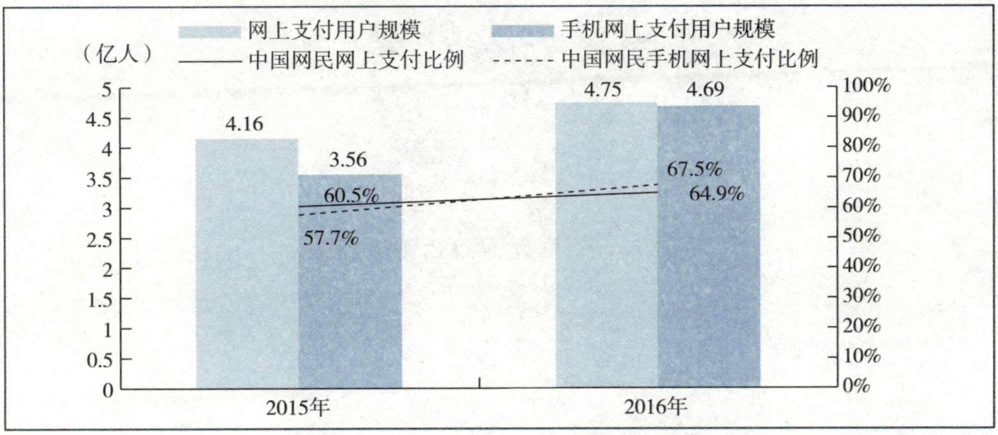

图7-1　网上支付及手机支付情况

（三）互联网生态保险理念发展，缔造数字化时代保险业新蓝海

互联网生态系统作为互联网生态的终极形态，成为一种新的商业模式创新路径。生态系统利用大数据、人工智能、区块链等去中心化的手段，嫁接连接思维，有利于实现传统行业和互联网相融合和互动的生态系统，实现资源要素的良好流动，有助于实现"互联网+"时代大型保险公司的升级、小型保险公司的弯道超车，有助于保险公司和生态合作伙伴等生态环境共生共长①。互联网生态保险呈现场景化、小额化、定制化、规模化的特点，退运险、航延险和碎屏险等新险种的出现②，使互联网生态保险迅速成为市场主流，占比逐年提升，并开始重塑保险价值链。新技术与保险创新的融合，推动保险产品和服务向嵌入式营销、互动式营销、交叉销售转变。保险公司充分利用科技发展成

① 保险公司生态环境主要由数据生态、信息生态、渠道生态、营销生态、用户生态等构成。

② 退运险买家可在购买商品时选择投保，当发生退货时，在交易结束后72小时内，保险公司将按约定对买家的退货运费进行赔付。航延险乘客根据航班延误保险合同规定，向保险公司支付保险费，当合同约定的航班延误情况发生时，保险公司依约赔付。

果，开发场景化互联网生态保险产品，深度挖掘客户需求，创新营销模式，提高运营效率，关注服务质量。例如，以车联网为基础的车险生态系统构建[①]，为保险创新提供了更广阔的空间（见图 7-2）。

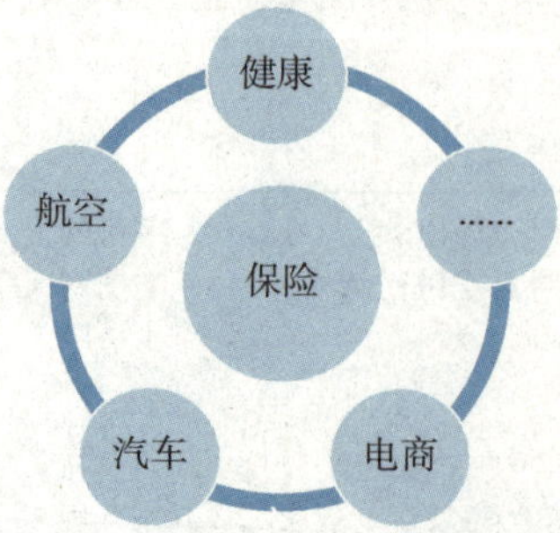

图 7-2　互联网保险金融生态圈

二、国内财险公司产品创新情况

（一）中国保险创新大奖

2016 年 10 月 22 日，由《保险文化》杂志社组织的第十一届保险创新大奖评选大会在贵州贵安隆重举行，揭晓国内行业一年一度的“中国保险创新大奖”评选结果，这次评选大会表彰了 2016 年度中国保险业在产品创新、企业文化及品牌建设等方面的优秀领导者，其中，人保财险、平安产险、华安财险、史带财险、阳光产险、亚太财险等 6 家财险公司的 21 项产品获得了创新类奖项（见表 7-1）。

表 7-1　第十一届中国保险创新大奖评比活动中获奖产品（非寿险类）

奖项	获奖保险产品
最具创新力保险产品	人保财险——个人信息泄露责任保险
	平安产险——平安手机碎屏保险
	华安保险——“回家保”意外伤害综合保险
	史带财险——回家险

① 车险生态系统促使价值链转移，以车险为导入口，建立新的盈利模式，还可以把从“车险”导入的客户引入一个更为广泛的生活生态系统。客户在享受这种线上化的生态系统服务时，车险营销成本将极大摊薄，企业的盈利模式不再依靠单一业务、单一环节，而是依靠一个服务生态系统。

续表

奖项	获奖保险产品
最具市场影响力保险产品	阳光产险——“驾乘无忧”机动车驾乘人员团体意外伤害保险产品
	人保财险——政府救助保险
年度最佳旅游保险产品奖	人保财险——“保游天下”旅游保险组合产品
年度最佳信用保证保险产品奖	人保财险——关税保证保险
	华安保险——华安保险“公积金贷”
最具市场潜力保险产品	平安产险——专利被侵权损失保险
	人保财险——企业资金账户保险
年度最佳责任保险产品奖	平安产险——平安法律费用保险
	亚太财险——全科医师职业责任保险
	人保财险——个人信息泄露责任保险
最佳产品组合	平安产险——平安产险小微乐享系列保险产品
	人保财险——途顺家安
最佳农村保险产品	平安产险——玉米种植天气指数保险
年度营销企划拓普奖（产品行销类）	人保财险——人保电商车险O2O创新营销项目
	人保财险——首台（套）重大技术装备综合保险营销方案
年度最具影响力保险品牌	中国人民财产保险股份有限公司
年度文化创新奖	阳光财产保险股份有限公司

在第十一届中国保险创新大奖评选中，人保财险囊括“年度最具影响力保险品牌”等十二项大奖，包括“年度最具影响力保险品牌”文化品牌奖及“最具创新力保险产品”“最具市场影响力保险产品”“最具市场潜力保险产品”“最佳产品组合”等八项产品奖，继续蝉联财产保险公司获奖榜首。人保财险始终以客户为中心进行产品和服务创新，踊跃开展创新实践，提升客户体验，满足客户需求，以创新增强企业核心竞争力，继续保持行业领跑者地位。例如，人保财险与韩国三星火灾海上保险公司创新推出国内首款合作研发的电子商务类保险产品——个人信息泄露责任保险，针对个人信息泄露的社会现象，满足拥有和管理大量个人信息的企业的风险保障需求，保护公民个人信息，具有重要的积极意义，该项产品获得“2016年度最具创新力保险产品奖”。

（二）中国金融理财“金貔貅奖”

2017年1月6日，由《金融理财》、北京金牌财富研究院携手全球领先的市场研究机构益普索，在北京联合举办2016年度中国金融理财创新与发展论坛暨2016年度金貔貅奖颁奖盛典，该盛典评选对象为各大保险公司、银行、信托、基金、资产管理公司等金融机构（见表7-2）。

表7-2 第七届中国金融理财“金貔貅奖”

奖项	获奖公司/产品
年度金牌保险公司	中国人民财产保险股份有限公司
年度金牌市场影响力金融产品	中国人民财产保险股份有限公司——“城镇住房保险”
年度金牌市场潜力金融产品	中国平安财产保险股份有限公司——“惠爱家”平安家庭综合保障计划
年度金牌创新力金融产品	中国人民财产保险股份有限公司——“支农融资产品”
	中国人民财产保险股份有限公司——“保游天下旅游保险组合产品”

人保财险在第七届金貔貅奖评选中荣获4项大奖，获奖数量在各财产保险公司中位居首位，包括“年度金牌保险公司”1项公司奖和“年度金牌金融产品组合”“年度金牌市场影响力金融产品”“年度金牌创新力金融产品”3项产品奖，其中产品奖为人保财险精算部/产品开发部研发的保游天下旅游保险组合产品、财产保险部研发的城镇住房保险以及农业保险部研发的支农融资产品3款保险产品。平安产险推出的“惠爱家”平安家庭综合保障计划获年度金牌市场潜力金融产品。

三、非寿险行业创新服务产业发展情况

2016年，非寿险行业积极响应国家创新驱动战略，通过产品服务创新，积极融合传统优势与互联网优势，大力服务产业发展，以“互联网+”推动新业态布局，满足客户新需求。

（一）积极创新险种，服务地方特色农业产业发展

农业保险已连续10年被写入中央“一号文件”，2016年《关于落实发展新理念 加快农业现代化实现全面小康目标的若干意见》中有5处提及农业保险，在延续此前“扩大农业保险覆盖面、增加保险品种、提高风险保障水平”

的基础上，增加了更多首次提及的内容，包括探索农业保险保单质押贷款、探索收入保险，稳步扩大“保险+期货”试点，鼓励和支持保险资金开展支农融资业务创新试点、推进病死畜禽无害化处理与养殖业保险联动机制建设等。各大财险公司纷纷布局农业保险市场，持续推动农业保险产品服务创新，服务农业供给侧结构性改革，顺应农业集约化、规模化和产业化趋势。针对地方特色农业产业，创新开发粮食作物产值（收入）保险，蔬菜、瓜果等价格指数保险，各地特色水果、茶叶、水产、牧区等气象指数保险等因地制宜、特色开发的产品。例如，人保财险围绕“中央一号”文件稳步扩大“保险+期货”试点精神，在大连、北京、辽宁、吉林等地开发 11 款农产品期货价格指数保险，试点范围包括玉米、大豆、鸡蛋和棉花，搭建起有效保障农业生产发展的风险屏障，积极服务现代农业发展。太平财险烟台中心支公司针对烟台特色农业产业推出的保险产品创新项目——樱桃降水指数保险和海水养殖保险，立足于烟台本土特色产业，积极承担地区特色农产品种植风险，创新开拓普惠利民的保险产品和业务。其中，太平财险创新研发的扇贝养殖风力指数保险、海参养殖气温指数保险均为国内行业首创，化解海水养殖行业保险需求大与风险高、投保定损难的矛盾，满足巨大的市场需求。

（二）积极应对互联网和战略新兴产业发展，服务客户需求升级

互联网保险的快速发展，推动保险由渠道创新、产品创新向商业模式创新阶段发展，大数据、云计算、移动互联等一系列先进技术的深度应用，推动国内各家财险公司在互联网保险产品、服务、渠道等方面快速创新，开发和设计碎片化、场景化产品，搭建手机 APP、微信投保、互联网第三方平台销售，增加产品附加值，增强险种吸引力，提升客户体验，实现服务“产品化”、产品“服务化”。具体而言，在车险领域，各家财险公司顺应新技术变革对消费模式的影响，嫁接移动互联新媒介，推动“+互联网”和“互联网+”渠道产品创新发展，提升客户体验。例如，人保财险搭建基于 O2O 的汽车生态圈建设微信和 APP 等移动互联应用，聚焦汽车服务市场，搭建线上运营平台，结合线下配套服务和线上产品推广资源，向客户提供覆盖用车服务、保险服务、积分增值服务、个人社区服务的移动互联网应用，提升一体化的理赔、服务、销售等用户体验。与此同时，国内各大财险公司纷纷布局互联网非车险领域，搭建业

务新支点，推出家财险、退运险、驾意险、酒店退订险、旅意险、机动车延保、账户资金安全险、手机碎屏险等新险种，服务面向新技术、新装备的增量保障需求。其中，与大型电商平台合作的退货运费险已成为互联网保险领域业务规模最大的单一非车险险种，承保发生网络交易退货导致的运费损失，该险种是互联网保险小额、高频、碎片化的标志性险种；旅游类保险、交通类保险、消费类保险（如取消类保险、退货运费险、账户安全险）等创新开发的互联网保险产品，逐渐成为车险以外的“刚需”产品，着力解决互联网金融生态中的客户痛点，服务客户需求升级。国内财险三巨头中，人保财险积极依托移动互联技术，搭建场景化产品体系，积极开发育儿、用车、城市生活、高端生活场景化保险产品，推出互联网渠道专属产品“途顺家安”的上线销售；与韩国三星火灾海上保险公司开展产品创新长期战略合作，推出首款合作研发的电子商务类保险产品——个人信息泄露责任保险。太保产险与百度合作，利用百度作为全球最大互联网入口的庞大的移动用户和移动 APP，借助百度大数据、地图、人工智能等技术，实现科技与传统车险业务的有机融合，推动“互联网+保险”向“智能+保险”优化升级。平安产险利用互联网思维和新科技，优化传统的车险理赔服务，升级平安好车主 APP 品牌定位，聚焦“用车助手、安全管家”，以车主“安全”为核心价值点，打造“安全管理平台+开放车生活平台”的全新商业模式，提升理赔反应速度和服务效率，升级客户体验，让用户尽享更安全、完善的一站式用车生活服务。

（三）积极推广首台（套）重大技术装备保险，服务科技制造产业创新升级

2016 年，国内财险行业继续推动国家首台（套）重大技术装备保险试点在风电等领域企业的全覆盖，积极为工程制造业保驾护航，持续优化重大技术装备保险方案和服务质量，加大宣导，引导更多装备制造企业投保，有力地促进了我国装备制造业高端转型、打造中国制造升级版，推动制造业与保险业的互利共赢发展。例如，人保财险作为首台（套）重大技术装备保险共保体牵头机构，2016 年共承保首台（套）重大技术装备 1000 余台（套），提供了 234 亿元的风险保障，积极拓展石油险首台（套）重大技术装备保险业务，独家承保招商重工 CJ50 自升式钻井平台、JU2000E 自升式钻井平台、广东精铟 KOE－01 自升式海上风电安装平台等石油类首台（套）重大技术装备保险项目，为国家

能源战略的跨越发展保驾护航；承保了目前所有国内采用世界最先进的第三代核电技术（AP1000、EPR、华龙一号）在建核电站的建筑安装工程保险。平安产险天津、北京分公司分别独家承保了保额为1.2亿元的“天津中重大型轧钢生产线”和保额为5550万元的“福马机械集团宽幅人造板压制系统”项目。机床工具行业“首台（套）重大技术装备保险”项目由人保财险和平安产险主要承保。财险公司积极承保首台（套）重大技术装备保险，为促进“中国制造2025”和国家产业转型升级提供了有力支撑。

（四）推动跨界合作和生态圈建设，服务产业融合发展新趋势

人工智能（AI）与物联网（IoT）技术深刻影响着保险业资源整合，各大保险公司正借助互联网的优势，着力跨界合作。一方面，区块链、物联网、人工智能、基因诊疗技术的成熟与应用，深刻影响着传统保险公司与其他行业的跨界融合，有力促进了保险业与互联网的深度融合。如，人工智能具备变革保险业的潜力，能将其由仅仅基于过去行为经验评估风险转变为实时评估风险，为消费者减轻甚至预防损失；物联网为保险公司提供定制化和实时服务提供了可能，有效提高了操作效率，能够实现精准报价。另一方面，各大保险公司纷纷整合大数据、保险、服务商等多方资源，构建多方位跨界融合的互联网保险产业生态圈。互联网保险通过构建生态圈，既可以运用跨界竞争、客户迁徙战略建立竞争优势，又可以深耕保险领域，通过产品优势压缩渠道成本，提高盈利水平，使整个保险业的商业模式迈上新台阶。如，长安汽车、国寿财险、评驾科技开展战略合作，创新商业模式，利用UBI实现车主增值服务，经销商销售及服务收益、保险公司业务大幅提升，不仅提高了客户粘性，还实现了多方共赢。人保财险积极探索创新构建车联网系统生态圈，进行大数据背景下汽车保险创新，搭建汽车后市场服务、车主共享信息平台。建立互联网思维、探索车联网分层数据挖掘与解析、定制个性化保险产品及服务，以车联网为载体打造客户服务生态圈，将是创建车联网保险新格局新的发展方向。

第二节 非寿险行业助推脱贫攻坚战略

党的十八届五中全会提出农村贫困人口脱贫是全面建成小康社会最艰巨的任务，也是全面建成小康社会的标志性指标。保险作为天然社会稳定基石，在“脱贫”这场全国上下的“攻坚战”里，扮演着不可或缺的角色。

一、保险扶贫的政策环境

（一）国家层面相关扶贫政策

1. 国家“十三五”规划设定决胜“十三五”脱贫攻坚目标任务

国家“十三五”规划提出，到2020年要全面建成小康社会，实现7000多万农村贫困人口全部摆脱贫困，实现贫困县全部摘帽，须使建档立卡贫困人口中5000万人左右通过产业扶持、转移就业、易地搬迁、教育支持、医疗救助等措施实现脱贫，其余完全或部分丧失劳动能力的贫困人口实行社保政策完成脱贫。规划指出，农村贫困人口脱贫是全面建成小康社会最艰巨的任务，必须充分发挥政治优势和制度优势，坚决打赢脱贫攻坚战。实施精准扶贫、精准脱贫，因人因地施策，提高扶贫实效；实行低保政策和扶贫政策衔接，对贫困人口应保尽保；提高贫困地区基础教育质量和医疗服务水平，推进贫困地区基本公共服务均等化；加大中央和省级财政扶贫投入，发挥政策性金融和商业性金融的互补作用，整合各类扶贫资源，开辟扶贫开发新的资金渠道。

2. 中央扶贫开发工作会议审议通过《关于打赢脱贫攻坚战的决定》

2015年11月27日至28日，中央扶贫开发工作会议在北京召开，会议审议通过了《关于打赢脱贫攻坚战的决定》（以下简称《决定》）。《决定》指出，到2020年，稳定实现农村贫困人口不愁吃、不愁穿，义务教育、基本医疗和住房安全有保障。实现贫困地区农民人均可支配收入增长幅度高于全国平均水平，基本公共服务主要领域指标接近全国平均水平。确保我国现行标准下农村贫困人口实现脱贫，贫困县全部摘帽，解决区域性整体贫困。会议提出“六大基本原则”，即坚持党的领导，夯实组织基础；坚持政府主导，增强社会合力；坚持精准扶贫，提高扶贫成效；坚持保护生态，实现绿色发展；坚持群众主体，激发内生动力；坚持因地制宜，创新体制机制。针对脱贫方式提出发展特色产业脱贫、引导劳务输出脱贫、实施易地搬迁脱贫、结合生态保护脱贫、着力加强教育脱贫、开展医疗保险和医疗救助脱贫、实行农村最低生活保障制度兜底脱贫、探索资产收益扶贫，以及健全留守儿童、留守妇女、留守老人和残疾人关爱服务体系扶贫。

（二）保险行业层面相关扶贫政策

1. 保监会、国务院扶贫办联合发布《关于做好保险业助推脱贫攻坚工作的意见》

2016 年 5 月 26 日，中国保监会、国务院扶贫开发领导小组办公室联合发布《关于做好保险业助推脱贫攻坚工作的意见》（以下简称《意见》），贯彻落实《中共中央 国务院关于打赢脱贫攻坚战的决定》和中央扶贫开发工作会议精神，充分发挥保险行业体制机制优势，履行扶贫开发社会责任，全面加强和提升保险业助推脱贫攻坚能力，助力“十三五”扶贫开发工作目标如期实现。《意见》指出，要精准对接脱贫攻坚多元化保险需求，从精准对接农业保险服务需求、精准对接健康保险服务需求、精准对接民生保险服务需求、精准对接产业脱贫保险服务需求、精准对接教育脱贫保险服务需求等方面，保险机构要充分发挥脱贫攻坚主体作用，完善多层次保险服务组织体系、对贫困地区分支机构实行差异化考核、加强贫困地区保险技术支持及人才培养、鼓励保险资金向贫困地区基础设施和民生工程倾斜。而在完善精准扶贫保险支持保障措施方面，包括鼓励通过多种方式购买保险服务、加强保险与扶贫政策的协调配合、实施差异化监管、健全保险行业参与机制、加强保险消费者教育等措施。

2. 中国保险业成立扶贫投资基金

2016 年 8 月 24 日，中国保监会在北京召开中国保险业产业扶贫投资基金成立大会。中国保险业产业扶贫投资基金的成立，是保险业落实党中央、国务院决策部署的重要体现，既是保险业服务脱贫攻坚的重大举措，也将对行业发展带来深远影响。产业扶贫基金为契约型投资基金，中保投资有限责任公司作为管理人，与26家开展农业保险和涉农业务的保险公司、22家保险资产公司分别签署了《中国保险业“助推脱贫攻坚”投资与保险联动项目合作协议》《中国保险资管业“助推脱贫攻坚”投资项目合作协议》。基金运作坚持市场化原则，加强合作共赢，注重完善制度加强管理，建立各方共同参与的定期沟通、业务交流、联合投资等机制，探索通过“农业保险+信用保证保险+保险资金投融资”的模式，打通保险资产端和负债端，综合发挥保险各领域优势，打造从风险保障、信用增信到保险资金直接投资的保险扶贫全链条。基金将按照中央要求，发挥保险资金长期投资的独特优势，重点投向连片特困地区、革命老区、民族地区、边疆地区的特色资源开发、产业园区建设和新型城镇化发展等领域，并带动其他社会资金流入，促进贫困地区经济发展和产业脱贫，发挥产业扶贫投资基金、扶贫保险产品和服务的协同作用。保险公司将通过“投保联动”模式，在直接投资于贫困地区特色产业的同时，配套跟进农业保险、大病保险、小额贷款保证保险等产品，提高贫困群体风险抵御能力，培育具有市场意识和风险意识的现代农民，探索短期脱贫目标和长期可持续增收致富相结合的有效路径。

3. 保监会加大力度发展贫困地区保险市场

我国贫困地区保险市场相对不发达，在保障人民生活、促进经济发展方面的作用仍有待加强，与脱贫攻坚工作的实际需要仍存在一定差距。2016年12月19日，保监会印发《关于加快贫困地区市场体系建设 提升保险业保障服务能力的指导意见》（以下简称《意见》）。《意见》指出，在符合条件的情况下，优先支持中西部省份设立财产保险公司和人身保险公司，支持在贫困地区设立服务民生的专业性保险公司，开展相互保险试点，支持贫困地区企业投资保险业，有效提高贫困地区保险供给，为贫困人口提供便捷实惠的普惠保险服务。《意见》的印发是保监会遵循“服务国家大局、坚持精准扶贫、注重措施实效”的基本思路，深入推进保险业助推脱贫攻坚工作，对特困地区、老少边穷地区给予重点支持，为脱贫攻坚提供有效保障的重要举措。

二、保险业参与扶贫的路径和典型模式

"十三五"规划提出，贯彻精准扶贫、精准脱贫基本方略，创新扶贫工作机制和模式，采取超常规措施，加大扶贫攻坚力度，坚决打赢脱贫攻坚战。在这一过程中，要充分发挥保险在扶贫中的保障作用，发挥保险行业体制机制优势，实现社会帮扶和精准扶贫有效对接。保险业服务精准扶贫、精准脱贫，能够发挥保险的风险转嫁与分散功能、经济补偿与给付功能、资金融通功能，创新并拓展扶贫的方式方法，助推扶贫从"输血"向"造血"转变。

（一）积极参与国家新型医疗保障体系建设，提升健康保障水平，解决因病致贫返贫

我国贫困人口中40%以上源自因病致贫返贫，运用保险机制助力贫困人口实现健康脱贫成为脱贫攻坚的重要途径。商业保险机构深度参与贫困地区医疗保障服务体系建设，在经办城乡基本医保提升"第一道防线"保障水平基础上，积极承办大病保险，对贫困人口医疗费用给予进一步保障，发挥"第二道保障线"兜底作用，积极代办特困人群医疗救助筑牢"第三道防线"防火墙，提供对接贫困人口需求的多样化商业健康保险和基本公共卫生服务，织密"第四道健康保障网"。

1. 大病保险河南"焦作经验"

人保健康积极参与焦作市困难群众大病补充医疗保险制度设计和建设，由政府购买服务，为困难群众构建大病补充医疗保险与基本医疗保险、大病保险和医疗救助等制度紧密衔接的"三险一助一控"的医疗保障模式，由市、县两级政府按照人均保费100元的标准为城乡低保、农村"五保"及其他特殊困难人员购买大病补充保险，人保健康按照起付线3000元，采取分段累进赔付的方式，提供20%～90%比例理赔报销，年最高支付限额30万元。该模式实施以来，服务全市150万困难群众，全年完成理赔案件3059件，保险赔款1084人次，赔付总金额约527万元，使困难群众大病合规费用报销比例平均提高10～30个百分点，实现了对困难群体的精准扶贫，得到了中央深改办、国务院医改办、民政部等中央部门和地方省市政府部门的高度关注和充分肯定。

2. 医疗救助云南昭通模式

人保健康与云南昭通市政府及民政部门合作开展民政医疗救助补充保险，

通过民政救助基金全额出资购买保险产品的方式为困难群众构建起“基本医疗保险+大病保险+民政救助医疗补充保险+民政重点医疗救助”四层保障救助体系。民政救助医疗保险补偿后，个人医疗费用负担比例约为25.23%，下降9.66个百分点。目前该体系已覆盖昭通市1区10县，服务人群达到82万余人，有效保障特困群众看得起病、住得起院，增强了特困群众、弱势群体治疗疾病和抵御风险的能力。

3. 大病保险和田模式

人保财险积极配合和田地区行署，创新救助方式，试点在民政救助领域引入保险机制，支取一定比例的医疗救助资金，为贫困户购买商业健康保险，构筑基本医疗、大病保险、商业健康保险三重医疗保障，形成了新疆特色的“和田模式”。“和田模式”采取“中央+自治区+农户”的缴费模式，加大补助力度，提高医疗保险报销额度，为当地农民提供高额医疗费用报销，在不增加政府和居民支出的情况下实现救助范围翻番。

4. 医保基金交给第三方管理的江阴模式

“江阴模式”旨在引入商业保险公司参与全市农村医疗保险制度，解决农村居民医疗保障问题，发挥商业保险的专业服务作用，有效减轻政府社会管理压力，提高医保服务水平，减轻农民医疗费用支出负担，与新农合基本医疗、医疗救助一起，构建农村医疗保障安全网。2001年，太平洋保险在江苏江阴首创政府负责统筹组织、太平洋保险负责基金运作、卫生行政部门负责监督，实现监、管、作分开的以新型农村医疗保险合作为创新点的江阴新农合模式，由政府搭台，商业保险公司进行专业化管理，以实现管理体制科学化、资金效能最优化、群众结报最大化。江阴模式采取“政府补贴+农民交费+商业保险机构管理”方式，探索保险业更好地服务农村改革发展实践，为解决全国农民医疗保障和社会保障问题提供了经验借鉴，最大化发挥了商业保险独特的社会服务和社会管理功能。“江阴模式”使医保真正成为“第三方”，实现了政府、群众、医院、保险公司的四方共赢。

此外，国元农险积极探索“基本医保+大病保险+意外保险”一体化经办模式，在经办基本医保业务基础上，创新开展新农合意外保险，并通过整合民政救助资金，开发专门针对贫困人口的精准医疗扶贫业务，同时大力加强信息化建设，实现大病保险系统与承办县区的“新农合”系统全面互联互通，有力保障了贫困地区人口看得上病、看得起病，缓解因病致贫返贫问题。

（二）积极开展农业保险，提高再生产能力，切实解决因灾致贫返贫

我国贫困人口大多生活在农村地区，以农业生产为主，农业收入成为贫困人口的主要生活来源。农业保险机制具有稳定农村贫困群众生产生活、维护国家粮食安全、促进农业可持续发展的功能，大力发展农业保险，将精准扶贫落实到保障农业产业发展，满足贫困户多样化、多层次的保险需求，是保险公司服务脱贫攻坚战略的重要方向。

1. 宁夏盐池“脱贫保”

2016年4月，宁夏回族自治区扶贫办和宁夏保监局联合推动“脱贫保”施行，由保险公司联合共保。“脱贫保”涵盖家庭成员意外伤害保险、大病补充医疗保险、借款人意外伤害保险、优势特色产业保险等四类保险。截至2016年10月，宁夏“脱贫保”已覆盖全区73%的建档立卡户和68%的建档立卡人口，累计提供风险保障425亿元，支付赔款482万元。“脱贫保”由政府购买，打破贷款年龄限制、设立县级风险补偿金，为贫困户“量身定制”特色农业保险、羊肉价格保险、大病医疗补充保险等12种脱贫险种，有效缓解了宁夏盐池贫困地区群众贷款难、贷款贵问题，为产业发展风险进行保险“兜底”发挥了重要作用。

2. 四川“惠农保”

四川省凉山州探索推广面向农村群众的商业保险组合产品——“惠农保”，地方政府对投保农户给予保费补助。“惠农保”产品组合包含自然灾害公众责任保险、农房保险、农村小额保险三个险种，自然灾害公众责任险保费2元、保额6万元，小额人身保险保费30元、保额2万元，农村住房保险保费50元、保额5万元。其中，自然灾害公众责任险、农房险由人保财险在凉山区域的机构承办。截至2016年底，“惠农保”已覆盖凉山州463个乡镇209万人，累计提供风险保障超2000亿元。“惠农保”组合保险具有覆盖群体广、收费低、补偿水平高的特点，充分对接当地农村居民的保险需求，有效减少了因灾致贫、因灾返贫问题，切实减轻了各级政府的社会管理压力，将农村群众保险理念由“因灾救济”观念转变为“灾前保险”理念。

3. 河北“阜平模式”

人保财险在河北阜平探索与政府“联办共保”的农业保险新模式，扩大了

惠农扶贫政策的惠及面，切实提升保险扶贫的广度与深度。保费和风险由人保财险和当地政府按 5：5 分担。根据地方扶贫产业发展需要，开办农险品种由原有的玉米、花生、奶牛、育肥猪等 14 个中央政策性险种拓展到大枣、核桃、肉牛、肉羊、肉鸡等地方特色优势产业，既保障生产过程中的自然灾害和疫病疾病等风险，又保障市场价格波动造成的种养成本损失，还保障农副产品质量问题造成的损失，在避免因灾致贫、因灾返贫的同时，提升贫困地区发展优势产业的能力，有效地支持了阜平树立绿色、安全品牌形象。2016 年，人保财险在阜平承保的农业保险和涉农保险覆盖全县所有 6 万农户，全县大枣、核桃、食用菌产业、肉牛、肉羊、林果业等富民产业快速蓬勃发展，累计新培育农业规模经营主体和贫困农民创业组织 400 余家，新增产业投入 8 亿元以上，同时为农村劳动力提供了工资性收入。

此外，各家财险公司纷纷创新农业保险产品，提高服务水平，全面完善涉农保险体系，有效增强农民的抗风险能力，防止因灾致贫返贫，充分保障广大农户利益。如，人保财险海南分公司开发的“橡胶树风灾指数保险”“天然橡胶期货价格指数保险”，作为海南省首批地方性财政补贴险种目录，以政策性保险形式推广，对天然橡胶市场价格风险进行保障。国元农险大力推进地方特色农业保险发展，立足贫困县区资源优势，开发板栗、毛竹、水产、特色养殖、天气指数等 50 多个地方特色农业保险产品，依据产业特色，推广生猪价格指数保险、家禽养殖保险和农村小额贷款保证保险，以及玉米目标价格保险、蔬菜价格保险、“保险+期货”试点等，助力贫困县特色产业发展。太保产险立足贫困地区资源优势和产业特色，推出创新指数保险，不断拓宽保险服务“三农”的广度和深度，探索将气温、降水、风力等气象指数设定为触发保险赔付的参数，在国内首创研发了大闸蟹气温指数保险、茶叶低温/霜冻气象指数保险、露地种植青菜/鸡毛菜气象指数保险、深海网箱养殖风力指数、葡萄降水量指数保险、杨梅采摘期降水指数保险等一系列气象指数型保险产品，在指数达到触发赔偿标准并对农业生产造成损失时，即对农业生产经营者给予经济赔偿，为地方特色农业生产保驾护航。

（三）大力开展民生保险，保障改善民生，切实为困难群众生产、生活风险托底

所谓保险补位扶贫，是指借助社会保险、商业保险，针对国家扶贫开发体系难以覆盖的盲区和政府行政扶贫手段无法发挥效用的痛点，强化社保兜底脱贫工程，以创新思维发挥保险功能作用，满足贫困人群社会保险服务需求。保险补位扶贫的范围主要集中在农村小额人身保险、农村家庭失独保险、农房保险等领域，扶贫对象集中在包括“两无”贫困户、暂时不能脱贫人口以及因病因灾返贫人口在内的低保对象，对老年人、重度残疾人为首的特殊低保对象提供政策倾斜，增发资金补助和粮食补助。

1. 河南兰考“脱贫路上零风险”

中原农险与河南省兰考县政府试点开展“脱贫路上零风险”，标志着全国首个整县扶贫上保险的金融扶贫项目正式落地，开创“保险+扶贫”的新模式。兰考县政府投入扶贫基金，中央、省、县进行财政补贴，农户自缴部分保费，中原农险向兰考县贫困户提供农作物、农业设施、住房等一揽子保险产品15个。该项目分为生活风险保障项目和生产风险保障项目[①]，通过保险功能与扶贫开发工作相结合的方式，不但解决贫困农户因灾致贫、返贫问题，同时为贫困农户提供生产、生活一揽子保险保障。该项目于2016年1月正式实施，共覆盖兰考县23275户贫困家庭、77447个贫困人口生产生活风险各领域的财产、人身、种植作物、农业设施、贷款担保、带动脱贫龙头企业等一揽子保险方案。

2. 西藏政策性农牧民住房保险

2016年，人保财险西藏农牧民住房保险实现保费收入7279.85万元，为52万户次农牧民提供73亿元风险保障，支付赔款1640万元。人保财险西藏分公司开展的农牧民住房保险承保因暴风、暴雨、龙卷风、雷击、洪水、雪灾、雹灾或冰凌和上述自然灾害引起的地面突然塌陷，以及地震、泥石流、山体滑坡、火灾、爆炸、意外事故等人们无法预见、不可抗力的外来突发性因素。自2006年首次试点开办以来，保险责任涵盖全区发生较为频繁和容易造成房屋较大损失的灾害风险，保险事故发生后，最高赔偿限额以每户房屋总保险金额为限。

---

① 该项目分为生活风险保障项目和生产风险保障项目。其中，生活风险保障项目为全县贫困户提供农村住房保险和“人身意外+附加医疗险”的基本保险服务，投保人群涵盖0岁起的所有贫困群体和残疾人群体；生产风险保障项目，涉及当地小麦、玉米、花生、水稻、棉花、大豆六大农作物种植险和日光温室、鸭棚等现代设施农业财产险。除此之外，该公司还将为农户、农业合作社、涉农企业以及脱贫龙头企业提供贷款总额为2亿元的农业贷款保证保险和企业财产险，帮助贫困户增收脱贫。

3. 国元农险承保山区库区农村住房保险

国元农险积极对接民生保险需求，构筑民生保险保障网络，承办山区库区农村住房保险，向五保户、低保户、贫困残疾人等住房出险率较高的农村困难群众给予政策倾斜，提高理赔标准上浮20%，有效减轻农户损失。此外，国元农险还开发了农村特需保险，在皖北部分贫困县大力推广五保供养对象长期医疗护理保险、“农家福”组合保险，为农村家庭成员意外、残疾、医疗和家庭财产提供一揽子保障，有效解决贫困群众因意外事故、因病因灾致贫、返贫问题，并复制推广部分创新做法。

（四）积极探索“保险+贷款”金融扶贫模式，为贫困地区引入金融“活水”，切实解决农村金融“血脉”不畅问题

我国贫困地区农民以及农村地区产业化合作组织和龙头企业在开展生产时往往缺乏可用于抵押的资产，面临融资难题，保险机构积极与地方银行和政府合作，探索建立“保险+银行+政府”多方信贷风险分担补偿机制，有利于满足贫困户产业脱贫保险服务需求，协助参保贫困户更便利地获得免担保、免抵押、优惠利率的小额资金。保险机制能够通过小额贷款保证保险、借款人意外伤害保险、保单质押等方式为贫困户增信，推动信贷资源向贫困地区投放，增强贫困户获取信贷资金发展生产的能力。

1. 河北阜平：金融扶贫、保险先行

人保财险与阜平县政府合作，探索出“金融扶贫、保险先行”金融扶贫服务链模式，通过“连办共保”[①] 的三农保险运营模式，有效解决财政扶贫资金“血源不足”的问题，以少量财政投入撬动更大社会资源，构建了“保险先行、贷款跟进”的政府、保险、银行“风险共担”的机制，打通了金融扶贫服务链，通过“成本保险”等方式建立起脱贫致富的风险兜底机制。这一模式有效降低了金融扶贫信贷风险，引入金融“活水”促进产业扶贫，放大了财政资金扶贫的投入效应，激发了当地群众以农业产业化发展促进脱贫致富的内生动力，优化了农村金融生态环境和农业产业化发展环境，走出一条精准扶贫的新

① 中国人民保险与阜平县政府合作，探索出共同管理、共担风险的“联办共保”三农保险运营模式。保费收入由中国人民保险和政府保险专户5∶5分成，形成对保险基金的持续补充机制；保险赔款也由中国人民保险和政府保险专户5∶5分担，如果当年的理赔金额小于保费收入，结余自动留在保险基金，从而不断扩大保险基金规模。

路子。人保财险与阜平当地政府、银行等合作，一方面通过农业保险参保农户保单质押、“政银保”小额贷款保证保险等，充分发挥保险机制的风险防范与补偿功能，降低金融部门扶贫信贷风险；另一方面，发挥保险保障、保险资金以及农村扶贫数据集合等支农优势，创新开展“政融保”支农融资项目，以保险资金直接支持农户发展规模种植、养殖等生产经营活动。2016 年，阜平县补贴扶贫资金近 1400 万元，撬动农业保险保障金额 13.7 亿元，相当于将 1 元扶贫资金效能放大了近 98 倍。“阜平模式”在发挥保险改善金融扶贫信贷环境作用的同时，通过强化保险机制的直接融资功能，在社会资金和扶贫需求之间架起更加精准的资金投放通道。

2. 安徽光伏扶贫模式

国元保险合肥中心支公司在安徽合肥市、六安市开展光伏扶贫试点，将太阳能光伏项目和扶贫结合在一起，开发“保证保险+财产保险”光伏扶贫“套餐”，通过政府补贴、银行贷款支持等方式，引导贫困户建设家庭式光伏电站，在无抵押、无担保的情况下，为贫困户提供项目贷款的保证保险以及光伏电站机组及附属设施财产一切险保障，产品针对性强，保险责任涵盖范围广。光伏扶贫模式是将“输血”变成“造血”，充分发挥专业性农业保险公司在基层服务网络，尤其是乡镇营销服务部、乡村“三农”保险服务站点，以及乡村两级协保员等方面的优势，提供便捷高效的投保。

3. 江西“投贷保”保险支农支小试点

人保财险联合江西赣南金融资产交易中心开展“投贷保”保险支农支小试点，采取政府引导、多方联动的工作机制。人保资本发行资产支持计划，提供“风险保障+融资增信+保险资金”的一揽子服务。“投贷保”保险支农支小模式支持小微和涉农主体积极投保相关保险产品，降低了涉农、小微主体的融资成本，充分发挥保险公司经济补偿、信用增信、直接投资的“组合拳”优势，有效保障了涉农企业、小微企业和农业生产大户，助推当地脱贫攻坚，探索出保险支持精准扶贫的新路径。“投贷保”模式针对贫困需求，因地制宜运用资产证券化、债权、股权等保险资金投资工具，在保险资金和扶贫需求之间架起精准的资金投放通道，形成“大资金”对接小额融资需求的有效模式，提升保险扶贫“造血”作用，同时发挥“风险保障+保险资金”的协同优势，提升保险扶贫综合效应，实现投资和保险联动，提供完整的金融扶贫服务方案。

（五）通过教育保险扶贫加快教育扶贫工程，精准对接贫困户教育脱贫保险服务需求

教育扶贫在精准扶贫、精准脱贫中具有基础性、先导性和持续性作用。教育保险作为保险扶贫的一部分，不仅能够为大学生提供更高层次的教育机会、工作机会，还能缓解能力贫困，提高个人价值。为了加大贫困户各种教育资助救助力度，满足贫困户大中学生对就学和就业的需求，保险机构一方面使用助学贷款保证保险解决贫困户就学困难问题；另一方面积极对接特困地区职业院校和技工学校开展保险职业教育、销售技能培训和定向招聘，推动贫困户依靠技能脱贫。保险教育扶贫不断创新方式方法，利用互联网等新技术，推广“互联网+”远程教育等扶贫模式，加大对贫困人口子女教育的资助救助力度，推动保险教育扶贫的针对性和实用性。各大保险机构纷纷开展教育扶贫，为贫困地区人口提供扶智支持，积极开发针对贫困家庭大中学生的助学贷款保证保险、乡村教师和对口支援教师意外险等，对接集中连片特困地区贫困家庭子女开展保险职业教育、销售技能培训和定向招聘，并广泛开展公益扶贫项目。如，人保财险大力开展针对贫困家庭大中学生的助学贷款保证保险，解决经济困难家庭学生就学困难问题，已帮助生源地学生融资 1.1 亿元，此外，人保财险积极参与转移就业扶贫，优先吸纳贫困人口作为人保财险鄂尔多斯市分公司农业保险协保员。太保产险连续多年开展针对乡村儿童教育事业的“责任照亮未来”爱心支教活动，结合当地的具体需求实现精准扶贫，有效提升扶贫公益项目的针对性。

第三节　非寿险行业服务防灾减灾体系建设

我国地理地质情况复杂，自然灾害频发，保险作为从事风险管理与损失补偿的专业机构，在国家的经济社会发展中占据着重要的地位。巨灾保险在国内尚处于起步发展阶段，保险赔付比例相较于发达国家偏低，将保险纳入防灾减灾体系建设框架中，是保险业参与综合救灾减灾体系的重要途径。

一、建立巨灾保险制度的必要性日益凸显

巨灾通常指突发的、无法预料、无法避免且损害严重的灾害事故。巨灾虽然发生频率低，但一旦发生，损失巨大，影响范围广泛，对生命财产造成的损失远超承受能力，也会对国家经济社会发展造成严重影响。从国外灾害风险情况看，慕再发布的《2016 年全球自然巨灾情况》数据显示，2016 年全球自然巨灾损失共计 1750 亿美元，保险赔付将近 30%，约 500 亿美元。地震、风暴、洪灾、干旱、热浪等自然巨灾发生的事件数量为 750 件，较近 10 年均值（590 件）高出 160 件，总体损失高出近 10 年均值 210 亿美元，保险赔付高出近 10 年均值 50 亿美元。其中，洪灾事件占到总体损失的 34%，而年中暴雨带来的总体损失在全球损失最惨重的五起自然巨灾中排名第二，损失金额达到 200 亿美元，但保险赔付只有 3 亿美元，仅占约 2%，赔付比例较低（见图 7-3）。从国内数据看，2016 年财险公司提供风险保障金额共计 1282.9 万亿元，同比增长 36.2%，占整个保险业提供风险保障金额（2372.8 亿元）的比例达到 54.1%。2016 年保险业支付厦门“莫兰蒂”台风灾害赔款达 15.9 亿元，支付“海马”台风赔款 2100 万元。我国国土面积辽阔、气候复杂且人口基数庞大，发生巨灾的次数相对较多，造成的损失数额也比较庞大。此外，巨灾造成的直接经济损失呈现逐年上升趋势，亟待建立巨灾保险制度分散重大自然灾害所产生的风险。

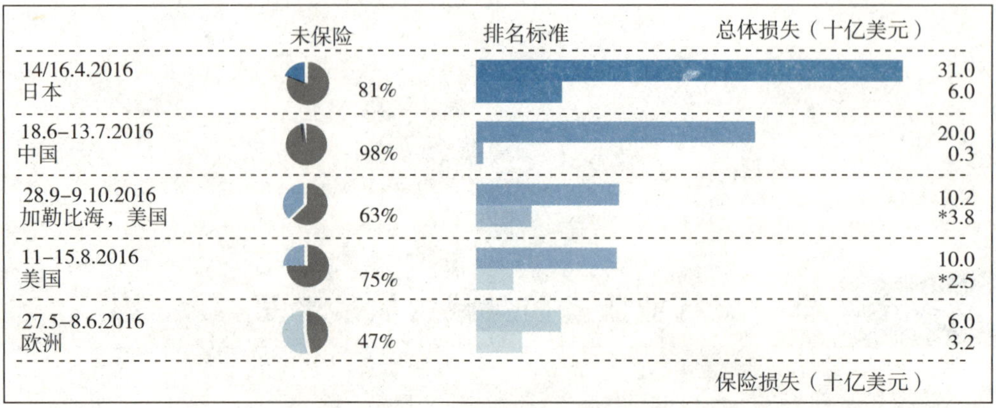

图 7-3 2016 年全球损失最惨重的五起自然巨灾事件

（一）通过巨灾保险应对重大自然灾害，分散风险

巨灾风险是因重大自然灾害等可能造成巨大财产损失和人员伤亡的风险，巨灾保险通常指因发生地震、飓风、海啸、洪水等自然灾害，通过巨灾保险制度分散这些自然灾害可能造成巨大财产损失和严重人员伤亡的风险。中国作为世界上自然灾害最严重的国家之一，地震、洪涝、台风、干旱、风雹、雷电、高温热浪、地质灾害、森林草原火灾等时有发生，自然灾害呈现出灾害种类多、分布地域广、发生频率高、造成损失重的特点。随着全球气候变暖，各种自然风险不断放大并产生新的风险。据统计，2016 年，我国各类自然灾害共致 1432 人死亡，274 人失踪，受灾人口达到 1.9 亿人次，倒塌房屋 52.1 万间，损坏房屋 334 万间，农作物受灾面积达到 26220.7 千公顷，农作物绝收面积 2902.2 千公顷，直接经济损失 5032.9 亿元，洪涝和地质灾害直接经济损失占比达到 62.4%，台风灾害直接经济损失占比 15.2%。自 20 世纪 90 年代以来，灾害造成损失呈现逐年递增的趋势，尤其是重大自然灾害给人民的生命财产和经济社会发展造成了重大损失。以 2008 年汶川 8.0 级地震为例，死亡 69227 人，失踪 17923 人，受伤 373643 人，造成直接经济损失 8451 亿元。

（二）通过巨灾保险弥补巨灾管理体系不足，发挥市场机制作用

与国外大型保险公司专门设置防灾减损不同，国内保险公司在防灾减损功能的发挥上存在缺失，商业性巨灾保险供给不足。一方面，巨灾损失的补偿和救助采取地方或国家财政拨款和社会捐助的方式，“以政府为主体、以财政为

支撑”的“举国救灾”体制存在有限性，与巨灾造成的实际损失所需的重建成本相比，补偿程度较低；另一方面，巨灾保险制度缺位导致保险赔付严重不足，如我国2016年年中暴雨损失200亿美元，保险赔付只占3亿美元，占比只约为灾害损失赔付的2%。

（三）通过巨灾保险增加防灾减灾供给，提高减灾防范意识

我国商业巨灾保险的运作存在很大空间，商业保险介入救灾减灾体系改革，有助于发挥市场机制作用，实施“多元救灾，综合减灾”，商业保险参与防灾减灾体系建设，有助于由灾后救援向灾前防范转移，有助于减灾防灾体系的建立与完善，有利于促进灾后地区社会生产和生活的重建与恢复。

二、国内巨灾保险发展现状

近年来国内巨灾保险发展迅速，2016年更是取得了历史性的突破，巨灾保险制度落地，《建立城乡居民住宅地震巨灾保险制度实施方案》在全国范围内落地实施，积极推动地震巨灾保险立法进程，继续推动巨灾保险地方试点，探索研究覆盖洪水、台风等主要自然灾害的巨灾保险制度等。

（一）巨灾保险制度落地

十八届三中全会通过《中共中央关于全面深化改革若干重大问题的决定》，对未来保险业发展提出明确要求，提出要“完善保险经济补偿机制，建立巨灾保险制度”。《国务院关于加快发展现代保险服务业的若干意见》提出，“围绕更好保障和改善民生，以制度建设为基础，以商业保险为平台，以多层次风险分担为保障，建立巨灾保险制度”，进一步明确建立巨灾保险制度的具体要求，并提出“逐步形成财政支持下的多层次巨灾风险分散机制”。

（二）巨灾保险试点不断扩大

相较于国外发达国家，国内的巨灾保险还处于起步阶段，自“国十条”后，巨灾保险在我国一些城市开始试点。2013年，中国保监会批复深圳、云南为我国巨灾保险首批试点地区，深圳已经率先建立巨灾保险制度，巨灾保险试点相继扩大到广东、河北等地。其中，深圳巨灾保险制度由政府巨灾救助保

险、巨灾基金和个人巨灾保险三部分组成[①]，搭建了“三位一体、有机结合”的巨灾保险制度体系，实现了多方参与的“巨灾防护网”。深圳的巨灾保险保障责任涵盖暴风、暴雨、崖崩、雷击、洪水、龙卷风、台风、海啸、泥石流、突发性滑坡、冰雹、内涝、地震和地震次生灾害等自然灾害，以及自然灾害引发的核事故风险，保障内容主要为人身伤害和救灾安置费用等。在运作机制方面，主要由政府主导，商业保险公司具体承办，政府为居民统一购买政府巨灾救助保险，更高程度的风险保障需求则通过商业巨灾保险来满足。云南的巨灾保险则以个人投保为主，不同于深圳试点的政府投保，主要保障云南多发频发的地震灾害风险。2016 年巨灾保险不断进行试点扩面，上海、宁波、四川等地区根据当地实际条件，逐步建立起区域性巨灾保障制度。在宁波，巨灾保险体系由公共巨灾保险、巨灾基金和商业巨灾保险三部分组成，与深圳模式相比，更加侧重于对外来务工人员和低收入人群的风险保障，并将家财险纳入承保责任范畴。

（三）中国城乡居民住宅地震巨灾保险共保体成立

2015 年 4 月 16 日，中国城乡居民住宅地震巨灾保险共同体（以下简称地震共保体）在北京正式成立，巨灾保险制度由理论迈向实践。地震共保体由人保财险牵头，联合 45 家财产保险公司[②]，根据“自愿参与、风险共担”的原则发起成立，开展巨灾保险共同体运营建设，旨在整合行业承保能力，搭建业务平台，建立承保理赔标准，共同应对地震灾害。地震共保体作为巨灾保险制度的重要组成部分，在提供地震保险服务、参与灾害损失分担、改善居民保险保障需求、提升保险业协同运营管理能力、增进国家灾害综合管理水平等方面发挥着重要作用，有利于推动地震巨灾保险制度在全国范围内先行先试。据统计，自 2016 年 7 月 1 日至 2016 年底，住宅地震保险销售保单超过 18 万笔，累计提供风险保障 177.6 亿元。

---

① 一是政府巨灾救助保险，由深圳市政府出资向商业保险公司购买，用于巨灾发生时对所有在深人员的人身伤亡救助和应急救助。二是建立巨灾基金，由深圳市政府拨付一定资金建立，主要用于承担在政府巨灾救助保险赔付限额之上的赔付。巨灾基金具有开放性，可广泛吸收企业、个人等社会捐助。三是个人巨灾保险，由商业保险公司提供相关巨灾保险产品，居民自愿购买，主要满足居民更高层次、个性化的巨灾保险需求。

② 其中包括 40 余家直保公司、5 家再保公司，人保财险作为共同体执行机构。

（四）城乡居民住宅地震巨灾保险制度实施方案出台

为进一步贯彻落实十八届三中全会精神和《国务院关于加快发展现代保险服务业的若干意见》，2016 年 5 月 12 日，保监会联合财政部印发《建立城乡居民住宅地震巨灾保险制度实施方案》（保监发〔2016〕39 号）（以下简称《方案》），结合我国地震灾害分布广泛、损失巨大、关注度高的实际情况，以地震巨灾保险这一国际巨灾保险制度的主要模式作为突破口，建立专项巨灾保险制度。城乡居民住宅地震巨灾保险制度的建立，有助于减轻政府防灾减灾负担，增强全社会的风险管理能力，丰富和完善灾前、灾中、灾后全覆盖的灾害管理体系。《方案》按照“政府推动、市场运作、保障民生”的原则，实行“整合承保能力、准备金逐年滚存、损失合理分层”的运行模式，风险共担、分级负担，采用分层技术，由投保人、保险公司、再保险公司、地震巨灾保险专项准备金、财政支持及其他紧急资金构成前五层分担主体，特定情况下启动赔付比例回调机制，以前四层分担额度及已到位的财政支持和紧急资金总和为限，对地震巨灾保险合同实行比例赔付，构成了“5＋模式”。城乡居民住宅地震巨灾保险以城乡居民住宅为保障对象，以破坏性地震及其引起的海啸、火灾、爆炸、地陷、泥石流、滑坡等次生灾害为主要保险责任，按城乡有别确定不同保险金额，城镇居民住宅基本保额每户 5 万元，农村居民住宅基本保额每户 2 万元。产品设计遵循“保基本、广覆盖、价格低、易接受”的原则，按照地区风险高低、建筑结构不同，拟定差异化的保险费率并适时调整。2016 年 7 月 1 日，中国城乡居民住宅地震巨灾保险产品正式全面销售，标志着我国城乡居民住宅地震巨灾保险制度正式落地。

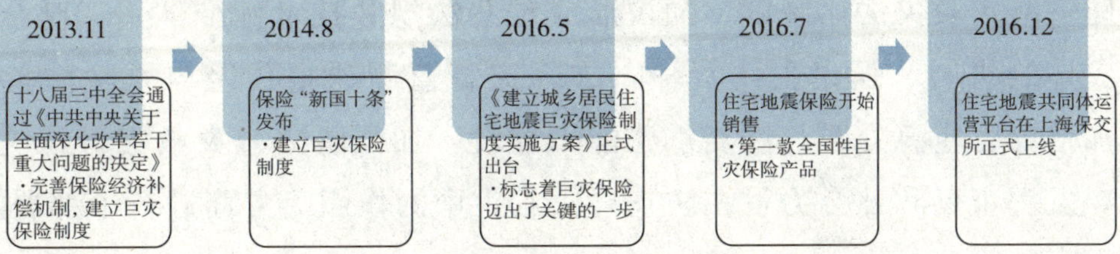

图 7-4　巨灾保险发展大事记

（五）《中共中央 国务院关于推进防灾减灾救灾体制机制改革的意见》发布

2016年12月19日，国务院发布《中共中央 国务院关于推进防灾减灾救灾体制机制改革的意见》（以下简称《意见》），为我国防灾减灾体系改革指明了方向。《意见》提出，要“牢固树立和落实新发展理念，坚持以人民为中心的发展思想，正确处理人和自然的关系，正确处理防灾减灾救灾和经济社会发展的关系，坚持以防为主、防抗救相结合，坚持常态减灾和非常态救灾相统一，努力实现从注重灾后救助向注重灾前预防转变”，“从减少灾害损失向减轻灾害风险转变”。《意见》提出按照以人为本，以防为主、防抗救相结合，分级负责、属地管理为主，党委领导、政府主导、社会力量和市场机制广泛参与的原则，健全灾害管理和综合减灾统筹协调体制，强化地方应急救灾主体责任，完善军地协调联动制度，健全社会力量参与机制，充分发挥市场机制的作用，强化保险等市场机制在风险防范、损失补偿、恢复重建等方面的积极作用，不断扩大保险覆盖面，切实提高防灾减灾救灾工作法治化、规范化、现代化水平，全面提升全社会抵御自然灾害的综合防范能力。

（六）《国家综合防灾减灾规划（2016—2020）》印发

2016年12月29日，国务院办公厅印发《国家综合防灾减灾规划（2016—2020年）》（以下简称《规划》）。《规划》指出，要全面贯彻落实党中央、国务院关于防灾减灾救灾的决策部署，全面提升全社会抵御自然灾害的综合防范能力，切实维护人民群众生命财产安全，为全面建成小康社会提供坚实保障。《规划》提出，“十三五”期间要进一步健全防灾减灾救灾体制机制，完善法律法规体系。《规划》明确了“十三五”国家综合防灾减灾工作的主要任务，在完善防灾减灾救灾法律制度、加快形成预案法规和技术标准体系，健全防灾减灾救灾体制机制、强化主体责任，加强灾害监测预报预警与风险防范能力建设，加强灾害应急处置与恢复重建能力建设，加强防灾减灾救灾科技支撑能力建设，发挥市场和社会力量在防灾减灾救灾中的作用等方面进行了部署。

（七）保险机构不断进行防灾减损技术研究，实现巨灾保险服务创新

近年来，保险业正逐渐成为国家综合防灾减灾体系的生力军，在灾害数据共享、风险共担、扩大巨灾保险保障覆盖面、整合社会资源、提升公众风险意识等方面发挥着重要作用。商业保险机构通常自身具有较充足的偿付能力，还可以通过再保险机制进行风险的二次分配，从而提高自身的承保和赔付能力，有效分散巨灾风险，补偿程度较政府补偿机制模式更高。保险公司在信息、技术和人才方面具有优势，能够向社会提供各项防灾减损服务、风险评估服务、事故调查服务、灾情信息服务和安全技术成果推广等服务。例如，人保财险应用先进技术，为灾害治理提供及时、准确的数据，不断提升防灾减灾水平，应用无人机遥感新技术，提高灾害勘查效率；借鉴智慧城市理论，综合运用 3S 技术①、空间信息技术、物联网技术、实时监测预警技术等关键技术，开展基于多元空间信息的城市内涝风险图谱及实时监测预警研究与典型城市应用示范。人保财险在宁波设立的首个国家保险创新综合试验区产品创新中心，以首席共保人身份推出了巨灾保险“宁波样本”等保险创新项目，充分发挥区域创新孵化器功能。并特别成立风险管理实验室，依托人保财险雄厚的资金实力、技术实力和人才实力，致力于研究区域性、行业性或重特大灾害风险的研究，整合内外部技术资源进行风险灾害的监控、评估与管理控制，为经济社会提供了“事前防范风险、事中降低损失和事后经济补偿”的一体化风险解决方案。

第四节　非寿险行业服务“走出去”战略

2016 年，以“一带一路”为引领的经济新常态下的“走出去”，对于国内过剩产能调整、产业结构优化发挥着重要作用。“走出去”战略的实施，不仅催生了巨大的保险需求，对保险业的发展也提出了新的要求。保险行业服务“走出去”，有利于充分发挥保险机制在风险管理、资金融通、贸易保障等方面的功能，护航“走出去”企业有效应对海外风险、提升风险防范能力。

---

① 3S 技术为：RS，即遥感；GIS，即地理信息系统；GPS，即全球定位系统。

一、保险业服务“走出去”的经济和政策环境

新时期企业“走出去”所面临的政治风险、经济风险和社会风险等因素更加复杂多变，尤其是“一带一路”建设中沿线国家的风险具有地域性、多样性和复杂性的特点，这些风险因素对保险支持“走出去”提出了新的要求。如，国际信用风险的不断加大，要求保险机制化解贸易风险的能力增强；对外投资领域的新情况、新风险，更加关注保险保障政治风险和经济风险的功能；海外基础设施投资的增多，对保险资金发挥长期性和稳定性的特性，满足资金融通需求，提升资金执行效率提出了更高的要求。

“走出去”战略的实施以及“一带一路”建设的全面推进所激发出的巨量的保险需求，不断推动保险业快速提升服务能力。与此同时，国家相继出台一些政策法规，加大保险支持企业“走出去”的力度，拓展保险资金海外投资的范围和种类，增加保险产品和服务供给，更好地服务“走出去”战略（详见表 7-3、表 7-4）。

表 7-3 保险业服务“走出去”战略相关政策

时间	发布机构	政策名称	相关内容
2014 年 8 月	国务院	《关于加快发展现代保险服务业的若干意见》	加大保险支持企业“走出去”的力度，发挥出口信用保险促进外贸稳定增长和转型升级作用，稳步开放短期出口信用保险市场，增加市场经济主体，积极发展航运保险，拓展保险资金境外投资范围等；提升保险业对外开放水平，鼓励中资保险公司多形式、多渠道“走出去”，为海外企业提供风险保障，扩大保险服务出口
2016 年 3 月	国家发改委	“十三五”规划	扩大金融业双向开放。支持保险企业走出去，拓展保险资金境外投资范围；提高金融机构国际化水平，加强海外网点布局，完善全球服务网络，提高国内金融市场对境外机构开放水平
2016 年 8 月	保监会	《中国保险业发展“十三五”规划纲要》	积极落实国家建设开放型经济新体制的战略部署，主动对接“一带一路”、自由贸易区建设等国家重大战略，推动保险企业和保险监管“走出去”，开创高水平双向开放新格局。推动保险市场进一步对内对外开放，实现“引进来”和“走出去”更好结合，以开放促改革、促发展。鼓励中资保险机构尝试多渠道、多层次走出去，扩大保险服务出口，为我国海外企业提供风险保障。支持保险企业在综合考虑自身实力基础上，通过新设、参股及兼并收购境外保险机构的方式，完善全球经营网络布局，提高国际化经营水平

表 7-4　保险资金境外运用相关政策

时间	政策法规	相关内容
2004 年	《保险外汇资金境外运用管理暂行办法》实施	规定保险资金境外投资形式仅限于银行存款、债券、银行票据和国务院规定的其他资金运用形式
2005 年	《保险外汇资金境外运用管理暂行办法》实施细则出台	拓宽保险资金海外运用渠道，境外投资取得实质性进展，但投资范围仍限于债券及 H 股中红筹股等
2007 年	《保险资金境外投资管理暂行办法》修订	将保险资金的境外投资总额比例提高至不超过上年末保险公司总资产的 15%；将权益投资市场从中国香港扩大至美国、新加坡、英国等成熟资本市场；扩大了保险资金投资范围，支持保险资产管理公司自主配置
2012 年	《保险外汇资金境外运用管理暂行办法实施细则》（即新实施细则）	境外未上市企业股权、不动产及相关金融产品等均获批放开
2014 年	《中国保监会关于加强和改进保险资金运用比例监管的通知》	对权益类资产和不动产类资产的账目余额占上季末总资产的比例放宽到 30%
2015 年 3 月	《中国保监会关于调整保险资金境外投资有关政策的通知》	将保险资产管理机构受托集团内保险资金投资境外的市场，由中国香港市场扩展至 45 个国家或地区；将债券等固定收益类产品应具备的信用评级，由发行人和债项均获得 BBB 级以上的评级调整为债项获得 BBB－级以上的评级；增加香港创业板股票投资

二、非寿险行业为“走出去”战略实施保驾护航

《国务院关于加快发展现代保险服务业的若干意见》指出，“推动保险市场进一步对外开放，实现‘引进来’和‘走出去’更好结合，以开放促改革发展”。2016 年中国保费收入超过 3.1 万亿元，保险业总资产超过 15 万亿元，市场规模已超过德国、法国、英国、日本，仅次于美国，中国已成长为世界第二大保险市场。在国家“一带一路”的倡议下，中国保险业正迎来“走出去”的难得机遇，保险公司充分发挥保险机制的风险管理、资金融通、贸易保障功能，为“走出去”战略的实施保驾护航。例如，中国信保已承保“一带一路”沿线国家出口投资 4231 亿美元，支付赔款超过 16 亿美元，承保了包括巴基斯坦大沃风电、中亚天然气管线、土耳其安卡拉—伊斯坦布尔高速公路等重要项目 1062 个；以中国人民财产保险公司、中国出口信用保险公司和中国再保险

公司为代表的保险机构则为海外基础设施、能源、装备、产能转移和出口信用提供广泛的保险和再保险支持。

（一）“走出去”伴随着大量企业和人员的境内外流动，衍生出多样化的公共服务需求，保险公司需要为中资企业量身定制不同的风险防范和风险转移方案

伴随世界经济进入深度调整期，世界地缘政治格局深刻变化，全球经济新一轮科技创新和产业变革方兴未艾等诸多不确定性因素，中国企业“走出去”风险不断增加，企业“走出去”的风险涵盖了政治、经济、法律以及人身、资金等方面的风险。以“一带一路”为例，沿线国家间信任度较低、政治关系紧张、区域国家风险显著，民族、宗教、领土纠纷、资源争夺、政权更替等安全问题频发，风险因素带有鲜明的地域特色，同时呈现出复杂性和多样性。2016年对外承包工程业务完成营业额1594亿美元，比上年增长3.5%。其中，对“一带一路”沿线国家完成营业额760亿美元，增长9.7%，占对外承包工程业务完成营业额比重为47.7%。2016年末中国在外各类劳务人员约97万人，同比微降5.6%。保险公司积极创新人身保险产品，开发设计因恐怖事件、建筑工程等意外伤害保险以及地区流行性疾病等引发人身安全风险的人身意外伤害险、健康险、寿险等多样化保险产品，提供境外人员海外急难救助等附加服务措施，以强化公共服务供给支持。航运保险作为出现最早和国际化程度最高的保险业务之一，与实体经济发展密切相关，是连接金融保险服务和航运贸易产业的纽带。“走出去”为货物输出提供了新机会，对航运保险产品和服务创新提出了新要求。2016年货物进出口总额243386亿元，出口138455亿元，其中，对“一带一路”沿线国家进出口总额62517亿元，同比增长0.5%，出口38319亿元，同比增长0.5%。在全球航运保险市场费率涨跌、技术革新等多方因素的影响下，保险公司加大航运保险供给模式创新，加强产融对接，支持航运贸易产业转型升级；积极建立航运业新型风险评估管理模型，改善供给质量；积极建设国际航运保险中心，发展离岸航运保险，搭建全球服务网络，实现航运保险服务“走出去”与中国企业“走出去”良性互动。

（二）海外投资环境复杂多变，政治、经济风险日益突出，新情况、新风险层出不穷，在“中国制造2025”制造业强国战略目标部署下，保障好制造业投资和“走出去”，建立海外生产基地，开展高附加值的制造业跨国并购，成为保险服务海外投资的重点

“走出去”具有“双刃剑”效应，为中国企业带来巨大投资机会的同时，也隐藏着潜在的海外投资风险。2016年我国共对全球164个国家和地区的7961家境外企业进行了非金融类直接投资，累计实现投资1701.1亿美元，同比增长44.1%。其中，对“一带一路”沿线国家直接投资额145亿美元。2016年海外投资保险共承保“一带一路”项目263个，遍及29个国家，承保金额达到307.3亿美元，为境外油气资源、矿产资源和电力资源开发建设提供海外项目风险保障。随着中国企业“走出去”步伐逐渐加快，投资额大幅上涨，保险公司在保证安全性和收益性的前提下，通过债券、股权、股债结合、股权投资计划、资产支持计划、私募基金等投资形式，支持基础设施建设，提升资金执行效率。如，“一带一路”基础设施互联互通投资项目风险较低、收益率较高、现金流稳定，而且需要大量稳定的资金支持，高度匹配保险资金规模大、期限较长、稳定性高的特质。根据瑞士再保险经济研究所预计，2015—2030年，“一带一路”沿线国家或地区的总体基础设施资金缺口或达20万亿美元，尤其是在交通、医疗、城市建设、能源等基础设施方面的资金缺口巨大。截至2016年底，我国保险资金运用余额达到13.4万亿元，累计为重大基础设施等提供资金1.65万亿元，成立保险投资基金规模达到3000亿元。

（三）出口信用保险作为支持企业开展出口贸易、海外投资和对外承包的重要金融工具，在支持货物出口、促进外向型经济发展方面的作用不断增强，为企业提供收汇保障、风险管理和资金支持

截至2016年末，中国出口信用保险公司（以下简称中国信保）已为9万余家中国企业提供了出口信用保险服务，支持了一大批海外工程承包和投资项目，项目类型涵盖电力、交通、矿产、电信、船舶、农业、成套设备等多个领域，有效促进了中国对外贸易和国际经济合作。2016年，中国信保致力于搭建高端融资保险平台，通过中长期出口信用保险、海外投资保险和短期出口信用保险等完善的产品和服务体系，为中国企业、外国政府、海外业主和国际金融机构搭建合作桥梁，进而更加有效地推动大型项目的融资安排落实。2016年底，由中国交通建设股份有限公司承建的肯尼亚内马铁路一期项目正式得到中国信保承保，并在政策性信用保险支持下获得银行商业贷款首笔放款5亿美元。政策性信用保险的介入，加快了项目融资落实，使项目融资用时6个月实现关闭，为工程顺利推进提供了有力保障。尽管2016年外贸形势较为严峻，但在中国信保的买方资信调查、保险项下融资以及理赔追偿等综合服务的保障下，一些出口企业实现了逆势发展。客户满意度调查显示，2016年，中国信保的企业客户中，有26.6%出口规模增长在20%～50%，17.5%的客户出口规模增长超过50%，部分客户甚至翻倍。2016年，中国信保积极发挥政策性信用保险的导向作用，在促进外贸稳增长的同时，更加注重调结构，促进外贸供给侧结构性改革，增强外贸持续发展的新动能。中国信保将新一代信息技术产业、海洋工程装备及高技术船舶、先进轨道交通装备、节能与新能源汽车等行业作为支持重点，制定有针对性的承保措施以及个性化承保方案，实现了对制造业中细分行业的重点支持，为传统制造业的转型升级注入了活力。在借助新技术方面，中国信保推出具有多重服务功能的“信保通”电子商务平台和小微企业投保平台，为客户提供高效快捷的网上服务。在搭建外部政策保障方面，中国信保与巴基斯坦、土耳其、乌干达、俄罗斯、哈萨克斯坦、埃及、捷克、意大利、南非等国家政府部门和相关机构签署合作协议，为企业“走出去”创造更好的外部条件。在加大小微企业融资支持力度方面，中国信保加强与银行合作，利用保险机制风险对价原则进行费率科学厘定，降低承保企业负担。在产品创新方面，中国信保优化创新出口买方信贷保险、海外投资保险和海外租赁保险等产品，围绕外贸发展新趋势、实体经济开拓业务，满足客户需求。2016年，中国信保实现总承保金额4731.2亿美元。其中，中长期出口信用保险新增承保金额226.1亿美元，海外投资保险承保金额426.5亿美元，短期出口信用保险承保金额3752.4亿美元，各险种承保“一带一路”沿线国家出口和投资1133.1亿美元，支持小微企业突破5万家，对小微出口企业的覆盖率达到21.3%。2016年，中国信保共支持企业通过出口信用保险获得融资2587.2亿元，向企业和银行支付赔款12.7亿美元，有力保障了企业的稳定经营，以实际行动践行了政策性信用保险机构的使命与承诺。国务院发展研究中心研究显示，自 2012 年以来，我国每 100 美元出口中就有 25 美元左右是在中国信保的直接或间接带动下实现的，政策性信用保险每年促进和保障就业 1500 万人左右。

（四）宁波保险创新综合试验区积极探索服务“一带一路”新路径

作为首个国家保险创新综合试验区，人保集团、国寿集团、平安集团等 16 家保险公司以及中保投、上海保交所、上海复星高科技集团等公司与宁波市政府签订战略合作协议，依托保险创新综合试验区建设，在保险组织创新、地方项目投资、政府社会治理、保险供给侧改革、“互联网+”等方面进行战略合作。宁波保险试验区主动融入国家“一带一路”战略大局，积极开展保险产品与服务创新，探索保险服务“一带一路”的新路径：一是将保险创新发展纳入政府工作顶层机制设计中，例如将进出口信用保险、航运保险等领域创新发展纳入“一带一路”建设整体安排。二是发挥保险、政府、银行的联动机制作用，形成多方参与合力。例如建立政保合作机制，搭建海外投资统保平台和小微企业出口信用保险政府统保平台。建立银保联动机制，提供信保融资、共享企业和国别风险资讯等服务。三是创新产品和服务，提供全方位保障支持。如，创新推出政策性因公出境保险项目，保障出境人员人身安全；与银行合作推出“助保贷—跨境通”保险产品，为电商企业提供保证保险担保增信，提供融资支持。四是将风险研判和资信调查作为服务拓展范围，依托保险机构遍布全球的风险预警和资信调查网络，为企业提供有效的风险信息。

（五）中国太平集团利用国际化服务“走出去”

总部位于中国香港的中国太平保险集团（以下简称中国太平），利用集团长期海外经营的优势[①]，积极搭建跨境综合金融平台，整合境内境外两种资源，发挥协同优势，以自身国际化积极服务中资企业“走出去”，助推“一带一路”国家战略。从战略层面，在集团国际业务顶层设计中引入“一带一路”战略，长期坚持“立足港澳、以亚太为主体、以欧美为两翼”的国际化经营战略，明确服务“一带一路”的定位、目标和路径，充分发挥总部在香港的区位优势和境外保险经营的先发优势，在做大业务规模、扩大网络布局方面持续发力。从

① 中国太平共有境外子公司 12 家，机构横跨香港、上海、新加坡、东京、伦敦、纽约等世界知名金融中心，服务网络覆盖大中华区、东盟、欧洲、北美和非洲等世界主要经贸区域，境外网点优势明显。

业务层面，整合集团境内境外财险、再保险、经纪、投资等平台资源，搭建跨境协同作业平台，利用商业保险对接互补政策性保险，如工程险、财产险等提供员工人身风险、自然灾害及意外事故风险等全方位的保障方案，并通过再保险将风险分散给国际市场。从同业层面，一方面，加强金融保险合作，凝聚多方合力，加强与亚投行、丝路基金、国开行、进出口银行、出口信用保险公司和大型国有银行的密切合作，共同完善投融资方案；另一方面，利用境外机构网点优势，加强与招商局、中国建筑等海外公司合作，保障交通、港口等重大基础设施建设，服务中资企业“走出去”，成功助推五冶集团、广青镍业在境外兴建水泥厂、建设镍铁冶金项目，服务航空、高铁、核电等高端制造业走出去，实现产能输出。

参考文献

[1]安毅，方蕊．我国农业价格保险与农产品期货的结合模式和政策建议[J]. 经济纵横，2016(7)：64－69.

[2]白哲，李孟刚．基于条件破产概率的保险公司财务预警与资本分配[J]. 中国管理科学，2016，24(7)：36－42.

[3]陈春萍．借助"一带一路"战略 提升保险服务能力[N]. 中国保险报，2016－04－21.

[4]陈俊聪，王怀明，张瑾．农业保险发展与中国农业全要素生产率增长研究[J]. 农村经济，2016(3)：83－88.

[5]陈秀芬，唐宇石．大数据时代我国互联网保险的现状与发展研究[J]. 改革与战略，2016(6)： 33－37.

[6]陈盛伟，王晓丽，牛浩．降雨指数型海水养殖渔业保险产品设计研究[J]. 经济问题，2017(6)：56－59.

[7]陈文辉．保险助力"一带一路"发展[J]. 中国金融，2017(9)：17－19.

[8]陈文辉．保险业及其监管的定位[J]. 中国金融，2017(7)：10－12.

[9]陈文辉．深化保险资金运用市场化改革[J]. 中国金融，2017(3)：9－11.

[10]陈文辉．"偿二代"对国际市场和国际规则制定的影响力逐渐显现[J]. 中国保险，2016 (11)：4－4.

[11]陈文辉．加快建设面向未来的现代保险监管体系[J]. 经济研究参考，2015 (71)：29－30.

[12]陈文辉．保险资金运用的市场化改革[J]. 中国金融，2014(4)：13－14.

[13]范红梅．云南房屋地震保险经营模式探究[J]. 上海保险，2016(2)：45－48.

[14]方蕾，粟芳．中国国情下的保险费率监管模式选择及影响分析——来自车险市场的经验证据[J]. 财经研究，2016，42(4)：112－122.

[15]方悦．完善我国环境污染责任保险制度的对策[J]. 经济纵横，2016

(3):97－100.

[16]葛翎．发挥保险功能作用　积极参与“一带一路”建设[J]．发展研究，2016(2):41－43.

[17]郭炎兴．保险推进精准扶贫重要金融工具——访全国政协委员、中国人保董事长吴焰[J]．中国金融家，2016(3):56－57.

[18] 郝彬凯．保险营销渠道创新探究——基于保险微信营销现状及其前景的调查[J]．时代金融，2015(9):30－31＋33.

[19]何文炯．商业健康保险的定位与发展[J]．中国医疗保险，2016(6):10－13.

[20]胡赛．出口信用保险与出口贸易增长:基于浙江省数据的实证研究[J]．商业经济与管理，2017(2):60－70.

[21]黄海峰，冯海燕．中国农村环境责任保险制度的研究[J]．农村经济，2016(1):108－112.

[22]靳迪．“全民医保”背景下我国商业健康保险发展路径分析[J]．经营管理者，2016(26):13－14.

[23]雷海．中远海运集团成立自保公司的战略意义[J]．水运管理，2017，39(3):5－8.

[24]李刚．浅谈家庭财产保险的现状及推广策略[J]．黑龙江科技信息，2017 (1): 298－298.

[25]李培，刘苓玲．我国基本养老保险扩面的收入分配效应研究[J]．财经研究，2016，42(4):15－25.

[26]李婷，温善文．财产保险公司资金运用研究——以人保财险为例[J]．时代金融，2016(17):231.

[27]李文锐．保险产业政府规制的国际经验比较与借鉴[J]．中国行政管理，2017(5):144－147.

[28] 李萱，沈晓悦，原庆丹．我国环境污染强制责任保险试点改革思考与建议[J]．环境保护，2016(2):43－48.

[29]李玉英，崔健，梅文馨，等．杜邦分析体系下非寿险公司盈利能力分析[J]．会计之友，2016(9):39－42.

[30]李媛媛．我国农业保险立法模式重构困境及其突破路径[J]．法商研究，2017(2):45－54.

[31]李兆友,郑吉友. 我国新型农村养老保险制度可持续发展探析[J]. 求实,2016(4):88—96.

[32] 林斌. 从国际经验看我国商业车险条款费率市场化改革面临的风险与对策[J]. 上海保险,2016(1):56—58.

[33]林振平,李悦晖,刘虹,等. 南京地区医疗责任保险的实践与探索[J]. 医学与哲学:人文社会医学版,2016,37(3):67—71.

[34] 刘海英. 城乡居民基本养老保险的财政激励机制研究——基于效率与公平双重价值目标的考量[J]. 兰州学刊,2016(2):144—152.

[35]刘璐,韩浩,马文杰. 政府支农政策对农业保险需求的影响机制研究 [J]. 农业经济问题,2016(10):31—40.

[36]刘涛,王东. 商业财产保险公司应对自保公司冲击的策略选择[J]. 经济问题,2016 (5):44—50.

[37]罗向明,张伟,谭莹. 政策性农业保险的环境效应与绿色补贴模式[J]. 农村经济,2016(11):13—21.

[38]吕晓英. 专业农业保险公司应对大灾风险能力模拟研究[J]. 甘肃社会科学,2016(2):246—250.

[39]缪建民. 关于中国金融战略的思考[J]. 国际经济评论,2011(2):52—57.

[40]缪建民. 中国保险业发展中的挑战[J]. 中国金融,2011(3):67—69.

[41]缪建民. 保险资产负债管理解题[J]. 中国金融,2013(2):79—81.

[42]缪建民. 我国保险资产管理行业的发展与展望[J]. 中国金融,2010(3):26—28.

[43]缪建民. 保险资产管理的理论与实践[J]. 新金融评论,2013(5):130—152.

[44]缪建民. 保险资产如何增值[J]. 资本市场,2013(10):100—103.

[45]缪建民. 利率风险的近忧与远虑[C]. 保险、金融与经济周期—北大赛瑟论坛文集. 2010.

[46]缪建民. 我国寿险行业系统性风险的评估、计量与防范[J]. 金融会计,2015(7):5—16.

[47]缪建民. 加强保险资产管理 促进资本市场健康发展[J]. 资本市场,2007(11):50—51.

[48]缪建民. 货币问题正成为左右全球金融市场的焦点[J]. 今日财富:金融发展与监管，2010(10):19－21.

[49]缪建民. 全球经济或仍将看油价脸色[J]. 金融经济，2012(2):19－19.

[50]缪建民. 保险资产管理的理论与实践[M]. 北京:中国经济出版社，2014.

[51]缪建民，张雪松. 资产周期特性与保险公司资产配置策略[J]. 保险研究，2010(8):36－41.

[52] 欧阳越秀. 我国财产保险公司偿付风险管理能力研究——基于 C—ROSS 视角的 45 家财险公司经验数据[J]. 保险研究,2016(3):57－63.

[53]邱波,郑龙龙. 巨灾风险视角下的我国政策性农业保险效率研究[J]. 农业经济问题,2016(5):69－76.

[54]任晓聪,和军. 我国互联网保险进入全面发展期:主要障碍与破解之策[J]. 南方金融,2016(7):78－82.

[55]沈漠. 职业责任保险制度为注会执业保驾护航[N]. 财会信报，2015－07－06.

[56]盛和泰. 企业财产保险理论与实务[M]. 北京:中国金融出版社,2005.

[57]盛和泰. 保险产品创新[M]. 北京:中国金融出版社,2005.

[58]盛和泰. 论保险公司绩效评价指标体系的构建与运用——基于社会绩效的视角[J]. 保险研究,2010(7):23－27.

[59]盛和泰. 新型城镇化建设亟需完善保险保障机制[N]. 学习时报，2013－07－15.

[60]盛和泰. 关于现代保险金融企业商业模式的认识[J]. 金融电子化，2013(2):13－15.

[61]盛和泰. 创新商业模式 推进“以客户为中心”转型[J]. 金融电子化，2014(10):8－10＋6.

[62]盛和泰. 环境污染责任保险的应有之义[J]. 金融博览(财富),2015(3):51－53.

[63]盛和泰. 保险服务与现代社会治理[J]. 中国金融,2015(4):61－63.

[64]盛和泰. 从“天津港 8·12 特大爆炸事故”看我国危险化学品保险与风险管理[J]. 金融世界,2015(12):106－109.

[65]盛和泰. 网络化生存推动以客户为中心转型[J]. 金融电子化,2016

(2):7—9.

[66]盛和泰．保险服务新型农业经营主体的路径和机制[J]．清华金融评论,2016(8):92—94.

[67]盛和泰．充分发挥保险机制功能作用　助力京津冀协同发展[J]．清华金融评论,2016 (3):86—88.

[68] 粟芳,方蕾．中国农村金融排斥的区域差异:供给不足还是需求不足?——银行、保险和互联网金融的比较分析[J]．管理世界,2016(9):70—83.

[69]苏中兴．基本养老保险费率:国际比较、现实困境与改革方向[J]．中国人民大学学报,2016, 30(1):20—27.

[70]孙祁祥,郑伟,等．中国保险市场热点问题评析(2015—2016)[M]．北京:北京大学出版社,2016.

[71]孙祁祥,郑伟,等．中国保险业发展报告(2015)[M]．北京:北京大学出版社,2015.

[72]谈晓铭．论我国医疗责任保险制度的模式构建:强制的必要[J]．法制与经济,2015(8):101—102+124.

[73]谭正航．精准扶贫视角下的我国农业保险扶贫困境与法律保障机制完善[J]．兰州学刊,2016(9):167—173.

[74]唐金成,李亚茹．中国第三方网络保险平台发展研究[J]．西南金融,2015(3):38—43.

[75]唐金成,李亚茹．中国移动互联网保险营销渠道研究[J]．金融与经济,2015(3):76—78.

[76] 田辉．我国发展农产品价格保险的难点及原则[J]．经济纵横,2016,(6):62—69.

[77] 田玲,刘沐泽,王季薇．洪水风险下的我国洪水保险定价研究[J]．武汉理工大学学报(社会科学版),2015(2):141—145.

[78]庹国柱．论农业保险市场的有限竞争[J]．保险研究,2017(2):11—16.

[79]庹国柱,朱俊生．论收入保险对完善农产品价格形成机制改革的重要性[J]．保险研究,2016(6):3—11.

[80]王颢．保险资金私募股权投资研究[J]．国际经贸探索,2016(9):69—83.

[81]王和,周运涛．区块链技术与互联网保险[J]．中国金融,2016(10):74—76.

[82]王国军，王冬妮，陈璨．我国农业保险不对称信息实证研究[J]．保险研究，2017(1)：91—100.

[83]王雅君．浅谈保险产品的互联网营销渠道存在问题及对策[J]．时代金融，2016(24)：357＋365.

[84]汪红萍．财产保险公司产品创新研究[J]．时代金融，2016(23)：229＋239.

[85] 吴传俭．公共健康保险政策优化研究——基于应对全生命周期因病致贫风险视角[J]．中国行政管理，2016(11)：94—100.

[86]吴庆跃，杜念宇，臧文斌．商业健康保险对家庭消费的影响[J]．中国经济问题，2016(3)：68—79.

[87]吴焰．保险机制助力新型城镇化[J]．中国金融，2013(7)：13—13.

[88]吴焰．以行政管理体制改革促“五位一体”总体布局实现[N]．学习时报，2012—11—26.

[89]吴焰．论公共服务与政府职能转变[N]．学习时报，2011—03—07.

[90]吴焰．运用保险机制保护农村生产力[N]．粮油市场报，2010—09—22.

[91]吴焰．运用保险机制应对农村社会发展变革中的矛盾和问题[N]．学习时报，2010—09—20.

[92]吴焰．逐步完善中央财政农业保险补贴政策[J]．中国金融家，2010(4)：33—34.

[93]吴焰．不断提高保险业服务经济社会发展的能力[N]．经济日报，2010—03—29.

[94]吴焰．加快发展环境污染责任保险[N]．中国企业报，2010—03—16.

[95]吴焰．乘势而为全力开拓农村保险市场[N]．金融时报，2010—03—12.

[96]吴焰．不妨给予承保企业补贴[N]．中国经济导报，2010—03—06.

[97]吴焰．充分发挥保险对消费的金融支持作用[N]．经济日报，2009—11—19.

[98]吴焰．建立健全农业保险发展长效机制[J]．中国金融，2009(6)：20—20.

[99]吴焰．扩内需 促改革 惠民生 保险业大有可为[J]．求是，2009(4)：27—28.

[100]吴焰．大力发展农村保险 服务新农村建设[N]．农民日报，2009—03—06.

[101]吴焰．商业保险应在顶层设计中发挥作用[N]．金融时报，2012—03—10.

[102]吴焰．中国非寿险市场发展研究报告(2015)[M]．北京：中国经济出

版社,2016.

[103]吴焰. 中国非寿险市场发展研究报告(2014)[M]. 北京:中国经济出版社,2015.

[104]吴焰. 中国非寿险市场发展研究报告(2013)[M]. 北京:中国经济出版社,2014.

[105]吴焰. 中国非寿险市场发展研究报告(2012)[M]. 北京:中国经济出版社,2013.

[106]吴焰. 中国非寿险市场发展研究报告(2011)[M]. 北京:中国经济出版社,2012.

[107]吴焰. 中国非寿险市场发展研究报告(2010)[M]. 北京:中国经济出版社,2011.

[108]吴焰. 中国非寿险市场发展研究报告(2009)[M]. 北京:中国经济出版社,2010.

[109]吴焰. 中国非寿险市场发展研究报告(2008)[M]. 北京:中国经济出版社,2009.

[110]吴焰. 中国非寿险市场发展研究报告(2007)[M]. 北京:中国经济出版社,2008.

[111]吴焰. 中国非寿险市场发展研究报告(2006)[M]. 北京:中国经济出版社,2007.

[112]徐喜荣. 相互保险:我国医疗责任保险组织模式的应然选择[J]. 中国卫生事业管理,2016,33(12): 907—911.

[113] 叶明华,汪荣明. 收入结构、融资约束与农户的农业保险偏好——基于安徽省粮食种植户的调查[J]. 中国人口科学,2016(6):107—117.

[114]易辉,郝演苏. 共享经济背景下的众筹相互保险[J]. 中央财经大学学报,2016(4):35—41.

[115]尹佳璇,岳彩申. 我国财产保险业顺周期效应及应对策略研究[J]. 经济经纬,2016(5):137—142.

[116]袁志刚. 养老保险经济学[M]. 北京:中信出版社, 2016.

[117] 张国志,刘慧,卢凤君,等. 我国保险资金投资种业的路径及机制研究[J]. 农业经济问题,2017(1):48—56.

[118]张磊．浅析“互联网+ 保险”产品设计思路[J]．现代经济信息，2016(5)：328－328.

[119]张龙捷．论我国互联网财产保险发展研究[J]．新经济，2016(6)：52－53.

[120]张雪梅，韩光．国外互联网保险监管比较及其经验借鉴[J]．国际金融，2017(3)：75－80.

[121] 张燕媛，展进涛，陈超．专业化、认知度对养殖户生猪价格指数保险需求的影响[J]．中国农村经济，2017(2)：70－83.

[122]张智勇，王威．保险创新产品供给侧改革之跨界研究[J]．理论与改革，2016(4)：171－175.

[123]张祖荣，马岚．我国省域政策性农业保险发展不平衡的实证分析[J]．财经科学，2016(7)：20－30.

[124]中国保险监督管理委员会．2016 中国保险市场年报[M]．北京：中国金融出版社，2016.

[125]中国保险年鉴编辑部．2016 年中国保险年鉴[M]．北京：中国保险年鉴社，2016.

[126]中国保险年鉴编辑部．2015 年中国保险年鉴[M]．北京：中国保险年鉴社，2015.

[127]中国保险年鉴编辑部．2014 年中国保险年鉴[M]．北京：中国保险年鉴社，2014.

[128]中国保险年鉴编辑部．2013 年中国保险年鉴[M]．北京：中国保险年鉴社，2013.

[129]中国保险年鉴编辑部．2012 年中国保险年鉴[M]．北京：中国保险年鉴社，2012.

[130]中国保险年鉴编辑部．2011 年中国保险年鉴[M]．北京：中国保险年鉴社，2011.

[131]中国保险年鉴编辑部．2010 年中国保险年鉴[M]．北京：中国保险年鉴社，2010.

[132]中国保险年鉴编辑部．2009 年中国保险年鉴[M]．北京：中国保险年鉴社，2009.

[133]中国保险年鉴编辑部．2008 年中国保险年鉴[M]．北京：中国保险年

鉴社,2008.

[134]中国保险年鉴编辑部．2007年中国保险年鉴[M]. 北京:中国保险年鉴社,2007.

[135]中国保险年鉴编辑部．2006年中国保险年鉴[M]. 北京:中国保险年鉴社,2006.

[136]中国保险年鉴编辑部．2005年中国保险年鉴[M]. 北京:中国保险年鉴社,2005.

[137]中国平安保险(集团)股份有限公司2016年年报[R].

[138]中国平安保险(集团)股份有限公司2015年年报[R].

[139]中国平安保险(集团)股份有限公司2014年年报[R].

[140]中国人民保险集团股份有限公司2016年年报[R].

[141]中国人民保险集团股份有限公司2015年年报[R].

[142]中国人民保险集团股份有限公司2014年年报[R].

[143]中国人民财产保险股份有限公司2016年年报[R].

[144]中国人民财产保险股份有限公司2015年年报[R].

[145]中国人民财产保险股份有限公司2014年年报[R].

[146]中国太平洋保险(集团)股份有限公司2016年年报[R].

[147]中国太平洋保险(集团)股份有限公司2015年年报[R].

[148]中国太平洋保险(集团)股份有限公司2014年年报[R].

[149]中国政府网．www. gov. cn.

[150]中国人民银行网站．www. pbc. gov. cn.

[151]中国保监会网站．www. circ. gov. cn.

[152]中国国家统计局网站．www. stats. gov. cn.

[153]中国民政部网站．www. mca. gov. cn.

[154]中国汽车工业协会网站．www. caam. org. cn.

[155]周彬．车辆保险费率市场化后的竞争模式与市场结构[J]. 东北财经大学学报,2016(2):27—33.

[156]朱铭来,王美娇．税收优惠政策对商业健康险激励效应研究[J]. 保险研究,2016(2): 47—58.

[157]Swiss Re. Global insurance review 2016 and outlook 2017/18 [R]. No-

vember 2016.

[158]Swiss Re. Disaster relief financing China: how insurers can partner with the public and private sectors to improve resilience in 2016[R]. No. 9 August 2015.

[159]Swiss Re. World insurance in 2015: steady growth amid regional disparities [J]. Sigma, NO. 3/2016.

[160]Swiss Re. Mutual insurance in the 21st century: back to the future? [J]. Sigma, NO. 2 August 2016.

[161]Asimit A V, Badescu A M, Haberman S, et al. Efficient risk allocation within a non－life insurance group under Solvency II Regime[J]. Insurance Mathematics and Economics, 2016, 66:69－76.

[162]Mustafa Akan. A dynamic model of a nonlife insurance company [J]. Copernican Journal of Finance & Accounting, 2016, 5(1):9.

[163]Dominique－Ferreira S. How important is the strategic order of product attribute presentation in the non－life insurance market? [J]. Journal of Retailing and Consumer Services, 2017, 34:138－144.

[164]Peters G W, Chen W Y, Gerlach R H. Estimating quantile families of loss distributions for non－life insurance modelling via L－moments[J]. Risks, 2016, 4(2): 14.

[165]Kanno M. The network structure and systemic risk in the global non－life insurance market[J]. Insurance: Mathematics and Economics, 2016, 67:38－53.

[166]Bhargava S, Loewenstein G, Sydnor J. Do individuals make sensible health insurance decisions? Evidence from a menu with dominated options[R]. NBER working paper, No. 21160, 2015.

[167]Barry D. Insurance as Governance[M]. Toronto: University of Toronto Press, 2016.

[168]Baicker K, Mullainathan S, Schwartzstein J. Behavioral hazard in health insurance[J]. The Quarterly Journal of Economics, 2015, 130(4):1623－1667.

[169]Borch K H, Sandmo A, Aase K K. Economics of insurance [M]. Amsterdam: Elsevier, 2014.

[170] French E, Song J. The effect of disability insurance receipt on labor supply [J]. American Economic Journal: Economic Policy, 2014, 6(2): 291－337.

后 记

《中国非寿险市场发展研究报告（2016）》即将付梓，这是我们研究撰写的第十一本中国非寿险市场系列研究报告。作为依靠企业自身力量研究撰写并公开发行的行业年度研究报告，《中国非寿险市场发展研究报告》已成为国内保险行业研究领域的重要学术品牌，成为国内保险理论与实务工作的重要参考著作，受到政产学研各界人士的普遍认可与好评。来自政府部门、监管机构、同业公司以及研究机构等读者群体对我们的关注和期望，亦成为激励我们持之以恒地做好《中国非寿险市场发展研究报告》研究与出版工作的重要动力。

十一年来，我们持续关注国内非寿险市场发展状况，《中国非寿险市场发展研究报告（2016）》以专业的研究视角、科学的分析方法、丰富的行业数据以及生动的典型案例，在充分把握全球以及中国宏观经济和金融环境的前提下，以非寿险行业服务国家战略为导向，从非寿险市场总体规模、业务布局、市场竞争格局、市场主体经营行为与经营绩效等多个维度，对2016年非寿险市场进行多层次、精细化的深入分析与研究，全方位描述了2016年中国非寿险市场发展的脉络，为中国保险业的改革和发展提供智力支持。

2016年是“十三五”的开局之年，也是全面建成小康社会决胜阶段的开局之年。保险业全面贯彻党的十八大以来历次全会精神，紧紧围绕党和国家中心工作，坚持稳中求进总基调，坚持“保险业姓保”，坚持改革发展，主动适应经济发展新常态，大力推进供给侧结构性改革，着力防范化解风险，服务经济社会发展大局，行业规模和社会影响力继续扩大，保险业结构调整成效显现，有效防范风险、助实体惠民生能力明显提升，为“十三五”良好开局奠定了坚实的基础。《中国非寿险市场发展研究报告（2016）》深入总结了全年非寿险市场发展状态，对保险业服务实体经济、改善社会民生，充分发挥保险为国家经济社会发展保驾护航的重要作用，具有积极的理论和现实意义。

在研究撰写《中国非寿险市场发展研究报告（2016）》的过程中，我们成立了专门的研究项目组，负责报告的研究撰写工作。在延续历年报告总体框架思路的基础上，深入分析与把握2016年非寿险市场发展的特点与规律，广泛搜集数据资料，深入开展调查研究，反复进行修改研讨，最终确定了报告的总体框架、研究思路和重点内容。在报告撰写过程中，我们注重规律总结、加强趋势研判、创新研究方法，力求使研究报告紧跟国家和行业发展脉搏，反映市场最强音。在完成书稿之后，项目组进行了多次内部研讨，并广泛征求相关各方意见建议，围绕报告的框架内容、数据案例、格式规范等方面进行了反复修改和打磨，数易其稿，历时数月完成了《中国非寿险市场发展研究报告(2016)》文稿。参与提纲设计、研究撰写、内容修改和书稿校对的人员有：盛和泰、龚新宇、雷明、葛文倩、林丽、周亮、齐晓飞、段鸿济、臧海鑫、黄阳、任杰、赵春红、卢盼盼、史晓晨等。中国人民保险集团股份有限公司和中国人民财产保险股份有限公司相关部门为研究工作提供了数据资料和案例方面的支持，并对文稿提出了宝贵的意见和建议。中国经济出版社的严莉作为本书的责任编辑，以严谨专业的态度对书稿进行编辑完善，为书稿的顺利出版付出了辛勤的努力。政府部门、监管机构、同业公司和高等院校的读者，对本报告撰写给予了高度关注，并提出了许多建设性意见，在此一并表示感谢。

《中国非寿险市场发展研究报告（2016)》即将与广大读者见面，我们衷心感谢各界人士一直以来对本报告的支持与厚爱，真诚欢迎广大读者提出建设性的意见和建议。中国经济的持续增长、人民生活水平的稳步提升，将为保险业的改革发展提供更加广阔的空间。我们愿同社会各界人士一道，共同努力，以高度的责任感和使命感一如既往地做好行业研究工作，继续推动保险业在服务经济社会发展、维护金融稳定中发挥更大作用。